会计业务核算

主　编　王　昕　刘玉梅
副主编　王莉红
审　稿　李云东

北京理工大学出版社
BEIJING INSTITUTE OF TECHNOLOGY PRESS

内容简介

本书以企业会计业务处理实务为基础、以会计岗位所需的知识和技能为切入点，系统地阐述了企业会计岗位和会计主管岗位的工作内容、所需的基本知识、方法和技能。全书共三篇十四章，内容为：会计岗位和会计核算原理认知、货币资金管理岗位业务核算、往来业务核算、存货核算、固定资产核算、无形资产和投资性房地产核算、职工薪酬核算、投资和筹资业务核算、收入费用及利润核算、财务报告编制。本书难度适中，涵盖了企业经营中所涉及的六大会计要素的主要内容；在编写的过程中考虑到了高职学生的特点，非常注重实用性和可操作性，理论内容条理清晰、通俗易懂、循序渐进，并辅以恰当例题加深理解和应用。每一章后均附有针对该章主要业务处理的分录速查列表，适合学生学习，便于学生对抽象业务的具化处理能力的提升。

本书可作为高等职业院校、高等专科院校、成人高校会计等相关专业的教学用书，并可作为社会从业人士的业务参考书及培训用书。

图书在版编目（CIP）数据

会计业务核算/王昕，刘玉梅主编. —北京：北京理工大学出版社，2018.3
ISBN 978-7-5682-5306-2

Ⅰ.①会…　Ⅱ.①王…②刘…　Ⅲ.①会计学　Ⅳ.①F230

中国版本图书馆CIP数据核字（2018）第024732号

出版发行／北京理工大学出版社有限责任公司
社　　址／北京市海淀区中关村南大街5号
邮　　编／100081
电　　话／（010）68914775（总编室）
　　　　　（010）82562903（教材售后服务热线）
　　　　　（010）68948351（其他图书服务热线）
网　　址／http://www.bitpress.com.cn
经　　销／全国各地新华书店
印　　刷／三河市天利华印刷装订有限公司
开　　本／787毫米×1092毫米　1/16
印　　张／16.25
字　　数／380千字
版　　次／2018年3月第1版　2018年3月第1次印刷
定　　价／69.00元

责任编辑／张慧峰
文案编辑／张慧峰
责任校对／周瑞红
责任印制／李　洋

前　言

会计业务核算能力是会计类专业学生的核心技能，也是会计从业人员必备的职业技能。《会计业务核算》教材是编者在多年教学实践基础上整理讲稿形成的，以疏通账理、培养学生财务业务处理能力为目标。本书以财政部颁布的《企业会计准则》和具体准则为基准，以就业为导向，以职业和岗位工作内容为主线，遵循学生认知规律，将岗位工作内容充分融入教材。本书将最新会计相关法律法规融入其中：教材成稿前适逢财政部出台《增值税会计处理规定》，教材定稿前对增值税核算按照新规进行设计。本教材既适合高等学校相关专业教学使用，又适合会计实务工作者参阅。

本书共三篇十四章，包括会计核算认知、会计岗位业务、会计主管岗位业务三个部分。会计业务核算是一门操作性非常强的课程，因此，教材以培养学生专业业务能力为目标，对主要经济业务进行提炼后，以列表方式将常见经济业务分录进行归纳，便于学生查看和理清每个会计核算对象的不同业务处理。另外，每章以数字资源方式配备习题，扫描二维码即可进行练习。

本书由王昕、刘玉梅担任主编，王莉红担任副主编，王昕老师编写了第五章、第六章、第七章、第九章、第十二章，并负责全书统稿；刘玉梅老师编写了第一章、第二章、第三章、第四章、第八章、第十章、第十四章；王莉红老师编写了第十一章、第十三章。李云东教授负责对全书进行审稿。

书中有疏漏与不当之处，请各位同仁指教，并请广大读者批评指正。

编　者

目 录

第一篇 会计核算认知

第二篇 会计岗位业务

第三篇　会计主管岗位业务

第一篇
会计核算认知

会计核算在企业日常管理中起着非常重要的作用，因此，我国对会计核算岗位有严格的任职资格规定，为规范会计行为，制定了《中华人民共和国会计法》和《企业会计准则》等法律法规。为了更好地完成会计核算工作，会计从业人员需要明确各会计岗位任职资格要求，熟悉相关的会计法律法规，了解各会计岗位职责，掌握会计核算的基本理论知识。

第一章

会计岗位认知

一、会计专业任职资格

担任单位会计机构负责人（会计主管人员）的，应当具备会计师以上专业技术职务资格或者从事会计工作三年以上。担任总会计师的，必须是取得会计师任职资格，主管一个单位或者单位内一个重要方面的财务会计工作不少于三年的会计人员。

会计专业技术资格实行全国统一组织、统一考试时间、统一考试大纲、统一考试命题、统一合格标准的考试制度。会计专业技术资格分为：初级资格、中级资格和高级资格。会计专业技术资格考试，原则上每年举行一次。初级资格考试报名时间一般为每年的 11 月，考试时间一般为每年 5 月。中级和高级资格考试报名时间一般为每年 3 月份，考试时间一般为每年 9 月份。如遇特殊情况需要调整考试时间，财政部、人力资源和社会保障部将会及时通知各地。

（一）初级资格

报名参加会计专业技术初级资格考试的人员，必须具备教育部门认可的高中毕业以上学历。

会计专业技术初级资格考试科目为：“初级会计实务”“经济法基础”2 个科目。“初级会计实务”科目的考试时长为 2 小时，“经济法基础”科目的考试时长为 1.5 小时，两个科目连续考试，时间不得混用。参加初级资格考试的人员必须在一个考试年度内通过全部科目的考试。

（二）中级资格

报名参加会计专业技术中级资格考试的人员，必须具备下列条件之一：（1）取得大学专科学历，从事会计工作满 5 年；（2）取得大学本科学历，从事会计工作满 4 年；（3）取得双学士学位或研究生班毕业，从事会计工作满 2 年；（4）取得硕士学位，从事会计工作满 1 年；（5）取得博士学位。

会计专业技术中级资格考试科目包括“中级会计实务”“财务管理”和“经济法”。“中级会计实务”科目的考试时长为 3 小时，“财务管理”科目的考试时长为 2.5 小时，“经济法”科目的考试时长为 2 小时。参加中级资格考试的人员，应在连续两个考试年度内通过全部科目的考试，方可获得中级资格证书。

（三）高级资格

报名参加高级资格考试的人员，除具备基本条件外，还应符合下列条件之一：(1)《会计专业职务试行条例》规定的高级会计师职务任职基本条件；(2) 省级财政、人力资源和社会保障部门或中央单位批准的本地区、本部门申报高级会计师职务任职资格评审条件。

考试科目为"高级会计实务"，考试采用开卷纸笔方式，考试时长为3.5小时。参加高级资格考试并达到国家合格标准的人员，由全国会计专业技术资格考试领导小组办公室核发高级会计资格考试成绩合格证。

二、会计人员应遵循的会计法律法规

（一）中华人民共和国会计法

《中华人民共和国会计法》是我国会计工作的根本大法，是其他会计法规制定的基本依据。我国于1985年首次颁布实施《中华人民共和国会计法》，1993年12月第八届全国人民代表大会常务委员会第五次会议第一次修正，1999年10月第九届全国人民代表大会常务委员会第十二次会议修订，于2000年7月1日起施行。

《中华人民共和国会计法》共7章52条，包括总则、会计核算、公司企业会计核算的特别规定、会计监督、会计机构和会计人员、法律责任、附则。

（二）企业会计准则

《企业会计准则》由财政部制定，于2006年2月15日发布，自2007年1月1日起施行，对加强和规范企业会计行为，提高企业经营管理水平和会计规范处理，促进企业可持续发展起到指导作用。2014年财政部相继增加和修订了相关会计准则。

《企业会计准则》包括基本准则、具体准则和应用指南。基本准则为主导，对企业财务会计的一般要求和主要方面做出原则性的规定，为制定具体准则和会计制度提供依据。

1. 基本准则

基本准则包括总则、会计信息质量要求、财务会计报表要素、会计计量、财务会计报告等十一章内容。

2. 具体准则

具体准则是在基本准则的指导下，处理会计具体业务标准的规范。其具体内容可分为一般业务准则、特殊行业和特殊业务准则、财务报告准则三大类，一般业务准则是规范普遍适用的一般经济业务的确认、计量要求，如存货、固定资产、无形资产、职工薪酬、所得税等。特殊行业和特殊业务准则是对特殊行业的特定业务的会计问题做出的处理规范，如生物资产、金融资产转移、套期保值、原保险合同、合并会计报表等。财务报告准则主要规范各类企业通用的报告类准则，如财务报表列报、现金流量表、合并财务报表、中期财务报告、分部报告等。

3. 应用指南

应用指南从不同角度对企业具体准则进行强化，解决实务操作，包括具体准则解释部分、会计科目和财务报表部分。

（三）小企业会计准则

为了促进小企业发展以及财税政策日益丰富完善，形成以减费减免、资金支持、公共服务等为主要内容的促进中小企业发展的财税政策体系，2011 年 10 月 18 日，财政部发布《小企业会计准则》，要求相关小企业自 2013 年 1 月 1 日起执行。该《准则》分总则、资产、负债、所有者权益、收入、费用、利润及利润分配、外币业务、财务报表、附则，共 10 章 90 条。

三、会计岗位

（一）会计岗位设置

各企业应根据其企业性质、经营规模和内部管理模式设置财务部组织结构，设置具体的会计岗位。一般企业的财务部可设置财务总监、会计主管、会计、出纳等岗位。其中会计岗位根据企业规模不同，可以一人一岗、一人多岗或者一岗多人。对于经营规模较大的企业，一般设置往来结算、存货、资产、职工薪酬、资金、收入、税费、利润核算等具体会计核算岗位。各岗位设置如图 1－1 所示。

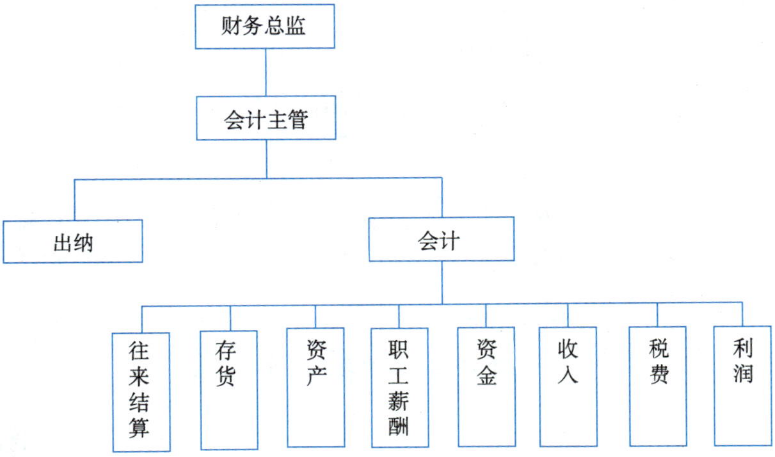

图 1－1　会计岗位设置

（二）会计岗位职责

1. 会计职责

（1）审核有关原始凭证，并依据会计准则和制度编制记账凭证；

（2）根据原始凭证、记账凭证及科目汇总表登记明细账和总分类账；

（3）定期配合有关部门进行盘点，认真核对原始凭证、记账凭证、明细账及总分类账；

（4）根据国家税收法规的相关规定，按月进行纳税申报；

（5）对相关会计资料进行科学分类，造册登记，统一管理。

2. 会计主管职责

（1）协助财务总监管理好企业财务工作，拟订本企业有关会计核算的各项规章制度；

（2）严格复核会计所做的会计凭证、明细账及总分类账，确保账实、账证、账账相符；

（3）负责编报财务报表，协助财务总监做好企业的财务分析，为企业制订经营决策提供依据。

本章小结

会计专业技术资格分为：初级资格、中级资格和高级资格。会计专业技术初级资格考试科目为："初级会计实务""经济法基础"2个科目。会计专业技术中级资格考试科目为："中级会计实务""财务管理"和"经济法"3个科目。高级资格实行考试与评审结合的评价制度。会计人员从业时需遵守《中华人民共和国会计法》《企业会计准则》和《小企业会计准则》。一般企业的财务部可设置财务总监、会计主管、会计、出纳等岗位，各岗位从业人员应履行相应岗位职责。

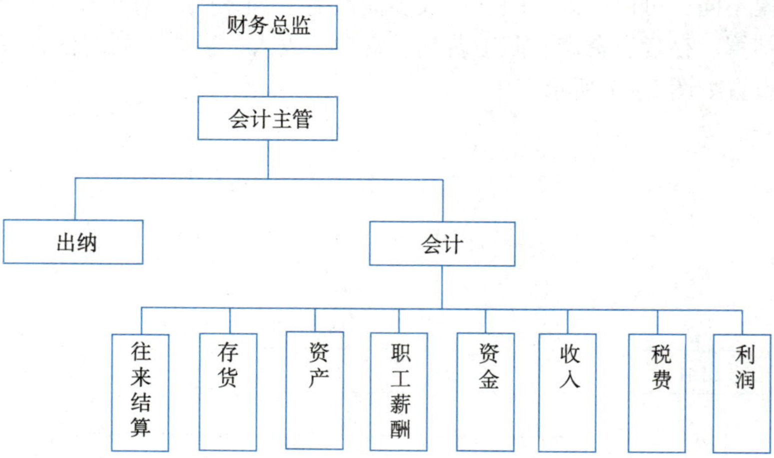

图1-1 会计岗位设置

第一章教学目标、重点、难点

第二章

会计核算理论

一、会计的含义

会计是以货币为主要计量单位，反映和监督一个单位经济活动的一种经济管理工作。会计借助于专门的技术方法，对各单位的经济活动进行完整、连续、系统的反映和监督，借以加强经济管理，提高经济效益。在企业，会计主要反映企业的财务状况、经营成果和现金流量，并对企业经营活动和财务收支进行监督。

二、财务报告目标

（一）向财务报告使用者提供决策有用的信息

企业财务报告使用者分为内部财务报告使用者和外部财务报告使用者。内部财务报告使用者主要是企业管理者、企业职工等；外部财务报告使用者主要包括投资者、债权人、政府及其他有关部门和社会公众等。我国基本准则规定财务报告的目标是向财务报告使用者提供与企业财务状况、经营成果和现金流量等有关的会计信息，有助于财务报告使用者作出经济决策。

（二）反映企业管理层受托责任的履行情况

在现代公司制下，企业所有权和经营权相分离，企业管理层是受委托人之托经营管理企业及其各项资产，负有受托责任。企业接受了包括国家在内的所有投资者和债权人的投资，就有责任按照其预定的发展目标和要求，合理利用资源，加强经营管理，提高经济效益，接受考核和评价。会计信息应该有助于考核领导人经济责任的履行情况。通过会计信息的比较，可以了解企业当年度经营活动成果和当年度的资产保值和增值情况、企业的盈利发展趋势、企业执行预算的能力和水平，从而考核企业领导人经济责任的履行情况。

三、会计基本假设

会计基本假设是企业会计确认、计量和报告的前提条件，是会计核算的时间、空间环境等的合理设定，目的是保证会计核算资料符合财务报告的目标。我国的会计基本假设主要包括会计主体、持续经营、会计分期和货币计量。会计主体确立了会计核算的空间范围，持续经营与会计分期确立了会计核算的时间范围，货币计量确立了会计核算的必要手段。

（一）会计主体

会计主体是企业会计确认、计量和报告的空间范围。会计主体假设要求企业应当对其本身发生的交易或者事项进行会计确认、计量和报告，反映企业从事的各项生产活动。

首先，明确会计主体，才能划定会计所要处理的各项交易或事项的范围。在会计核算工作中，只有那些影响企业本身经济利益的交易或事项才能加以确认和计量，那些不影响企业本身经济利益的交易或事项则不能加以确认和计量。会计核算工作中通常所讲的资产、负债的确认，收入的实现，费用的发生，都是针对特定的会计主体而言的。

其次，明确会计主体，才能把握会计处理的立场。比如，甲公司销售一批钢材给乙公司，如果从甲公司的立场看，这笔业务是销售业务，应确认收入的增加；从乙公司的立场看，这笔业务是采购业务，应确认存货的增加。

另外，会计主体不同于法律主体。一般来说，法律主体往往是一个会计主体。例如，一个企业作为一个法律主体，应当建立会计核算体系，独立地反映其财务状况、经营成果和现金流量。但是，会计主体不一定是法律主体。例如，在企业集团的情况下，一个母公司拥有若干个子公司，企业集团在母公司的统一领导下开展生产经营活动。母子公司虽然是不同的法律主体，但是，为了全面反映企业集团的财务状况、经营成果和现金流量，就有必要将这个企业集团作为一个会计主体，编制合并财务报表。

（二）持续经营

持续经营是指在可以预见的将来，企业将会按当前的规模和状态继续经营下去，不会停业，也不会大规模削减业务。在持续经营前提下，会计核算应当以企业持续、正常的生产经营活动为前提。

企业是否持续经营，在会计方法的选择上有很大差别。一般情况下，应当假定企业将会按当前的规模和状态继续经营下去，不会停业，也不会大规模削减业务。明确这个基本前提，就意味着会计主体将按照既定用途使用资产，按照既定的合约条件清偿债务，会计人员就可以在此基础上选择会计政策和会计方法。例如，一般情况下，企业的固定资产可以在一个较长的时期内发挥作用，如果可以判断企业会持续经营，就可以假定企业的固定资产会在持续经营的生产经营过程中长期发挥作用，并服务于生产经营过程，固定资产就可以根据历史成本进行记录，并采用折旧的方法，将历史成本分摊到各个会计期间或相关产品的成本中。如果判断企业不会持续经营，固定资产就不应采用历史成本进行记录并按期计提折旧。

（三）会计分期

会计分期又称会计期间，是指将一个企业持续经营的生产活动划分为一个个连续的、长短相同的期间。会计分期的目的，在于通过会计期间的划分，将持续经营的生产经营活动划分成连续、相等的期间，据以结算盈亏，按期编制财务会计报告，从而及时向财务报告使用者提供有关企业财务状况、经营成果和现金流量的信息。

根据持续经营基本前提，一个企业将要按当前的规模和状态持续经营下去，要最终确定企业的生产经营成果，只能等到企业在若干年后歇业的时候核算一次盈亏。但是，企业的生产经营活动和投资决策要求及时的信息，不能等到歇业时一次性地核算盈亏。因此，就需要将企业持续经营的生产经营活动划分为一个个连续的、长短相同的期间，分期核算和反映。

在会计分期前提下，会计核算应当划分会计期间，分期结算账目和编制财务会计报告。会计期间分为年度和中期，年度和中期均按公历起止日期确定。中期，是指短于一个完整的会计年度的报告期间，半年度、季度和月度均称为会计中期。最常见的会计期间是一年，以一年确定的会计期间称为会计年度，按年度编制的财务报告也称为年报。在我国，会计年度自公历每年的 1 月 1 日起至 12 月 31 日止。为了满足企业的投资者和债权人及广大的信息使用者对企业会计信息的需求，企业会计准则也要求企业按短于一个完整的会计年度的期间编制财务会计报告，如要求上市公司每个季度提供一次财务会计报告。

（四）货币计量

货币计量是指会计主体在会计确认、计量和报告过程中采用货币作为计量单位，计量、记录和报告会计主体的生产经营活动，反映会计主体的财务状况、经营成果和现金流量。

在货币计量前提下，企业的会计核算以人民币为记账本位币。业务收支以人民币以外的货币为主的企业，可以选定其中一种货币作为记账本位币，但是编报的财务报告应当折算为人民币；在境外设立的中国企业向国内报送的财务报告，也应当折算为人民币。

四、会计基础

会计基础是指会计事项的记账基础，是会计确认的某种标准方式，是单位收入和支出、费用的确认的标准。对会计基础的不同选择，决定单位取得收入和发生支出在会计期间的配比，并直接影响到单位工作业绩和财务成果。会计基础包括权责发生制和收付实现制。

（一）权责发生制

《企业会计准则——基本准则》第九条规定：企业应当以权责发生制为基础进行会计确认、计量和报告。权责发生制要求，凡是当期已经发生的收入和已经发生或应当负担的费用，无论款项是否收付，都应当作为当期的收入和费用，计入利润表；凡是不属于当期的收入和费用，即使款项已在当期收付，也不应当作为当期的收入和费用。

有时，企业发生的货币收支业务与事项本身并不完全一致。例如，款项已经收到，但销售并未实现；或者款项已经支付，但并不是为本期生产经营活动而发生的。为了明确会计核算的确认基础，更真实地反映特定会计期间的财务状况和经营成果，就要求企业在会计核算中以权责发生制为基础。

（二）收付实现制

收付实现制是以收到或支付的现金作为确认收入和费用的依据。

收付实现制是目前我国行政单位会计所采用的会计基础，事业单位会计除经营业务可以采用权责发生制外，其他业务也采用收付实现制。企业会计统一要求以权责发生制为会计基础。

五、会计信息质量要求

会计信息质量要求是对企业提供会计信息质量的基本要求。企业以持续经营为前提，以权责发生制为基础，所提供的会计信息应当符合会计准则规定的质量要求。

（一）可靠性

企业应当以实际发生的交易或者事项为依据进行确认、计量和报告，如实反映符合确认和计量要求的各项会计要素及其他相关信息，保证会计信息真实可靠、内容完整。

可靠性原则包含的内容：一是以实际发生的交易或事项为依据进行确认和计量，将符合会计要素确认条件的资产、负债、所有者权益、收入、费用和利润等如实反映在财务报表中，以事实为依据，不受主观意志的左右；二是在符合重要性和成本效益原则的前提下，保证会计信息的完整性，其中包括编制的报表及其附注应当保持完整，不得遗漏或减少应予披露的信息。

（二）相关性

企业提供的会计信息应当与财务报告使用者的经济决策需要相关，有助于会计信息使用者对企业过去、现在或未来的情况做出评价或者预测。

会计信息是否有用，关键看是否与决策者的决策需要相关，是否有助于决策或提高决策水平，应具有反馈价值和预测价值。相关的会计信息能够有助于使用者评价企业的决策，并预测企业未来的财务状况、经营成果和现金流量。相关性是以可靠性为基础，满足投资者等财务报告使用者的决策需要。

（三）可理解性

企业提供的会计信息应当清晰明了，便于理解，以免使会计信息使用者误解。必须让会计信息使用者理解会计记录的内容和会计信息的内涵，才能提高会计信息的有用性，满足向会计信息使用者提供决策有用信息的要求。

（四）可比性

可比性要求企业提供的会计信息应当具有可比性，具体包括以下两方面。

1. 不同企业之间的会计信息口径一致、相互可比

不同企业在同一会计期间发生的相同或者相似的交易或者事项，应当采用规定的会计政策，确保提供的会计信息口径一致，相互可比。在客观性的基础上，要求不同的企业按照一致的确认、计量和报告基础提供有用的会计信息，使会计信息相互可比。

2. 同一企业前后不同会计期间的会计信息具有可比性

同一企业不同时期发生的相同或者相似的交易或者事项，应当采用一致的会计政策，不得随意变更。确实需要变更的，应当在附注中说明。

（五）实质重于形式

企业应当按照交易或者事项的经济实质进行会计确认、计量和报告，不应仅以交易或事项的法律形式为依据。

在多数情况下，企业发生的交易或事项的经济实质与法律形式是一致的，但是在有些情况下会出现不一致，企业仅以交易或者事项的法律形式为依据进行会计确认、计量和报告，无法如实反映经济活动的实际情况，容易导致会计信息失真。如融资租入方式租入固定资产，按照法律形式看企业不拥有其所有权，但是从其经济实质看，企业能够控制融资租入固定资产所创造的经济利益，应视为自有固定资产进行会计处理。

（六）重要性

企业提供的会计信息应当反映与企业财务状况、经营成果和现金流量有关的所有重要交易或者事项。重要性依赖于会计职业判断，如果会计信息的省略或错报会影响财务报告使用者据此做出决策的，该信息就具有重要性。企业应当根据所处的环境和实际情况，从性质和金额大小两方面加以判断。影响财务报告使用者据以做出合理判断的重要会计信息，在财务报告中应予以充分披露。

（七）谨慎性

企业对交易或事项进行会计确认、计量和报告时应当保持应有的谨慎，不应高估资产或者收益、低估负债或者费用。会计信息质量的谨慎性要求，需要企业在面临不确定因素的情况下作出职业判断时，保持应有的谨慎，充分估计到各种风险和损失，应当遵循谨慎性原则的要求，既不高估资产或收益，也不低估负债或费用，如对应收账款计提坏账准备、对存货计提存货跌价准备等。谨慎性的应用不允许企业设置秘密准备。企业故意低估资产或者收益，或者故意高估负债或费用，不符合会计信息的可靠性和相关性要求，损害会计信息质量，对使用者的决策产生误导，这是不符合会计准则要求的。

（八）及时性

及时性要求企业对于已经发生的交易或者事项，应当及时进行确认、计量和报告，不得提前或者延后。会计信息具有时效性，及时性要求会计信息的提供要及时，使会计信息使用者及时使用和决策，如果不及时提供会使会计信息的作用降低或失去意义。要保证及时性，应做到及时收集会计信息、及时处理会计信息、及时传递会计信息。

会计月度报表应当在月度终了6日内对外提供，季度报表应当在季度结束后15日内对外提供，半年报表应当在半年结束后60天内对外提供，年报应当在年度结束后4个月内对外提供。

六、会计确认、计量和报告

（一）会计确认

会计确认是指某一会计事项作为资产、负债、所有者权益、收入、费用和利润等会计要素正式加以记录和列入财务报表的过程。会计确认是要明确某一经济业务涉及哪个会计要素的问题。某一会计事项一旦被确认，就要同时以文字和数据加以记录，其金额包括在财务报表总计中。

1. 资产

资产是指企业过去的交易或事项形成并由企业拥有或者控制的、预期会给企业带来经济利益的资源。

资产具有以下几个方面的特征：①资产是过去的交易或事项所形成的，过去的交易或事项包括购买、生产、建造行为或其他交易或事项。②资产是企业拥有或者控制的资源，是指企业享有某项资源的所有权，或者虽然不享有某项资源的所有权，但该资源能被企业所控制。③预期能给企业带来经济利益，是指具有直接或间接导致现金和现金等价物流入企业的潜力，这种潜力来自于企业日常的生产经营活动，也可以是非日常活动。企业报废的机器设备等不能为企业提供经济利益，不应再将其列作企业的资产。

将一项资源确认为资产，需要符合资产的定义，并同时满足以下两个条件：

①与该资源有关的经济利益很可能流入企业；②该资源的成本或者价值能够可靠地计量。

2. 负债

负债是指企业过去的交易或者事项形成的、预期会导致经济利益流出企业的现时义务。

负债具有以下几个方面的特征：①负债是企业承担的现时义务。现时义务是指企业在现行条件下已承担的义务，这是企业必须承担的义务，需要企业予以偿还。未来发生的交易或者事项形成的义务，不属于现时义务，不应当确认为负债。②负债是由企业过去的交易或事项形成的。只有过去的交易或事项才能形成负债，在未来发生的交易或者事项不形成负债。如企业1个月后向银行借款100万元，现在还没有形成借款，不能确认为负债。③负债的清偿预期会导致经济利益流出企业。负债必须在未来用交付资产、提供劳务或让渡资产使用权的方式来偿还。

将一项现时义务确认为负债，需要符合负债的定义，并同时满足以下两个条件：①与该义务有关的经济利益很可能流出企业；②未来流出经济利益的金额能够可靠地计量。

3. 所有者权益

所有者权益是指企业资产扣除负债后由所有者享有的剩余权益。公司的所有者权益又称为股东权益，是所有者对企业资产的剩余索取权。

所有者权益按其来源主要包括所有者投入的资本、直接计入所有者权益的利得和损失、留存收益等。所有者投入的资本是所有者投入企业的资本部分，既包括形成企业注册资本或股本部分的金额，也包括投入资本超过注册资本或股本部分的金额，即资本溢价或股本溢价。直接计入所有者权益的利得和损失，是指不应计入当期损益、会导致所有者权益发生增减变动的、与所有者投入资本或者向所有者分配利润无关的利得或者损失。留存收益是企业历年实现的净利润留存于企业的部分，主要包括计提的盈余公积和未分配利润。

所有者权益的确认主要依赖于其他会计要素，尤其是资产和负债的确认；所有者权益金额的确定也主要取决于资产和负债的计量。

4. 收入

收入是指企业在日常活动中形成的、会导致所有者权益增加的、与所有者投入资本无关的经济利益的总流入。

收入具有以下几个方面的特征：①收入是企业在日常活动中形成的。日常活动是指企业为完成其经营目标所从事的经常性活动以及与之相关的活动。如制造业销售产品等属于日常活动。②收入是与所有者投入资本无关的经济利益的总流入。收入应当会导致经济利益的流入，从而导致资产的增加，但并不是所有者直接投入的。③收入会导致所有者权益的增加。收入只有在经济利益很可能流入，从而导致企业所有者权益增加时才能确认为收入。

收入在确认时，除了应当符合收入定义外，还应当满足以下条件：①与收入相关的经济利益应当很可能流入企业；②经济利益流入企业的结果会导致企业资产的增加或者负债的减少；③经济利益的流入额能够可靠地计量。

5. 费用

费用是指企业在日常活动中发生的、会导致所有者权益减少的、与向所有者分配利润无关的经济利益的总流出。费用是企业为了获得收入而流出企业的经济资源或企业从事经营活动的成本。

费用具有以下几个方面的特征：①费用是企业在日常活动中形成的；②费用会导致所有者权益的减少；③费用是与向所有者分配利润无关的经济利益的总流出。

费用在确认时，除了应当符合费用定义外，还应当满足以下条件：①经济利益应当很可能流出企业；②经济利益流出企业的结果会导致企业资产的减少或者负债的增加；③经济利益的流出额能够可靠地计量。

6. 利润

利润是指企业在一定会计期间的经营成果，包括收入减去费用后的净额、直接计入当期利润的利得和损失等。

收入减去费用后的净额，反映的是企业日常活动的业绩。直接计入当期利润的利得和损失，反映的是企业非日常活动的业绩。直接计入当期利润的利得和损失，是指应当计入当期损益、最终会引起所有者权益发生增减变动的、与所有者投入资本或者向所有者分配利润无关的利得或者损失。

利润的确认主要依赖于收入和费用以及利得和损失的确认，其金额的确定也主要取决于收入和费用、直接计入当期利润的利得和损失金额的计量。

（二）会计计量

会计计量是为了将符合确认条件的会计要素登记入账，并列报于财务报表而确定其金额的过程。会计计量的关键是计量单位的确定和计量属性的选择。会计计量单位必须以货币为计量单位。我国会计核算应当以人民币为记账本位币。业务收支以外币为主的企业，也可以采用某种外币作为记账本位币，但向国家有关方面报送财务报表时，必须折算为人民币反映。计量属性是指被计量的对象具有的某方面的特征或外在表现形式，即被计量对象予以数量化的特征。

1. 会计计量属性的构成

从会计角度看，计量属性反映的是会计要素金额的确定基础，主要包括历史成本、重置成本、可变现净值、现值和公允价值等。

（1）历史成本，又称实际成本，是指取得资产时实际支付的现金或现金等价物。历史成本是会计计量属性中最重要和最基本的计量属性。

（2）重置成本，是指按照当前市场条件，企业重新取得与其所拥有的某项资产相同或与其功能相当的资产需支付的现金或现金等价物。实务中，重置成本主要应用于盘盈固定资产的计量等。

（3）可变现净值，是指在正常经营过程中，资产正常对外销售所能收到现金或者现金等价物的金额扣减该资产至完工时估计将要发生的成本、估计的销售费用以及相关税费后的金额。实务中，可变现净值主要应用于存货资产减值情况下的后续计量。

（4）现值，是指资产或负债形成的未来现金流量的折现值，是考虑资金的时间价值因素的一种计量属性。实务中，现值主要应用于非流动资产可收回金额和以摊余成本计量的金融资产价值的确定等。

（5）公允价值，是指在公平交易中，熟悉情况的交易双方自愿进行资产交换或债务清偿的金额。实务中，公允价值主要应用于交易性金融资产、可供出售金融资产的计量等。

2. 各种计量属性之间的关系

在各种计量属性中，历史成本通常反映的是资产或负债过去的价值，而重置成本、可变现净值、现值和公允价值通常反映的是资产或者负债的现时成本或者现时价值。

重置成本、可变现净值、现值和公允价值是与历史成本相对应的计量属性，但它们之间仍具有密切联系。一般来说，当前环境下某项资产或负债的历史成本可能是过去环境下某项资产或负债的公允价值，而当前环境下某项资产或负债的公允价值也许就是未来环境下某项资产或负债的历史成本。公允价值可以是重置成本，也可以是短期的可变现净值和以公允价值为计量目的的未来现金流量的现值。

3. 会计计量属性的应用原则

《企业会计准则——基本准则》明确规定，企业在对会计要素进行计量时，以历史成本为主要计量属性，但又不限于历史成本。在某些情况下为了提高会计信息质量，实现财务报告目标，企业会计准则允许采用重置成本、可变现净值、现值和公允价值计量的，应当保证所确定的会计要素金额能够取得并可靠地计量，如果这些金额无法取得或者可靠地计量，则不允许采用其他计量属性。考虑到中国市场发展的现状，新企业会计准则体系中主要在金融工具、投资性房地产、非同一控制下的企业合并、债务重组和非货币性交易等方面采用公允价值。

（三）会计报告

会计报告又称财务报告或财务会计报告，是指企业对外提供的反映企业某一特定日期的财务状况和某一会计期间的经营成果、现金流量等会计信息的文件。财务报告包括财务报表和其他应当在财务报告中披露的相关信息和资料。财务报告至少应当包括资产负债表、利润表、现金流量表和所有者权益变动表及其附注。

财务报告是对会计要素确认与计量结果的披露，是将会计信息传递给投资人等会计信息使用者的载体和桥梁。投资人等信息使用者主要是通过充分披露的财务报告，了解企业的财务状况、经营成果和现金流量，判断企业的内在价值，预测企业未来的发展趋势，从而做出投资决策。

本章小结

会计基本假设包括会计主体、持续经营、会计分期和货币计量。会计基础包括权责发生制和收付实现制，我国《企业会计准则》规定，企业应当以权责发生制为基础进行会计核算。会计信息质量要求包括可靠性、相关性、可理解性、可比性、实质重于形式、重要性、谨慎性和及时性。资产、负债、所有者权益、收入、费用和利润六个会计要素的确认需满足一定的条件，在会计计量时主要以历史成本为主，也可以采用重置成本、可变现净值、现值或公允价值计量。财务报告至少应当包括资产负债表、利润表、现金流量表和所有者权益变动表及其附注。

第二章教学目标、重点、难点 + 习题及答案

第二篇
会计岗位业务

会计岗位业务主要是对企业发生的经济业务进行确认和计量，其基本工作流程是审核原始凭证，依据原始凭证填制记账凭证，根据记账凭证登记各相关账户明细账。各会计岗位应遵照岗位职责，及时完成相关业务的会计核算和其他相关工作。一般企业的经济业务包括货币资金、往来结算、存货、固定资产、无形资产、投资性房地产、职工薪酬、资金、收入、税费、利润等。

第三章

货币资金核算

任何企业要进行生产经营活动都必须拥有货币资金。货币资金是指企业在生产经营过程中直接以货币形态存在的经营资金。货币资金是流动性最强的一项资产，并且是唯一能够直接转化为其他任何资产形态的流动资产。因此，加强货币资金的管理和控制是至关重要的。根据货币资金的存放地点及其用途的不同，可将货币资金分为库存现金、银行存款及其他货币资金。

第一节　库存现金

一、库存现金管理

库存现金是指存放于企业财会部门，由出纳人员保管，作为日常零星开支所需的那部分货币资金。库存现金包括人民币现金和外币现金。

在企业所拥有的资产中，现金的流动性最强。现金不仅具有普遍的可接收性和流动频繁的特点，而且极易发生差错或被挪用、侵吞、盗窃。因此，企业必须加强库存现金的管理和内部控制。

库存现金管理是指企业按照国家有关现金管理的财经法规和企业内部控制制度，对企业现金收入和现金支出的管理。目前我国现金管理和控制的规章制度主要有：1988 年 8 月 16 日中华人民共和国国务院第十八次常务会议发布，1988 年 10 月 1 日起施行的《现金管理暂行条例》；1997 年 9 月 19 日中国人民银行发布的《支付结算办法》；2001 年 6 月 22 日财政部发布并实施的《内部会计控制规范——货币资金（试行）》。

（一）库存现金使用范围

企业可在下列范围内使用库存现金：

（1）职工工资、津贴；

（2）个人劳务报酬；

（3）根据国家规定颁发给个人的科学技术、文化艺术、体育等各种奖金；

（4）各种劳保、福利费以及国家规定的对个人的其他支出；

（5）向个人收购农副产品和其他物资的价款；

（6）出差人员必须随身携带的差旅费；

（7）结算起点（1 000 元人民币）以下的零星开支；

（8）中国人民银行确定需要支付现金的其他支出。

超出上述范围的一切经济往来，企业都应通过开户银行予以结算即转账结算。转账结算与现金结算具有同等效力。企业购买国家规定的专控商品，须采取转账方式，不得以现金结算。

（二）库存现金限额

库存现金限额是指为了保证企业日常零星开支的需要，允许企业留存现金的最高数额。现金的库存限额由开户单位提出申请，开户银行根据单位的实际需要核定，一般按照单位 3 天至 5 天的日常零星开支所需的现金的限额确定。边远地区和交通不便地区的企业库存现金限额可按多于 5 天，但最多不能超过 15 天的日常零星开支的需要确定。企业每日的现金结存数超过限额的部分应当及时送存银行，如需增加或减少库存限额，应当向开户银行提出申请，由开户银行核定。

（三）企业库存现金日常收支管理

（1）企业现金收入的主要来源，是零售商品的销售收入、各种业务收入以及其他的零星收入。企业现金的收入应于当日送存银行，当日送存银行确有困难的，由开户银行确定送存时间。企业一般不得从本单位的现金收入中直接支付现金（即坐支）。因特殊情况需要坐支现金的，应事先报经开户银行审查批准，由开户银行核定坐支范围和限额。

（2）企业根据规定从开户银行提取现金，应当写明用途，由本单位财会部门负责人签字盖章，经开户银行审核后，予以支付现金。

（3）企业不得“白条抵库”；不准谎报用途套取现金；不准利用银行账户代其他单位和个人存入或支取现金；不准将企业收入的现金以个人名义存入储蓄，即不得“公款私存”；不准保留账外公款，即不得设置“小金库”。

（4）出纳人员应定期编制“现金收入报表”，反映企业收入款项情况；定期编制“现金支出报表”，可按照各项费用分类，也可按部门分类反映费用支出，通过现金支出管理加强费用管理。

二、库存现金收付核算

（一）账户设置

为了核算库存现金的收入、支出和结存情况，企业应设置“库存现金”账户，分别进行企业库存现金的总分类核算和明细分类核算。“库存现金”账户属于资产类账户，借方登记现金收入的金额，贷方登记现金支出的金额，期末借方余额表示企业实际持有的库存现金。

（二）账务处理

库存现金的账务处理主要包括现金收入和现金支出两个方面。

1. 现金收入

企业收入现金时，如从银行提取现金、收到转账起点以下的销售款、职工交回差旅费剩余款时，借记“库存现金”账户，贷记相关账户。

2. 现金支出

企业支出现金时，如支付购买办公用品费用、支付职工工资、支付预借差旅费时，借记相关账户，贷记“库存现金”账户。

【例3-1】辽宁旭日有限责任公司为增值税一般纳税人，增值税税率为17%。2017年1月发生了以下现金收支业务：

（1）1日，出纳从银行提取现金5 000元，以备零星开支。

（2）3日，采购部王明预借差旅费3 000元，以现金支付。

（3）6日，行政部报销办公用品款，以现金支付160元。

（4）10日，采购部王明报销差旅费2 800元，余款收回。

旭日公司账务处理如下：

（1）借：库存现金	5 000	
贷：银行存款		5 000
（2）借：其他应收款——王明	3 000	
贷：库存现金		3 000
（3）借：管理费用——办公费	160	
贷：库存现金		160
（4）借：管理费用——差旅费	2 800	
库存现金	200	
贷：其他应收款——王明		3 000

（三）库存现金明细分类核算

为了加强对库存现金的管理与核算，系统了解库存现金收付的动态，企业库存现金的收付业务要进行明细分类核算。设置“现金日记账”，由出纳人员每日根据审核无误的收付款凭证，按照业务发生的先后顺序，逐日逐笔进行登记。每日终了，应当计算当日的现金收入合计数、现金支出合计数和结余数，并将结余数与实际库存数核对，做到账实相符。每月终了，应将“现金日记账”当月最后一天的余额与“现金”总分类账借方余额核对，做到账账相符。

（四）库存现金总分类核算

总分类核算即总账核算，库存现金总账由负责总账的财会人员根据现金收付款凭证直接登记。如果企业日常现金收支量较大，为了简化核算工作，可以根据实际情况，采用科目汇总表或汇总记账凭证的核算形式，根据科目汇总表或汇总收付款凭证定期或月终登记。

三、库存现金清查核算

为了加强对出纳工作的监督，及时、准确地反映库存现金的余额，防止各种不法行为的发生，确保库存现金的安全、完整，除了须实行钱、账分管，经常核对账目外，还应该经常对库存现金进行清查。库存现金清查是指库存现金的盘点和核对，包括出纳人员每日业务终了前进行的库存现金核对和清查小组进行的定期或不定期的库存现金盘点和核对。

库存现金清查一般采用实地盘点法。清查小组清查时，出纳人员必须在场，清查的内容主要是检查是否有挪用库存现金、白条抵库、超限额留存库存现金的情况以及账款是否相符等。

对于清查的结果应当编制现金盘点报告单。如果有挪用现金、白条抵库的情况，应及时予以纠正，对于超限额留存的现金应及时送存银行。

（一）账户设置

为了核算企业在清查财产过程中查明的各种财产盘盈、盘亏和毁损的价值，应设置“待处理财产损溢”账户，该账户属于资产类账户，借方登记企业发生的各种财产的盘亏金额，贷方登记企业发生的各种财产的盘盈金额，期末处理后该账户应无余额。如有借方余额，反映企业尚未处理的各种财产的净损失；如有贷方余额，反映企业尚未处理的各种财产的净溢余。该账户可按盘盈、盘亏的资产种类和项目进行明细核算。

（二）账务处理

库存现金清查的账务处理主要包括现金短缺和现金溢余两个方面。

1. 现金短缺

企业盘点时如果发现库存现金短缺，应按短缺的金额，借记“待处理财产损溢——待处理流动资产损溢”账户，贷记“库存现金”账户。查明原因后，属于应由责任人赔偿的部分，借记“其他应收款——应收现金短缺款”账户，贷记“待处理财产损溢——待处理流动资产损溢”账户；属于应由保险公司赔偿的部分，借记“其他应收款——应收保险赔偿”账户，贷记“待处理财产损溢——待处理流动资产损溢”账户；属于无法查明原因的，借记“管理费用——现金短缺”账户，贷记“待处理财产损溢——待处理流动资产损溢”账户。

【例3-2】2017年1月31日，辽宁旭日有限责任公司进行库存现金清查时，发现库存现金短缺400元，现金盘点报告表如表3-1所示。

表3-1 现金盘点报告表

2017年1月31日

账存金额	实存金额	盘盈	盘亏	原因
7 200	6 800		400	待查

监盘：王丽　　　　盘点：张阳　　　　出纳：李红

旭日公司账务处理如下：

借：待处理财产损溢——待处理流动资产损溢　　400

　　贷：库存现金　　400

经公司总经理办公室研究决定，由出纳承担赔偿责任。

旭日公司账务处理如下：

借：其他应收款——李红　　400

　　贷：待处理财产损溢——待处理流动资产损溢　　400

2. 现金溢余

企业盘点时如果发现库存现金溢余，应按溢余的金额，借记“库存现金”账户，贷记“待处理财产损溢——待处理流动资产损溢”账户。查明原因后属于应支付给有关单位或人员的，借记“待处理财产损溢——待处理流动资产损溢”账户，贷记“应付账款——应付现金溢余”账户；属于无法查明原因的现金溢余，借记“待处理财产损溢——待处理流动资产损溢”账户，贷记“营业外收入——现金溢余”账户。

【例3-3】2017年2月28日，辽宁旭日有限责任公司进行库存现金清查时，发现库存现金溢余1 000元，现金盘点报告表如表3-2所示。

表 3-2 现金盘点报告表

2017 年 2 月 28 日

账存金额	实存金额	盘盈	盘亏	原因
7 600	8 600	1 000		待查

监盘：王丽　　　　盘点：张阳　　　　出纳：李红

旭日公司账务处理如下：

借：库存现金　　1 000

　　贷：待处理财产损溢——待处理流动资产损溢　　1 000

经过调查后发现，现金长款 1 000 元系应付供应商兴盛公司垫付运费款。

旭日公司账务处理如下：

借：待处理财产损溢——待处理流动资产损溢　　1 000

　　贷：应付账款——兴盛公司　　1 000

第二节 银行存款

一、银行存款管理

银行存款是指企业存放在银行和其他金融机构，并可以随时支取的货币资金。银行存款包括人民币存款和各种外币存款。

（一）银行存款开户有关规定

按照《人民币银行结算账户管理办法》规定，企业应当在当地银行或其他金融机构开立银行结算账户，用以办理存款、取款和转账等结算。单位银行结算账户按用途分为基本存款账户、一般存款账户、临时存款账户和专用存款账户。各账户具体内容如表 3-3 所示。

表 3-3 银行存款账户分类

账户分类	定　义	用　途
基本存款账户	企业办理日常转账结算和现金收付业务的账户	企业职工薪酬等现金的支取
一般存款账户	企业在基本存款账户以外的银行办理借款转存、与基本存款账户的企业不在同一地点的附属非独立核算单位开立的账户	办理转账结算和现金缴存，但不能支取现金
临时存款账户	企业因临时经营活动需要而开立的账户	办理转账结算和根据国家现金管理的规定办理现金收付
专用存款账户	企业因特殊用途需要而开立的账户	专款专用

一个企业只能在一家银行的一个营业机构开立一个基本存款账户，不得在多家银行机构开立基本存款账户，不得在同一家银行的几个分支机构分别开立一般存款账户。

企业在银行开立账户后，可到开户银行购买各种银行往来使用的凭证（如送款单、进账单、现金支票、转账支票等），用以办理银行存款的款项收付。

（二）银行结算纪律

企业通过银行办理支付结算时，应当认真执行国家各项管理办法和结算制度。《支付结算办法》规定了结算原则和结算纪律，保证结算活动的正常运行。结算原则为：恪守信用，履约付款；谁的钱进谁的账，由谁支配；银行不垫款。结算纪律主要有：

（1）不准签发没有资金保证的票据或远期支票，套取银行信用。

（2）不准签发、取得和转让没有真实交易和债权债务的票据，套取银行和他人资金。

（3）不准无理拒绝付款，任意占用他人资金。

（4）不准违反规定开立和使用账户。

（三）及时核对银行账户

企业应当及时核对银行账户，确保银行存款账面余额与银行对账单相符。对银行账户核对过程中发现的未达账项，应查明原因，及时处理。

二、银行结算方式

在社会经济活动中，各经济主体之间由于商品交易、劳务供求、资金调拨及其他款项往来而发生的货币资金的收付行为称为结算。支付结算是指单位、个人在社会经济活动中使用票据、信用卡和汇兑、托收承付、委托收款等结算方式进行货币给付及其资金清算的行为。银行是支付结算和资金清算的中介机构。企业具体办理支付结算业务时，必须根据不同性质的款项收支，考虑结算金额的大小、结算距离的远近、利息支出和对方信用等因素，进行综合分析，选择适当的支付结算办法，以缩短结算时间，减少结算资金占用，加强资金周转。根据中国人民银行颁发的《支付结算办法》的有关规定，企业目前可以选择使用的支付结算方式有：银行汇票、银行本票、商业汇票、支票、汇兑、委托收款、托收承付、信用卡、信用证、电子支付。

（一）银行汇票

银行汇票（见图3－1）是汇款人将款项交存当地银行，由银行签发给汇款人持往异地办理转账结算或支取现金的票据，适用于单位和个人之间的商品交易和劳务供应以及其他异地款项的结算。

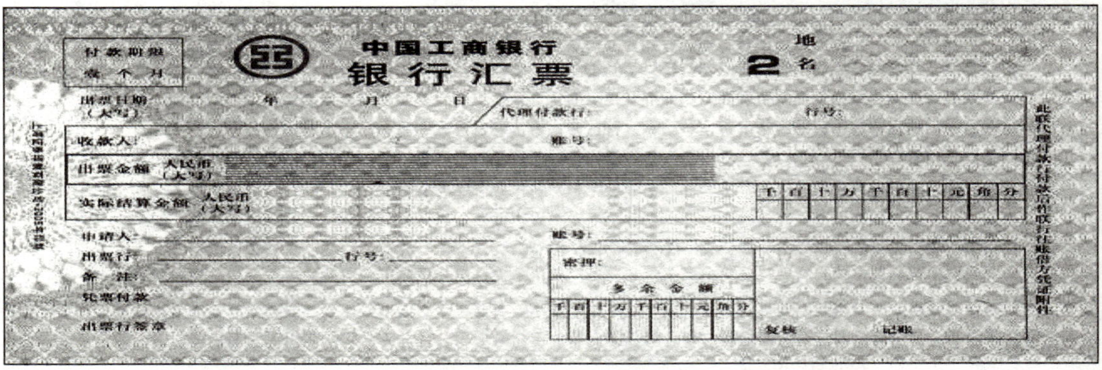

中国工商银行
银行汇票　2
地名
付款期限 壹个月
出票日期（大写）　年　月　日
代理付款行：　行号：
收款人：　账号：
出票金额 人民币（大写）
实际结算金额 人民币（大写）
千 百 十 万 千 百 十 元 角 分
申请人：　账号：
出票行：　行号：
备注：
凭票付款
出票行签章
密押：
多余金额
千 百 十 万 千 百 十 元 角 分
复核　记账
此联代理付款行付款后作联行往账借方凭证附件

图3－1　银行汇票

（二）银行本票

银行本票（见图3－2）是指申请人将款项交存银行，由银行签发给申请人凭以办理转账结算或支取现金的票据，适用于单位和个人在同城范围内的商品交易和劳务供应以及其他款项的结算。银行本票可以用于转账，注明“现金”字样的银行本票可以用于支取现金。

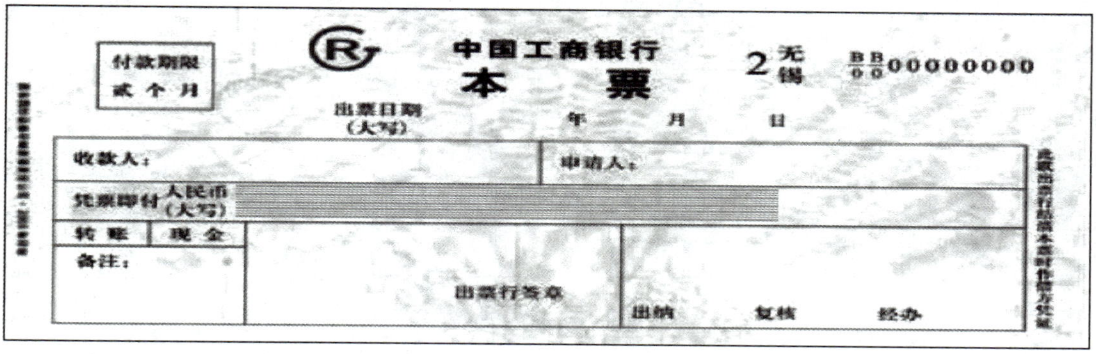
付款期限 贰个月
中国工商银行
本票
2 无锡
BB 00 00000000
出票日期（大写） 年 月 日
收款人：
申请人：
凭票即付 人民币（大写）
转账 现金
备注：
出票行签章
出纳 复核 经办

图 3－2　银行本票

（三）商业汇票

商业汇票（见图 3－3）是出票人签发的，委托付款人在指定日期无条件支付确定的金额给收款人或持票人的票据。在银行开立存款账户的法人以及其他组织之间须具有真实的交易关系或债权债务关系，才能使用商业汇票。商业汇票的付款期限由交易双方商定，但最长不得超过 6 个月。商业汇票的结算范围较广，同城、异地均可。商业汇票按承兑人的不同，可分为商业承兑汇票和银行承兑汇票两种。商业承兑汇票是按交易双方约定，由销货企业或购货企业签发，由购货企业承兑的商业汇票。银行承兑汇票是由在承兑银行开立存款账户的存款人签发，由银行承兑的商业汇票。承兑银行按票面金额向出票人收取一定的手续费。

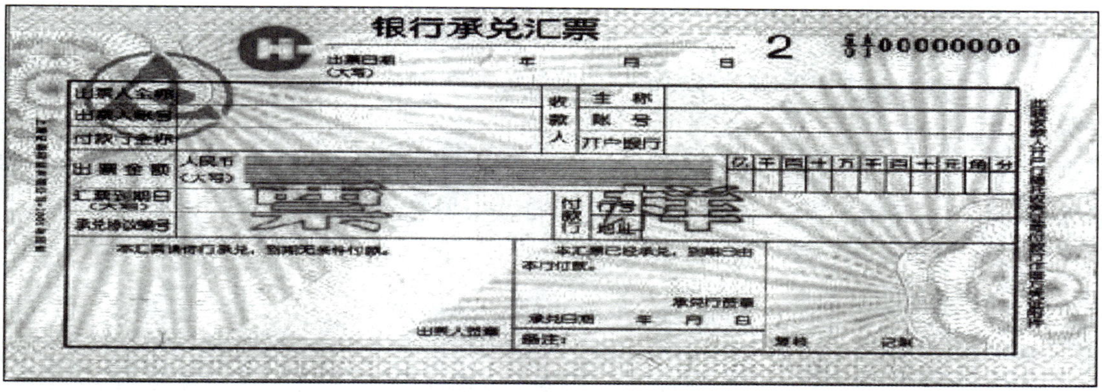
银行承兑汇票
2 00000000
出票日期（大写） 年 月 日
出票人全称
出票人账号
付款行全称
出票金额 人民币（大写）
亿 千 百 十 万 千 百 十 元 角 分
汇票到期日（大写）
承兑协议编号
收款人 全称 账号 开户银行
付款行 行号 地址
本汇票请你行承兑，到期无条件付款。
本汇票已经承兑，到期日由本行付款。
承兑行签章
承兑日期 年 月 日
备注：
出票人签章
复核 记账

图 3－3　商业汇票

（四）支票

支票是银行的存款人签发给收款人办理结算或委托开户银行将款项支付给收款人的票据，适用于全国范围内各单位之间的商品交易、劳务供应及其他款项的结算。支票分为现金支票（见图 3－4）、转账支票（见图 3－5）和普通支票。

全国范围内的单位和个人之间的一切款项结算均可使用支票。支票由银行统一印制，支票上印现金支票的只能用于支取现金，转账支票只能用于转账。支票上未印有“现金”或“转账”字样的为普通支票，普通支票可以用于支取现金，也可以用于转账。在普通支票左上角划两条平行线的为划线支票，划线支票只能用于转账，不得支取现金。

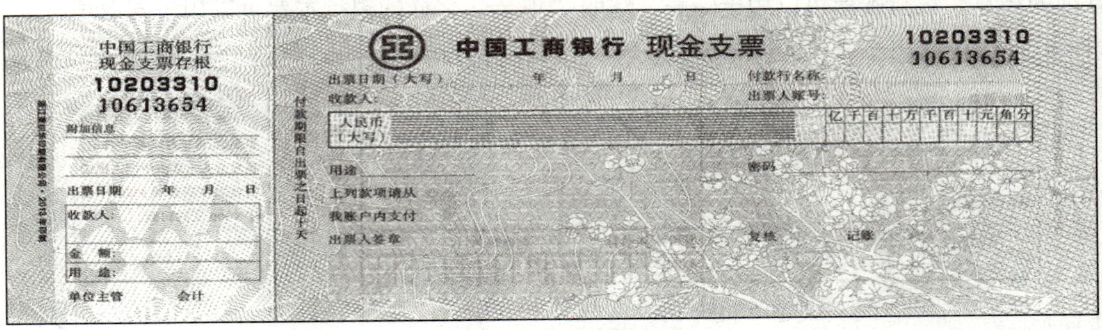
中国工商银行
现金支票存根
10203310
10613654
附加信息
出票日期 年 月 日
收款人:
金 额:
用 途:
单位主管 会计
付款期限自出票之日起十天
中国工商银行 现金支票
10203310
10613654
出票日期（大写） 年 月 日 付款行名称:
收款人: 出票人账号:
人民币（大写）
亿 千 百 十 万 千 百 十 元 角 分
用途 密码
上列款项请从
我账户内支付
出票人签章 复核 记账

图 3－4 现金支票

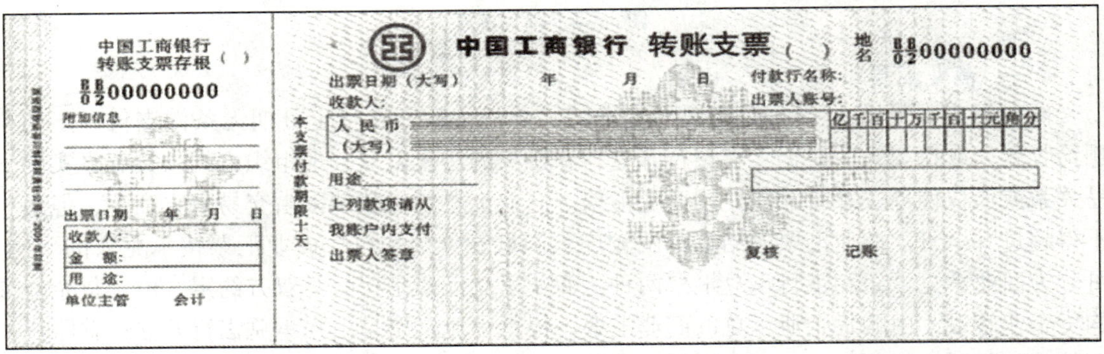
中国工商银行
转账支票存根（ ）
BB 02 00000000
附加信息
出票日期 年 月 日
收款人:
金 额:
用 途:
单位主管 会计
本支票付款期限十天
中国工商银行 转账支票（ ） 地名 BB 02 00000000
出票日期（大写） 年 月 日 付款行名称:
收款人: 出票人账号:
人民币（大写）
亿 千 百 十 万 千 百 十 元 角 分
用途
上列款项请从
我账户内支付
出票人签章 复核 记账

图 3－5 转账支票

（五）汇兑

汇兑是汇款人委托银行将其款项支付给收款人的结算方式，适用于异地之间各种款项的结算。

汇兑分为信汇、电汇两种。信汇是指汇款人委托银行通过邮寄方式将款项划给收款人的汇兑方式。电汇是指汇款人委托银行通过电报将款项划给收款人的汇兑方式（见图 3－6）。这两种汇兑方式由汇款人根据需要选择使用。

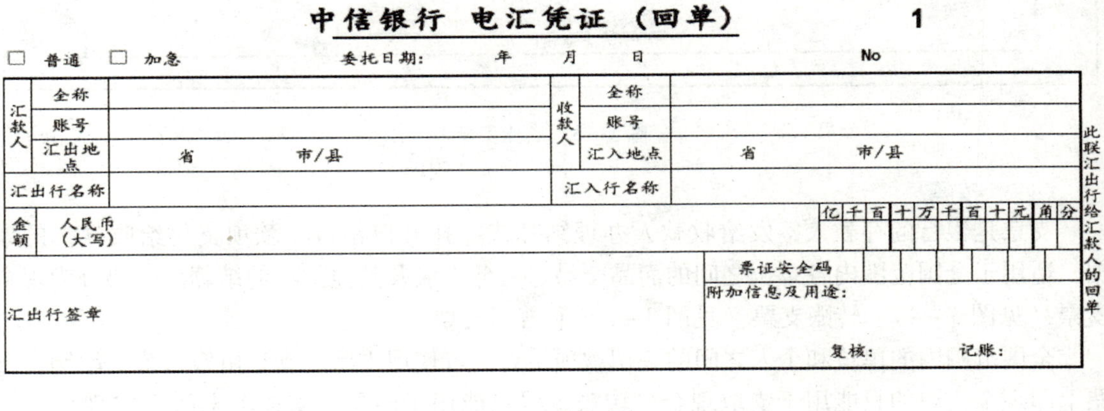
中信银行 电汇凭证（回单） 1
□ 普通 □ 加急 委托日期: 年 月 日 No
汇款人 全称
汇款人 账号
汇款人 汇出地点 省 市/县
收款人 全称
收款人 账号
收款人 汇入地点 省 市/县
汇出行名称
汇入行名称
金额 人民币（大写） 亿 千 百 十 万 千 百 十 元 角 分
票证安全码
附加信息及用途:
汇出行签章
复核: 记账:
此联汇出行给汇款人的回单

图 3－6 电汇凭证

（六）委托收款

委托收款是收款人委托银行向付款人收取款项的结算方式，适用于同城或异地在银行或其他金融机构开立账户的单位和个人的商品交易、劳务供应及其他款项的结算。单位和个人凭已承兑商业汇票、债券、存单等付款人债务证明办理款项的结算，均可以使用委托收款结算方式。委托收款还适用于收取电费、电话费等付款人众多、分散的公用事业费等有关款项。委托收款结算款项划回的方式分为邮寄和电报两种。

（七）托收承付

托收承付是根据经济合同由收款单位发货后委托银行向异地付款单位收取款项，由付款单位向银行承认付款的结算方式，适用于异地特定单位签订购销合同的商品交易及其产生的劳务供应的款项结算。办理托收承付结算的款项，必须是异地签订有经济合同的商品交易及因商品交易而产生的劳务供应的款项。代销、寄销、赊销商品的款项，不得办理托收承付结算。

托收承付款项划回方式分为邮寄和电报两种，由收款人根据需要选择使用；收款单位办理托收承付，必须具有商品发出的证件或其他证明。托收承付结算每笔的金额起点为 10 000 元，新华书店系统每笔的金额起点为 1 000 元。

（八）信用卡

信用卡是指商业银行向个人和单位发行的，凭以向特约单位购物、消费和向银行存取现金，且具有消费信用的特制载体卡片。凡在中国境内金融机构开立基本存款账户的单位可申领单位卡。信用卡按使用对象分为单位卡和个人卡；按信誉等级分为金卡和普通卡。

（九）信用证

信用证是指开证行依照申请人（付款人）的申请，向受益人（收款人）开出的在一定期限内凭符合信用证条款的单据支付的付款承诺。信用证结算方式是国际结算的一种主要方式。经中国人民银行批准经营结算业务的商业银行总行以及经商业银行总行批准开办信用证结算业务的分支结构，也可以办理国内企业之间商品交易的信用证结算。

采用信用证结算方式的，收款单位收到信用证后，即备货装运，签发有关发票账单，连同运输单据和信用证，送交银行，根据退还的信用证等有关凭证编制收款凭证；付款单位在接到开证行的通知时，根据付款的有关单据编制付款凭证。

（十）电子支付

电子支付是单位或个人通过电子终端，直接或间接向银行业金融机构发出支付指令，实现货币支付与资金转移的行为。电子支付的业务类型按电子支付指令发起方式可以分为网上支付、电话支付、移动支付、销售点终端交易、自动柜员机交易和其他电子支付等类型。

三、银行存款核算

（一）账户设置

为了核算银行存款的收入、支出和结存情况，企业应设置“银行存款”账户。该账户属于资产类账户，用来核算企业存入银行或其他金融机构的各种存款。借方登记存入银行或其他金融机构的款项，贷方登记从银行提取或支付的款项，期末余额在借方，反映企业期末银行存款的实际结存数额。

（二）账务处理

银行存款的账务处理主要包括银行存款收入和银行存款支出两个方面。

1. 银行存款收入

企业收入银行存款时，如存入现金、取得销售货款、收到客户欠款、收到银行存款利息时，借记“银行存款”账户，贷记相关账户。

2. 银行存款支出

企业支出银行存款时，如提取现金、支付购货款、支付前欠货款、偿还借款及利息时，借记相关账户，贷记“银行存款”账户。

【例3-4】辽宁旭日有限责任公司2017年1月发生以下银行存款收支业务：

（1）2日，出纳将现金12 000存入银行。

（2）4日，销售商品一批给远达公司，价款为40 000元，增值税额为6 800元，收到转账支票一张。

（3）7日，银行传来收账通知，上月东胜公司所欠货款23 400元进账。

（4）12日，向盛安公司购入原材料一批，取得的增值税专用发票上注明的原材料价款为50 000元，增值税额8 500元，材料已验收入库，并通过电汇方式支付。

（5）16日，签发转账支票，支付前欠盛安公司的购货款81 900元。

（6）20日，偿还建设银行短期借款100 000元。

（7）21日，收到建设银行存款利息收入通知单，金额4 800元。

旭日公司账务处理如下：

（1）借：银行存款	12 000	
贷：库存现金		12 000
（2）借：银行存款	46 800	
贷：主营业务收入		40 000
应交税费——应交增值税（销项税额）		6 800
（3）借：银行存款	23 400	
贷：应收账款——东胜公司		23 400
（4）借：原材料	50 000	
应交税费——应交增值税（进项税额）	8 500	
贷：银行存款		58 500
（5）借：应付账款——盛安公司	81 900	
贷：银行存款		81 900
（6）借：短期借款——建行	100 000	
贷：银行存款		100 000
（8）借：银行存款	4 800	
贷：财务费用		4 800

（三）银行存款明细分类核算

银行存款的明细核算是指根据银行存款的收支业务逐日逐笔地记录银行存款的增减及结存情况。方法是设置与登记银行存款日记账，银行存款日记账一般采用收入、支出及结存三栏式格式。每日终了，应计算银行存款收入合计、银行存款支出合计及结余数，银行存款日记账应定期与银行转来的对账单核对相符，至少每月核对一次。

（四）银行存款总分类核算

银行存款的总分类核算是为了总括地反映和监督企业在银行开立结算账户的收支结存情况。银行存款总账由负责总账的财会人员根据银行存款收付款凭证直接登记。如果企业日常银行存款收支量较大，为了简化核算工作，可以根据实际情况，采用科目汇总表或汇总记账凭证的核算形式，根据科目汇总表或汇总收付款凭证定期或月终登记。

四、银行存款清查

银行存款业务除了明细核算和总分类核算这些日常业务外，还需要在月末或下月初进行银行存款清查。清查目的是防止记账差错，掌握银行存款实存数。

（一）银行存款清查方法

银行存款清查是采用与开户银行核对账目的方法进行的，也称为对账单法，即将企业银行存款日记账的账面金额与开户银行转来的对账单的账面金额进行逐笔核对。

（二）银行存款清查流程

进行银行存款清查时，首先核对账目，将银行存款日记账与银行对账单中的本月余额进行核对，核对后通常会出现两种情况，一种是余额相等，另一种是余额不相等。如果余额相等，那么这个相等的余额就是企业银行存款的实有金额，是企业可以动用的银行存款实有数。如果余额不相等，需要查找未达账项，编制银行存款余额调节表。编制银行存款余额调节表后也会出现两种情况：一种是银行存款日记账调整后的余额与对账单调整后的余额相等，那么调整后的余额就是企业银行存款的实有余额；另一种情况是调整后的余额不一致，则说明企业或开户银行记账有误，这时需要查找原因并及时修改账面余额，调账后双方相等的余额为企业银行存款的实有余额。

（三）未达账项

清查银行存款时，会出现银行存款日记账与银行对账单的余额不一致的情况，原因有两个方面：一是企业或银行的记账错误，这种错误应由双方及时查明原因，予以更正；二是未达账项。

未达账项，是指企业与银行之间对于同一项业务，由于取得凭证的时间不同，导致记账时间不一致，而发生的一方已取得结算凭证登记入账，而另一方尚未取得结算凭证而未入账的款项。未达账项主要有以下四种情况：

（1）企业已收而银行未收款项，如企业收到外单位的转账支票未到银行办理结算等。

（2）企业已付而银行未付款项，如企业已开出支票而持票人尚未向银行提现或转账等。

（3）银行已收而企业未收款项，如委托银行收款等。

（4）银行已付而企业未付款项，如借款利息的扣付等。

（四）银行存款余额调节表的编制

银行存款余额调节表的编制，是在银行对账单余额与企业银行存款账面余额的基础上，各自加上对方已收、本单位未收款项金额，减去对方已付、本单位未付款项金额，然后检查经过调节后的金额是否相等。用公式表示如下：

企业银行存款日记账余额＋银行已收而企业未收款项－银行已付而企业未付款项＝银行对账单存款余额＋企业已收而银行未收款项－企业已付而银行未付款项

通过核对调节，“银行存款余额调节表”上的双方余额相等，一般可以说明双方记账没有差错。如果经调节仍不相等，要么是未达账项未全部查出，要么是一方或双方记账出现差错，需要进一步采用对账方法查明原因，加以更正。调节相等后的银行存款余额是当日可以动用的银行存款实有数。对于银行已经划账，而企业尚未入账的未达账项，要待银行结算凭证到达后，才能据以入账，不能以“银行存款余额调节表”作为记账依据。

【例3－5】2017年2月2日，辽宁旭日有限责任公司出纳到其开户银行领取上月银行对账单，银行对账单和银行存款日记账如表3－4、表3－5所示。

表3－4　中国建设银行股份有限公司客户存款对账单

打印柜员：210413001　　打印日期：2017年2月02日　打印时间：15：08：02　币别：01人民币

起讫期：20170101至20170131　　户名：辽宁旭日有限责任公司　　账号：21001490042052504120

序号	交易日期	凭证		摘要	借方	贷方	余额
		种类	号码				
	2017－1－1						380 000.00
1	2017－1－7	现支	77341626	提现金	1 000.00		379 000.00
2	2017－1－7			回单箱使用费	210.00		378 790.00
3	2017－1－7	转支	28787160	捐款	20 000.00		358 790.00
4	2017－1－10	业务委托书	00752020	办理银行汇票	2 400.00		356 390.00
5	2017－1－10			收取支票手续费	30.00		356 360.00
6	2017－1－18	托收凭证	05160505	承兑汇票到期		100 000.00	456 360.00
7	2017－1－18	转支	28787161	预付报刊订阅费	3 300.00		453 060.00
8	2017－1－24	转支	28787162	购买电水壶	1 120.00		451 940.00
9	2017－1－30	转支	28787163	支付汽车维修费	1 660.00		450 280.00
10	2017－1－30	现支	77341627	报销职工学费	10 800.00		439 480.00
11	2017－1－30			支付电话费	3 500.00		435 980.00
12	2017－1－30	电汇	9001001	收到预付货款		10 000.00	445 980.00
13	2017－1－31	现支	77341629	报销差旅费	580.00		445 400.00
14	2017－1－31	存款凭证	01370686	存现金		1 200.00	446 600.00
				合计	44 600.00	111 200.00	446 600.00

表3－5　辽宁旭日有限责任公司银行存款日记账

2017年		凭证号	摘要	凭证		借方	贷方	余额
月	日			种类	票号			
			期初余额					380 000.00
1	7	1	提现	现支	77341626		1 000.00	379 000.00
1	7	2	支付回单箱费				210.00	378 790.00
1	7	3	捐款	转支	28787160		20 000.00	358 790.00
1	10	6	办理汇票	业务委托书	00752020		2 400.00	356 390.00

续表

2017年		凭证号	摘要	凭证		借方	贷方	余额
月	日			种类	票号			
1	10	7	支票工本费				30.00	356 360.00
1	18	12	银行汇票到期	托收凭证	05160505	100 000.00		456 360.00
1	18	13	预付全年报刊费	转支	28787161		3 300.00	453 060.00
1	24	14	厂办购买电水壶	转支	28787162		1 120.00	451 940.00
1	30	19	支付汽车维修费	转支	28787163		1 660.00	450 280.00
1	30	22	报销职工学费	现支	77341627		10 800.00	439 480.00
1	30	24	报销汽油费	现支	77341628		410.00	439 070.00
1	31	25	报销差旅费	现支	77341629		580.00	438 490.00
1	31	26	存现金	存款凭证	01370686	1 200.00		439 690.00
1	31	27	收到货款	转支	29562535	2 000.00		441 690.00
1	31		本月合计			103 200.00	41 510.00	441 690.00

根据上述资料，编制银行存款余额调节表，如表3-6所示。

表3-6　银行存款余额调节表

开户银行：中国建设银行沈阳沈北新区支行　　账号：21001490042052504120　　2017年1月31日止

摘要	入账日期凭证号	金额	摘要	入账日期凭证号	金额
银行存款日记账余额		441 690.00	银行对账单余额		446 600.00
加：银行已收，企业未收			加：企业已收，银行未收		
1 收到预付货款	1.30	10 000.00	1 收到货款	1.31 27#	2 000.00
2			2		
3			3		
4			4		
减：银行已付，企业未付			减：企业已付，银行未付		
1 支付电话费	1.30	3 500.00	1 报销汽油费	1.30 24#	410.00
2			2		
3			3		
4			4		
调节后余额		448 190.00	调节后余额		448 190.00

第三节　其他货币资金

一、其他货币资金概述

其他货币资金是指企业除库存现金、银行存款以外的各种货币资金，主要包括外埠存款、银行汇票存款、银行本票存款、信用卡存款、信用证保证金存款、存出投资款等。由于这些资金的存放地点和用途都与库存现金和银行存款不同，因此，企业需要单独设置“其他货币资金”账户核算和监督其他货币资金增减变化和结存情况。

二、其他货币资金核算

（一）账户设置

为了总括地反映企业其他货币资金的收支和结存情况，企业应设置“其他货币资金”账户。该账户属于资产类账户，借方登记其他货币资金的增加额，贷方登记其他货币资金的减少额，余额在借方，反映其他货币资金的结存额。为了详细反映企业各项其他货币资金的增减变动及结余情况，还应在“其他货币资金”总账科目下按其他货币资金的组成内容的不同分设明细科目。

（二）账务处理

1. 外埠存款

外埠存款是指企业为了到外地进行临时或零星采购，汇往采购地银行开立采购专户的款项。该账户的存款不计利息、只付不收、付完清户，除了采购人员可以从中提取少量现金外，一律采用转账结算。外埠存款的核算程序可分为三个步骤：

第一步是汇出资金并开户，企业将款项委托当地银行汇往采购地开立专户时，依据汇出款项凭证，借记“其他货币资金——外埠存款”账户，贷记“银行存款”账户；

第二步是采购付款，外出采购人员报销用外埠存款支付的材料的采购货款等款项时，企业应根据供应单位发票账单等报销凭证，借记“材料采购”“在途物资”“原材料”“库存商品”“应交税费——应交增值税（进项税额）”等账户，贷记“其他货币资金——外埠存款”账户；

第三步是余额转回，多余的外埠存款转回当地银行时，应根据银行的收款通知，借记“银行存款”账户，贷记“其他货币资金——外埠存款”账户。

【例 3-6】2017 年 2 月份辽宁旭日有限责任公司发生外埠存款业务如下：

（1）2 月 10 日，公司填写汇款委托书，委托开户银行将款项 100 000 元汇往采购地开立专户，取得汇出款项凭证。

（2）2 月 15 日，收到采购人员转来供应商发票账单等凭证，注明采购材料价款 80 000 元，增值税额 13 600 元，材料已验收入库。

（3）2 月 20 日，取得银行收账通知，收回剩余款项 6 400 元。

旭日公司账务处理如下：

（1）借：其他货币资金——外埠存款　　　　100 000

　　　　贷：银行存款　　　　　　　　　　　　100 000

(2) 借：原材料　　80 000
　　应交税费——应交增值税（进项税额）　　13 600
　　贷：其他货币资金——外埠存款　　93 600
(3) 借：银行存款　　6 400
　　贷：其他货币资金——外埠存款　　6 400

2. 银行汇票存款

银行汇票存款是指企业为取得银行汇票按规定存入银行的款项。企业需要使用银行汇票时，应填写“银行汇票申请书”，并将款项交存银行，取得银行汇票和解讫通知两联凭证后，根据银行盖章退回的银行汇票申请书存根联，借记“其他货币资金——银行汇票”账户，贷记“银行存款”账户。

付款方持银行汇票和解讫通知去异地采购材料，支付购买材料款及其采购费用时，根据发票账单等有关原始凭证，借记“材料采购”“在途物资”“原材料”“库存商品”“应交税费——应交增值税（进项税额）”等账户，贷记“其他货币资金——银行汇票”账户；若实际结算金额低于出票金额或因汇票超过付款期等原因而退回款项，根据开户银行转来的银行汇票第四联（多余款收账通知），借记“银行存款”账户，贷记“其他货币资金——银行汇票”账户。

【例3-7】2017年2月份辽宁旭日有限责任公司发生银行汇票业务如下：

(1) 2月2日，公司填写“银行汇票申请书”，委托银行办理60 000元银行汇票，并将款项交存银行，取得银行汇票和银行盖章退回的银行汇票申请书存根联。

(2) 2月4日，采购员持银行汇票购进原材料一批，收到有关发票账单，注明采购材料价款50 000元，增值税额8 500元，材料已验收入库。

(3) 2月10日，取得银行的多余款项收账通知，收回剩余款项1 500元。

旭日公司账务处理如下：

(1) 借：其他货币资金——银行汇票　　60 000
　　贷：银行存款　　60 000
(2) 借：原材料　　50 000
　　应交税费——应交增值税（进项税额）　　8 500
　　贷：其他货币资金——银行汇票　　58 500
(3) 借：银行存款　　1 500
　　贷：其他货币资金——银行汇票　　1 500

3. 银行本票存款

银行本票存款是指企业为取得银行本票按规定存入银行的款项。企业向银行提交“银行本票申请书”并将款项交存银行，取得银行本票后，根据银行盖章退回的银行本票申请书存根联，借记“其他货币资金——银行本票”账户，贷记“银行存款”账户。企业使用银行本票支付采购材料的货款，根据发票账单等有关原始凭证，借记“材料采购”“在途物资”“原材料”“库存商品”“应交税费——应交增值税（进项税额）”等账户，贷记“其他货币资金——银行本票”账户。

企业申请的银行本票因超过付款期等原因而未使用的，可要求银行退款，此时应填写一式两联的进账单，连同本票一并送交银行，根据银行收回本票时盖章退回的进账单第一联，借记“银行存款”账户，贷记“其他货币资金——银行本票”账户。

【例3-8】2017年3月份辽宁旭日有限责任公司发生银行本票业务如下：

（1）3月5日，公司填写“银行本票申请书”，委托银行办理75 000元银行本票，并将款项交存银行，取得银行本票和银行盖章退回的银行本票申请书存根联。

（2）3月7日，采购员持银行本票购进原材料一批，收到有关发票账单，注明采购材料价款60 000元，增值税额10 200元，材料已验收入库。

（3）7月12日，取得银行的多余款项收账通知，收回剩余款项4 800元。

旭日公司账务处理如下：

（1）借：其他货币资金——银行本票	75 000	
贷：银行存款		75 000
（2）借：原材料	60 000	
应交税费——应交增值税（进项税额）	10 200	
贷：其他货币资金——银行本票		70 200
（3）借：银行存款	4 800	
贷：其他货币资金——银行本票		4 800

4. 信用证保证金存款

信用证保证金存款是指采用信用证结算方式的企业为开具信用证而存入银行信用证保证金专户的款项。企业向银行申请开立信用证，应按规定向银行提交开证申请书、信用证申请人承诺书和购销合同。

企业填写信用证申请表，将信用证保证金交存银行时，根据银行盖章退回的信用证申请书回单，借记“其他货币资金——信用证保证金”账户，贷记“银行存款”账户；企业接到开证行通知，根据供货单位信用证结算凭证及所附发票账单，借记“材料采购”“在途物资”“原材料”“应交税费——应交增值税（进项税额）”等账户，贷记“其他货币资金——信用证保证金”账户。将未用完的信用证保证金余额转回开户银行时，借记“银行存款”账户，贷记“其他货币资金——信用证保证金”账户。

【例3-9】2017年3月份辽宁旭日有限责任公司发生信用证保证金业务如下：

（1）3月2日，向银行申请开具信用证2 000 000元，用于支付境外采购材料价款，公司已向银行缴纳保证金，并收到银行盖章退回的进账单第一联。

（2）3月17日，公司收到银行转来的境外销货单位信用证结算凭证以及所附发票账单、海关进口增值税专用缴款书等有关凭证，材料价款1 500 000元，增值税税额为255 000元，材料已验收入库。

（3）3月29日，公司收到银行存款通知，将该境外销货单位开出的信用证余款245 000元转回银行账户。

旭日公司账务处理如下：

（1）借：其他货币资金——信用证保证金	2 000 000	
贷：银行存款		2 000 000
（2）借：原材料	1 500 000	
应交税费——应交增值税（进项税额）	255 000	
贷：其他货币资金——信用证保证金		1 755 000

（3）借：银行存款　　245 000
　　贷：其他货币资金——信用证保证金　　245 000

5. 信用卡存款

信用卡存款是指企业为取得信用卡而存入银行信用卡专户的款项。信用卡是银行卡的一种。信用卡按使用对象分为单位卡和个人卡；按信用等级分为金卡和普通卡；按是否向发卡银行交存备用金分为贷记卡和准贷记卡。企业填写信用卡申请表，连同支票和有关资料一并送存发卡银行，根据银行盖章退回的进账单第一联，借记“其他货币资金——信用卡”账户，贷记“银行存款”账户；企业使用信用卡时，借记“管理费用”等账户，贷记“其他货币资金——信用卡”账户。

【例 3－10】 辽宁旭日有限责任公司于 2017 年 2 月 15 日向银行申领信用卡，向银行交存 50 000 元。2 月 25 日，该企业用信用卡向东盛酒店支付招待费 3 000 元。旭日公司账务处理如下：

2017 年 2 月 15 日　借：其他货币资金——信用卡　　50 000
　　贷：银行存款　　50 000
2017 年 2 月 25 日　借：管理费用　　3 000
　　贷：其他货币资金——信用卡　　3 000

6. 存出投资款

存出投资款是指企业已存入证券公司但尚未进行投资的资金。企业向证券公司划出款项时，借记“其他货币资金——存出投资款”账户，贷记“银行存款”账户；购入股票、债券进行投资时，按实际发生的金额，借记“交易性金融资产”“可供出售金融资产”等账户，贷记“其他货币资金——存出投资款”账户。

【例 3－11】 2017 年 3 月 1 日，辽宁旭日有限责任公司将银行存款 500 000 元划入某证券公司准备进行短期股票投资。3 月 10 日，将存入证券公司款项用于购买股票，并已成交，购买股票的成本为 200 000 元。

旭日公司账务处理如下：

2017 年 3 月 1 日　借：其他货币资金——存出投资款　　500 000
　　贷：银行存款　　500 000
2017 年 3 月 10 日　借：交易性金融资产　　200 000
　　贷：其他货币资金——存出投资款　　200 000

本章小结

业务内容		账务处理
库存现金	现金收入	借：库存现金 贷：相关账户
	现金支出	借：相关账户 贷：库存现金

续表

业务内容		账务处理
银行存款	收入	借：银行存款 贷：相关账户
	支出	借：相关账户 贷：银行存款
外埠存款 银行汇票 银行本票 信用证保证金	办理或开立	借：其他货币资金——外埠存款/银行汇票/银行本票/信用证保证金 贷：银行存款
	收到发票账单	借：原材料（材料采购、在途物资、库存商品） 应交税费——应交增值税（进项税额） 贷：其他货币资金——外埠存款/银行汇票/银行本票/信用证保证金
	收到多余退款	借：银行存款 贷：其他货币资金——外埠存款/银行汇票/银行本票/信用证保证金
信用卡	取得信用卡	借：其他货币资金——信用卡 贷：银行存款
	使用信用卡	借：管理费用 贷：其他货币资金——信用卡
存出投资款	向证券公司划出款项	借：其他货币资金——存出投资款 贷：银行存款
	购入股票、债券进行投资	借：交易性金融资产（可供出售金融资产等） 贷：其他货币资金——存出投资款

第三章教学目标、重点、难点＋习题及答案

第四章

往来业务核算

往来业务是企业在开展经营活动过程中，与客户、供应商、个人发生的一些欠人钱和人欠钱的业务，所以企业需要设置往来账来进行反映和核算。往来账款是指企业发生往来业务关系时未收款、未付款或者关系发生前的预收款和预付款。企业往来账款的核算业务，包括赊销业务产生的应收账款、应收票据的核算，赊购业务产生的应付账款、应付票据的核算，以及预收账款和预付账款的核算。其中应收账款、预收账款、应付账款、预付账款属于商业信用，应收票据和应付票据属于票据信用。往来业务核算还包括非商品交易业务产生的其他应收款和其他应付款的核算。

第一节　应收票据

一、应收票据概述

（一）应收票据的含义

票据是用来证明债权债务关系的契约凭证，广义的票据包括银行汇票、银行本票、支票和商业汇票等。由于支票、银行本票、银行汇票均为见票即付的票据，收到这种票据，即可视同收到货币资金，无须将其列为应收票据予以处理，因此，只有商业汇票是一种远期票据，企业取得商业汇票时，只是取得了一项债权。应收票据是指企业因销售商品、提供劳务等收到的还没有到期的尚未兑现的商业汇票。

（二）商业汇票的种类

1. 按承兑人不同分类

商业汇票按其承兑人不同，分为商业承兑汇票和银行承兑汇票。商业承兑汇票是指由付款人签发并承兑，或由收款人签发交由付款人承兑的汇票。银行承兑汇票是指由在承兑银行开立存款账户的存款人签发，由承兑银行承兑的汇票。

2. 按是否带息分类

商业汇票按其是否带息，分为不带息商业汇票和带息商业汇票。不带息商业汇票，是指商业汇票到期时，承兑人只按票面金额（面值）向收款人或被背书人支付款项的汇票。带息商业汇票，是指商业汇票到期时，承兑人必须按票面金额加上应计利息向收款人或被背书人支付票款的汇票。

（三）应收票据计价

1. 应收票据初始计量

因商业汇票的期限最长不得超过6个月，利息金额相对不大，按现行制度规定，企业收到开出承兑的商业汇票，无论是否带息，均按应收票据的票面价值入账。

2. 应收票据到期值

不带息应收票据到期值等于票据面值，带息应收票据应于期末按票据的票面价值和确定的利率计提利息，并同时计入当期损益。

不带息应收票据到期值 = 票据面值

带息应收票据到期值 = 票据面值 + 票据利息

= 票据面值 + 票据面值 × 票面利率 × 票据期限

（四）应收票据到期日确定

应收票据到期日的确定一般有按月计算和按日计算两种。

1. 按月计算

应收票据期限按月计算，票据的到期日不考虑各月份实际天数的多少，统一按到期月份的对应日计算。例如，2月8日签发的承兑期限为3个月的商业汇票，其到期日为5月8日。如果签发承兑汇票的日期为某月月末，不论月份大小，统一将到期月份的最后一天作为到期日。例如，11月30日签发的承兑期限为1个月的商业汇票，其到期日为12月31日；再如，同日签发的承兑期限为3个月的商业汇票，则到期日为次年2月28日（闰年为2月29日）。

2. 按日计算

应收票据期限按日计算，票据的到期日不考虑月数，采用票据签发日与到期日“算头不算尾”或“算尾不算头”的方法，统一按票据的实际日历天数计算到期日。“算头不算尾，算尾不算头”是指出票日和到期日只算其中一天。例如，4月20日开出的60天商业汇票，到期日为6月19日。

二、应收票据核算

（一）账户设置

为了核算应收票据的发生和到期收回等情况，企业应设置“应收票据”账户。该账户属于资产类账户，借方登记取得的应收票据面值和带息票据计提的利息；贷方登记到期收回的应收票据金额或到期前背书转让或向银行贴现的金额，或因未能收回票款而转作应收账款的应收票据账面金额；期末余额在借方，反映企业持有的商业汇票的账面价值。该账户可按商业汇票的种类及其开出、承兑商业汇票的单位设置明细账户。

为加强应收票据的管理，企业应当设置“应收票据备查簿”，逐笔登记每一票据的种类、号数和出票日期、票面金额、票面利率、交易合同号和付款人、承兑人的姓名等资料。票据到期结清票款或退票后，应当在备查簿内逐笔注销。

（二）账务处理

应收票据的账务处理主要包括应收票据取得、应收票据到期、应收票据转让和应收票据贴现四个方面。

1. 应收票据取得

企业取得商业汇票有两种情况：一是企业因销售商品、提供劳务等而收到商业汇票，按应收票据的面值，借记“应收票据”账户，按实现的营业收入，贷记“主营业务收入”等账户，按专用发票上注明的增值税额，贷记“应交税费——应交增值税（销项税额）”账户；二是企业收到应收票据以抵偿应收账款时，按应收票据面值，借记“应收票据”账户，贷记“应收账款”账户。

【例 4-1】 2017 年 1 月 20 日，辽宁旭日有限责任公司销售给振兴公司甲产品一批，价款 40 000 元，增值税额 6 800 元。收到振兴公司交来一张期限为三个月到期的不带息商业承兑汇票，面值 46 800 元。

旭日公司的账务处理如下：

借：应收票据——振兴公司	46 800	
贷：主营业务收入		40 000
应交税费——应交增值税（销项税额）		6 800

【例 4-2】 2017 年 2 月 10 日，辽宁旭日有限责任公司收到盛达公司交来的一张期限为 6 个月的银行承兑汇票，面值为 58 500 元，抵偿前欠货款。

旭日公司的账务处理如下：

借：应收票据——盛达公司	58 500	
贷：应收账款——盛达公司		58 500

2. 应收票据到期

应收票据到期，应分别不同情况处理：一是收回应收票据款项时，应按票据面值借记“银行存款”账户，贷记“应收票据”账户；二是票据到期时付款人无力支付票款，应按应收票据的票面余额借记“应收账款”账户，贷记“应收票据”账户。

【例 4-3】 2017 年 1 月 25 日，辽宁旭日有限责任公司销售甲产品一批给宏达公司，增值税专用发票上注明的产品销售收入为 10 000 元，增值税额为 1 700 元，同日收到一张期限为 3 个月、面值为 11 700 元的不带息商业承兑汇票。

旭日公司收到商业承兑汇票时，账务处理如下：

借：应收票据——宏达公司	11 700	
贷：主营业务收入		10 000
应交税费——应交增值税（销项税额）		1 700

票据到期，旭日公司收到款项时的账务处理如下：

借：银行存款	11 700	
贷：应收票据——宏达公司		11 700

票据到期，旭日公司未能收到款项时的账务处理如下：

借：应收账款——宏达公司	11 700	
贷：应收票据——宏达公司		11 700

3. 应收票据转让

应收票据转让是指持票人因偿还前欠货款等原因，将未到期的商业汇票背书转让给其他单位或个人的业务活动。背书是指持票人在票据背面签字，签字人称为背书人，背书人对票据的到期付款负有连带责任。

企业将持有的应收票据背书转让，以取得所需物资时，按应计入取得物资成本的金额，借记“材料采购”“在途物资”“原材料”“库存商品”等账户，按专用发票上注明的增值税额，借记“应交税费——待认证进项税额”（发票认证前）或“应交税费——应交增值税（进项税额）”（发票认证后），按商业汇票的票面金额，贷记“应收票据”账户，如有差额，借记或贷记“银行存款”“应付账款”等账户。

【例4-4】2017年2月25日，辽宁旭日有限责任公司销售甲产品一批给宏达公司，增值税专用发票上注明的产品销售收入为10 000元，增值税额为1 700元，同日收到一张期限为3个月、面值为11 700元的不带息商业承兑汇票。

3月8日，旭日公司将持有的商业汇票背书转让给盛安企业，用于购买原材料，材料价款为15 000元，增值税税款为2 550元，余款开出转账支票支付。原材料已验收入库；当天发票尚未认证。

旭日公司的账务处理如下：

2月25日	借：应收票据——宏达公司	11 700	
	贷：主营业务收入		10 000
	应交税费——应交增值税（销项税额）		1 700
3月8日	借：原材料	15 000	
	应交税费——待认证进项税额	2 550	
	贷：应收票据——宏达公司		11 700
	银行存款		5 850

4. 应收票据贴现

（1）贴现概述。

贴现是指票据持有人将未到期的票据转让给银行，银行按票据到期值扣除贴现期间的贴现利息后，将余额付给企业的融资行为。企业持有的应收票据在到期前，可以向银行申请贴现，以便获得所需资金。票据贴现实质上是企业融通资金的一种形式。

（2）贴现额计算。

①计算贴现期。

贴现期是指贴现日至到期日前一天的天数。贴现期可以用月或天表示，如果以天数表示，则按实际日历天数计算，且首尾只算一天。按银行规定，承兑人在异地的，贴现日的计算应加三天的划款日期。

②计算票据到期值。

不带息票据到期值 = 票据面值

带息票据到期值 = 票据面值 ×(1 + 票面利率 × 票据期限)

③计算贴现利息。

票据贴现利息 = 票据到期值 × 贴现率 × 贴现期

④计算贴现额。

贴现额 = 票据到期值 - 票据贴现利息

票面利率、贴现率，一般是指年利率。票据期限按日表示时，在换算为年时间时，全年按360天计算，即各月不分大小月均按30天计算。

（3）贴现应收票据的账务处理。

①不附追索权的应收票据贴现。

银行对应收票据不拥有追索权，则应收票据贴现如同应收票据的直接出售，所有的兑现风险和利益在出售时全部转移给银行。

企业持未到期的应收票据向银行贴现，按实际收到的金额，借记“银行存款”账户，按贴现息借记“财务费用”账户，按商业汇票票面金额贷记“应收票据”账户。票据到期时，承兑人无论是否支付，都与贴现企业无关，贴现企业无须进行账务处理。

【例4－5】2017年2月4日，辽宁旭日有限责任公司销售给宏达公司商品一批，增值税发票上注明价款为20 000元，增值税额3 400元，宏达公司以一张期限为60天，面值为23 400元的无息商业承兑汇票支付。2月20日，因急需资金，旭日公司将收到的宏达公司的商业承兑汇票到银行办理贴现（不附追索权），年贴现率为10%。

旭日公司的账务处理如下：

（1）2月4日收到商业承兑汇票时：

借：应收票据——宏达公司　　23 400

　　贷：主营业务收入　　20 000

　　　　应交税费——应交增值税（销项税额）　　3 400

（2）2月20日贴现商业承兑汇票时：

贴现息＝23 400×10%×44/360＝286（元）

贴现净额＝23 400－286＝23 114（元）

借：银行存款　　23 114

　　财务费用　　286

　　贷：应收票据——宏达公司　　23 400

②附追索权的应收票据贴现。

如果银行对应收票据拥有追索权，相当于利用票据进行抵押贷款。贴现后的票据在到期时，如果票据承兑人无力向贴现银行支付票款，银行有权要求贴现企业归还贴现款。企业持未到期的应收票据向银行贴现，按实际收到的金额借记“银行存款”账户，按商业汇票的票面金额贷记“短期借款”账户，贴现息记入“财务费用”账户。

票据到期，如果承兑人支付了票据款，则贴现企业应转销应收票据和短期借款，借记“短期借款”账户，贷记“应收票据”账户。

票据到期，若承兑人无法偿还票据款，贴现企业要退回款项，借记“短期借款”账户，贷记“银行存款”账户；同时，转销应收票据，借记“应收账款”账户，贷记“应收票据”账户。

票据到期，承兑人和贴现企业银行存款账户余额都不足时，贴现企业将应收票据转为应收账款，借记“应收账款”账户，贷记“应收票据”账户。

【例4－6】2017年1月10日，辽宁旭日有限责任公司销售给盛安公司产品一批，增值税专用发票上注明价款为30 000元，增值税额5 100元，盛安公司以一张期限为60天，面值为35 100元的无息商业承兑汇票支付。1月30日，因急需资金，旭日公司将收到的盛安公司的商业承兑汇票到银行办理贴现（附追索权），年贴现率为10%。

旭日公司的账务处理如下：

（1）1月10日取得票据时：

借：应收票据——盛安公司　　35 100
　贷：主营业务收入　　30 000
　　应交税费——应交增值税（销项税额）　　5 100

（2）1月30日票据贴现时：

贴现息 =35 100 ×10% ×40/360 =390（元）

贴现额 =35 100 －390 =34 710（元）

借：银行存款　　34 710
　财务费用　　390
　贷：短期借款　　35 100

假设票据到期，盛安企业如期兑付了票款，旭日公司的账务处理如下：

借：短期借款　　35 100
　贷：应收票据——盛安公司　　35 100

假设票据到期，盛安企业未兑付票款，旭日公司的账务处理如下：

借：短期借款　　35 100
　贷：银行存款　　35 100

借：应收账款——盛安公司　　35 100
　贷：应收票据——盛安公司　　35 100

第二节　应收账款

一、应收账款概述

（一）应收账款确认

应收账款是指企业在日常经营活动中，因销售商品、提供劳务等业务形成的应向购货单位或接受劳务单位收取的款项，包括价款、增值税款和代垫的运杂费等。

应收账款因销售商品或提供劳务而产生，因此应收账款的确定必定与销售收入和劳务收入的确认同步。只有商品销售收入和提供劳务收入的确认条件成立，而款项尚未收取时，才能确认为应收账款。

（二）应收账款初始计量

应收账款的初始计量是指确定应收账款的入账价值。通常情况下，应收账款应按从购货方应收的合同或协议价款作为初始确认金额。包括销售货物或提供劳务的价款、增值税，以及代购货方垫付的包装费、运杂费等。

在确认应收账款的入账价值时，还应当考虑有关的折扣因素。企业在销售过程中的折扣有商业折扣和现金折扣两种方式。

1. 商业折扣

商业折扣是指企业为促进商品销售而在商品标价上给予的扣除。商业折扣是销货方常用的一种促销手段，通常因购货方购货数量较大等原因，而给予购货方价格优惠，一般用百分数表示，如10%。商业折扣在交易发生时就已确定，因此对应收账款的入账金额没有实质性的影响，在存在商业折扣的情况下，企业应收账款的入账金额应按扣除商业折扣后的实际售价确认，会计核算上不需对商业折扣作单独的账务处理。

2. 现金折扣

现金折扣是销货方为鼓励购货方在规定的期限内早日付款而给予的现金优惠。现金折扣实质上属于企业的一种融资行为，买方最终付款的多少应依据付款时间的长短而定。现金折扣条件一般表示为“2/10，n/30”，即指买方若在10天内付款，可享受应付金额2%的折扣；若超过10天付款，不再享受折扣，即按实际成交额全额付款。存在现金折扣的情况下，应收账款的入账金额的确认有两种账务处理方法：即总价法和净价法。我国会计实务中通常采用总价法。

（1）总价法。

总价法是指在销售确认时，对可能发生的现金折扣不予以考虑，按未扣除现金折扣的发票金额作为应收账款的入账金额。仅当购货方在折扣期内付款时，才予以确认现金折扣。销货方给予购货方的现金折扣作为企业的理财费用，计入当期财务费用。

（2）净价法。

净价法是指在销售确认时，按照扣除最高现金折扣后的发票金额作为应收账款的入账金额。在实际收到应收账款款项时，若购货方超过折扣期限付款，销货方应将购货方放弃现金折扣而多收的款项作为理财收入，冲减当期的财务费用。

二、应收账款核算

（一）账户设置

为了核算应收账款的增减变动及结存情况，企业需要设置“应收账款”账户。该账户属于资产类账户，借方登记赊销时发生的应收账款金额；贷方登记已收回或已结转的应收账款金额；期末借方余额，反映企业尚未收回的应收账款金额。期末如为贷方余额，反映企业预收的账款。为了加强对应收账款的分类管理，“应收账款”应按欠款单位设置明细分类账。

（二）账务处理

应收账款的账务处理主要包括应收账款发生、应收账款收回两个方面。

1. 应收账款发生

企业发生应收账款时，按应收金额，借记“应收账款”账户，按实现的营业收入，贷记“主营业务收入”等账户，按专用发票上注明的增值税额，贷记“应交税费——应交增值税（销项税额）”账户。

2. 应收账款收回

（1）无现金折扣。

企业收回应收账款，借记“银行存款”账户，贷记“应收账款”账户。如果企业应收账款用商业汇票结算，在收到商业汇票时，按账面价值，借记“应收票据”账户，贷记“应收账款”账户。

（2）发生现金折扣。

如果企业为对方提供了现金折扣，若在折扣期内收到货款，则根据实际收到的价款金额，借记“银行存款”账户，将给对方的现金折扣视为融资的理财费用，借记“财务费用”账户，贷记“应收账款”账户。

【例4－7】2017年1月8日，辽宁旭日有限责任公司根据购销合同销售一批产品给盛安公司，开出增值税专用发票，货款总额10 000元，增值税额1 700元。另以支票垫付运费300元。1月30日，收到银行通知，该批销货款及代垫运费已全部收妥入账。

旭日公司账务处理如下：

1月8日	借：应收账款——盛安公司	12 000	
	贷：主营业务收入		10 000
	应交税费——应交增值税（销项税额）		1 700
	银行存款		300
1月30日	借：银行存款	12 000	
	贷：应收账款——盛安公司		12 000

【例4－8】2017年2月12日，辽宁旭日有限责任公司销售给宏达公司一批产品，按价目表标明价格计算，金额为40 000元。为了促销，旭日公司给宏达公司10%的商业折扣，增值税率为17%。2月20日，收到银行通知，该批销货款已全部收妥入账。

旭日公司账务处理如下：

2月12日	借：应收账款——宏达公司	42 120	
	贷：主营业务收入		36 000
	应交税费——应交增值税（销项税额）		6 120
2月20日	借：银行存款	42 120	
	贷：应收账款——宏达公司		42 120

【例4－9】2017年3月14日，辽宁旭日有限责任公司销售给华丰公司一批产品，开出增值税专用发票，货款总额20 000元，增值税额3 400元。规定的现金折扣条件为2/10，n/30，产品已交付并办妥托收手续。采用总价法核算现金折扣，现金折扣不考虑增值税。3月20日，旭日公司收到货款。

旭日公司的账务处理如下：

3月14日	借：应收账款——华丰公司	23 400	
	贷：主营业务收入		20 000
	应交税费——应交增值税（销项税额）		3 400
3月20日	借：银行存款	23 000	
	财务费用	400	
	贷：应收账款——华丰公司		23 400

如果货款在10天以后收到：

借：银行存款	23 400	
贷：应收账款		23 400

第三节 预付账款

一、预付账款概述

预付账款是指企业按照有关合同，预先支付给供货方或提供劳务方的款项，如预付的材料货款、商品采购货款等。购货方为了及时采购所需商品，往往采取预付部分或全部货款的方式进行采购。就购货方而言，是先付款后收货，在收货之前就形成了短期性债权。

预付账款和应收账款一样，都是企业的短期债权，但是两者又有区别。应收账款是企业因销售商品或提供劳务而产生的债权；而预付账款是企业因购货或接受劳务而产生的债权，是预先付给供货方或劳务提供方的款项。预付账款产生于购货活动，代表的是收货的权利；应收账款产生于销货活动，代表的是收款的权利。

二、预付账款核算

（一）账户设置

为了核算企业按照购货合同规定预付给供货单位的款项及结算情况，企业应设置“预付账款”账户。该账户属于资产类账户，借方登记预付的货款和补付的款项，贷方登记应付的货款总额和收回多余款。期末借方余额，反映企业预付的款项，期末如为贷方余额，反映企业尚未补付的款项。

预付账款不多的企业，也可以不设置本账户，将预付的款项直接记入“应付账款”账户的借方。但在编制会计报表时，仍然要将“预付账款”和“应付账款”的金额分开报告，必须将“预付账款”单独列示。通过“应付账款”账户登记预付货款业务，会使应付账款的某些明细账户出现借方余额，在期末编制资产负债表时，应进行重新分类，将这些借方余额在资产负债表的资产方列示。

（二）账务处理

企业按购货合同的规定预付货款时，按实际预付的金额，借记“预付账款”账户，贷记“银行存款”账户；企业收到采购的物资时，应根据发票账单等列明的应计入采购物资成本的金额，借记“材料采购”“在途物资”“原材料”“库存商品”等账户，按专用发票上注明的增值税额，借记“应交税费——应交增值税（进项税额）”账户，按采购物资应付的价税款总额，贷记“预付账款”账户。补付货款时，应借记“预付账款”账户，贷记“银行存款”账户；收到退回多付的款项时，借记“银行存款”账户，贷记“预付账款”账户。

【例 4－10】 2017 年 1 月 20 日，辽宁旭日有限责任公司向东方公司采购材料 3 000 千克，单价 100 元，货款总额 300 000 元，按照合同规定向东方公司预付货款 200 000 元，验收货物后补付其余款项。1 月 22 日，收到东方公司发来的 3 000 千克材料，经验收无误，有关发票记载的货款为 300 000 元，增值税额为 51 000 元。1 月 24 日，旭日公司以银行存款补付不足款项 151 000 元。

旭日公司账务处理如下：

1 月 20 日支付预付款时：　借：预付账款——东方公司　200 000
　　贷：银行存款　200 000

1 月 22 日收到材料时：　借：原材料　300 000
　　应交税费——应交增值税（进项税额）　51 000
　　贷：预付账款——东方公司　351 000

1 月 24 日补付余款时：　借：预付账款——东方公司　151 000
　　贷：银行存款　151 000

【例 4－11】 2017 年 2 月 15 日，辽宁旭日有限责任公司根据购销合同规定，预付康达公司购货款60 000元。2月25日，收到康达公司提供的商品和开来的发票，发票上注明价款为50 000元，增值税额8 500元。2月28日，收到康达公司转来的多余款。

旭日公司的账务处理如下：

2月15日预付购货款时：　借：预付账款——康达公司　60 000
　　贷：银行存款　60 000

2月25日收到商品时：　借：库存商品　50 000
　　应交税费——应交增值税（进项税额）　8 500
　　贷：预付账款——康达公司　58 500

2月28日收到多余款时：　借：银行存款　1 500
　　贷：预付账款——康达公司　1 500

第四节　其他应收款

一、其他应收款概述

其他应收款是指除应收票据、应收账款、预付账款以外的其他各种应收或暂付给其他单位和个人的款项，是企业发生的非购销活动的应收债权。主要包括以下内容：

（1）应收的各种赔款，如因企业财产等遭受意外损失而应向有关保险公司收取的赔款等。

（2）应收的各种罚款，如因职工失职造成一定损失而应向该职工收取的罚款。

（3）应向职工收取的各种垫付款项，如为职工垫付的水电费、应由职工负担的医药费、房租费等。

（4）备用金，如暂付给企业有关部门和个人周转使用的款项等。

（5）存出保证金，如租入包装物暂付的押金。

（6）其他各种应收、暂付款项。

二、其他应收款核算

（一）账户设置

为了核算其他应收款项的结存情况，企业应设置“其他应收款”账户。该账户属于资产类账户，用于核算企业除应收票据、应收账款、预付账款、应收股利、应收利息、长期应收款等以外的其他各种应收及暂付款项。借方登记企业发生的各种其他应收款的金额；贷方登记企业其他应收款的收回金额；期末余额在借方，反映企业尚未收回的其他应收款。该账户通常按其他应收款的项目分类，并按不同的债务人进行明细核算。

（二）账务处理

企业发生其他应收款时，按应收金额借记“其他应收款”账户，贷记“库存现金”“银行存款”等账户；收回各种其他应收款项时，借记“库存现金”“银行存款”等账户，贷记“其他应收款”账户。

【例4－12】2017年2月15日，辽宁旭日有限责任公司向江南公司租入包装物一批，以银行存款向出租方支付押金4 000元。3月14日，租入包装物按期退回，旭日公司收到出租方退还的押金4 000元，已存入银行。

旭日公司的账务处理如下：

2月15日支付押金时：	借：其他应收款——江南公司	4 000	
	贷：银行存款		4 000
3月14日收到押金时：	借：银行存款	4 000	
	贷：其他应收款——江南公司		4 000

第五节 应收款项减值

一、应收款项减值确认

应收款项的回收存在很多的不确定因素，可能会因购货人拒付、破产、死亡等原因而无法收回，这类无法收回的应收款项就是坏账。坏账是指企业无法收回或收回的可能性极小的应收款项，因坏账而产生的损失称为坏账损失。

企业应当定期或者至少于每年期末，对应收款项的账面价值进行检查，分析各项应收款项的收回可能性，预计可能产生的减值情况，对没有把握收回的应收款项，即有客观证据表明该应收款项发生减值的，应当确认应收款项的减值损失，计提坏账准备。应收款项发生减值的客观证据主要包括：

（1）债务人发生严重财务困难；

（2）债务人违反了合同条款，如债务人偿付利息或本金发生违约或逾期等；

（3）债权人出于经济或法律等方面因素的考虑，对发生财务困难的债务人作出让步；

（4）债务人很可能倒闭或进行其他财务重组；

（5）其他表明应收款项发生减值的客观证据。

但对已确认为坏账的应收账款，并不意味着企业放弃其追索权，一旦重新收回，应及时入账。

下列情况不得全额计提减值准备：

（1）当年发生的应收款项；

（2）计划对应收款项进行重组；

（3）与关联方发生的应收款项；

（4）其他已逾期，但无确凿证据证明不能收回的应收款项。

二、应收款项减值损失计量

对应收款项进行减值测试，应根据企业的实际情况分为单项金额重大和非重大的应收款项。对于单项金额重大的应收款项，应当单独进行减值测试。如有客观证据表明其发生了减值，应当根据其未来现金流量现值低于其账面价值的差额，确认减值损失，计提坏账准备。对于单项金额非重大的应收款项可以采用组合方式进行减值测试，分析判断是否发生减值。通常情况下，可以将这些应收账款按类似信用风险特征划分为若干组合，再按这些应收款项组合在资产负债表日余额的一定比例，计算确定减值损失，计提坏账准备。

应收款项减值损失的核算有两种方法：直接转销法和备抵法。直接转销法是指在实际发生坏账时，将坏账损失直接计入期间费用，同时冲销应收账款。备抵法是指采用一定的方法按期（至少每年末）估计应收款项减值损失，提取坏账准备并转作当期费用，实际发生减值损失时，直接冲减已计提坏账准备，同时转销相应的应收款项余额的一种处理方法。我国企业会计准则规定，企业只能采用备抵法核算应收款项的减值损失。

备抵法下，企业可以选用的应收款项减值损失的估计方法有四种：应收款项余额百分比法、账龄分析法、销货百分比法和个别认定法。应收款项减值损失的估计方法一经确定，不得随意变更。

（一）应收款项余额百分比法

应收款项余额百分比法是根据企业期末应收款项余额和估计的坏账率，估计应收款项减值损失，计提坏账准备的方法。坏账率由企业根据以往的资料或经验自行确定。其计算公式如下：

坏账准备期末余额 = 期末应收款项余额 × 估计坏账率

当期计提坏账准备 = 坏账准备期末余额 -（或 +）坏账准备期初贷方余额（或借方余额）

【例 4-13】辽宁旭日有限责任公司采用应收款项余额百分比法计提坏账准备，2016 年末应收账款余额为 2 000 000 元，估计坏账率为 3%。期初坏账准备余额 50 000 元。

2016 年末坏账准备期末余额 = 2 000 000 × 3% = 60 000（元）

2016 年应计提坏账准备余额 = 60 000 - 50 000 = 10 000（元）

（二）账龄分析法

账龄分析法是根据应收款项账龄的长短估计坏账损失的方法。账龄是指客户所欠账款的时间。通常情况下，账龄长短与发生坏账的可能性是成正比的。应收款项的账龄越长，发生坏账的可能性越大。因此，将企业的应收款项按账龄长短进行分组，分别确定不同的计提比率估计坏账损失，这样，坏账准备的计提金额更符合客观情况。

采用账龄分析法，应先将企业应收款项按账龄长短分为若干区段，每个区段确定一个估计坏账损失的百分比，在此基础上，进行坏账损失的估计。其计算公式如下：

坏账准备期末余额 = $\sum$（各区段应收款项账户余额 × 该区段的估计坏账率）

当期计提坏账准备 = 坏账准备期末余额 -（或 +）坏账准备期初贷方余额（或借方余额）

【例 4-14】2016 年 12 月 31 日，辽宁旭日有限责任公司的应收账款余额为 4 800 000 元，其应收账款账龄分析表如表 4-1 所示。

表 4-1 应收账款账龄分析表

账龄	应收账款余额	估计坏账率	估计坏账金额
1 年以内	2 000 000	3%	60 000
1～2 年	1 500 000	10%	150 000
2～3 年	800 000	50%	400 000
3 年以上	500 000	80%	400 000
合计	4 800 000		1 010 000

（三）销货百分比法

销货百分比法是以企业赊销金额的一定百分比估计坏账的方法。估计坏账率按企业以往实际发生的坏账与销售总额的关系结合生产经营与销售政策变动情况确定。其计算公式如下：

当期计提坏账准备＝本期赊销总额×估计坏账率

【例4－15】2016年度辽宁旭日有限责任公司赊销金额为10 000 000元，估计坏账率为3%。

2016年应计提的坏账准备＝10 000 000×3%＝300 000（元）

销货百分比法主要是根据当期利润表上的销售收入来估计当期的坏账损失，因此坏账费用与销货收入能较好地配合，比较符合配比概念。但是由于计提坏账时没有考虑到坏账准备账户以往原有的余额，以往年度出现坏账损失估计错误的情况就不能自动更正，资产负债表上的应收款项净额也就不一定能正确地反映其变现价值。因此，采用销货百分比法还应该定期地评估坏账准备是否适当，并及时调整，以便能更加合理地反映企业的财务状况。

（四）个别认定法

个别认定法是根据每笔应收款项的可收回情况来估计坏账损失的方法。如果每项应收款项的可收回性与其他各项应收款项存在明显的差别（如债务单位所处的特定地区等），导致该项应收款项如果按照与其他应收款项同样的方法计提坏账准备，将无法真实地反映其可收回金额的，可对该项应收款项采用个别认定法计提坏账准备。在同一会计期间内运用个别认定法计提坏账准备的应收款项应从用其他方法计提坏账准备的应收款项中剔除。

三、应收款项减值核算

（一）账户设置

采用备抵法核算应收款项减值业务的企业应设置“坏账准备”账户，该账户属于“应收票据”“应收账款”“其他应收款”等账户的备抵账户，贷方登记按期计提的坏账准备金额以及收回前已确认并核销的坏账金额；借方登记实际已发生坏账损失冲减的和多提的坏账准备金额。期末余额在贷方，反映企业期末已计提尚未转销的应收款项减值准备。该账户可按应收款项的类别进行明细核算。

企业应设置“资产减值损失”账户核算企业计提各项资产减值准备所形成的损失，该账户属于损益类账户，借方登记企业资产发生减值的金额，贷方登记资产价值恢复的金额以及结转金额，期末无余额。该账户可按资产减值损失的项目进行明细核算。

（二）账务处理

应收款项减值的账务处理主要包括计提坏账准备、冲销坏账准备、发生坏账损失和收回已确认坏账的应收款项四个方面。

1. 计提坏账准备

企业计提坏账准备时，按应计提的金额，借记“资产减值损失——计提坏账准备”账户，贷记“坏账准备”账户。

2. 冲销坏账准备

企业冲减多计提的坏账准备时，按应冲减的金额，借记“坏账准备”账户，贷记“资产减值损失——计提坏账准备”账户。

3. 发生坏账损失

对于确实无法收回的应收款项，按管理权限报经批准后作为坏账，转销应收款项，借记“坏账准备”账户，贷记“应收账款”等账户。

4. 收回已确认坏账的应收款项

已确认并转销的应收款项以后又收回的，应按实际收回的金额，借记“应收账款”等账户，贷记“坏账准备”账户；同时借记“银行存款”账户，贷记“应收账款”等账户。

【例 4－16】辽宁旭日有限责任公司采用应收款项余额百分比法估计坏账损失。2015 年年末对应收康泰公司的账款进行减值测试，应收账款余额合计数为 100 000 元，根据康泰公司的资信情况确定坏账准备的计提比例为 10% 。坏账准备无期初余额。2016 年 5 月份确认康泰公司一笔应收账款 3 000 元已无法收回。2016 年 10 月收回当年 5 月份已转销的坏账 3 000元存入银行。2016 年末对应收账款进行减值测试，应收账款余额合计数为 300 000 元，计提比例 10%。

旭日公司的账务处理如下：

（1）2015 年末计提坏账准备＝100 000×10%＝10 000（元）

借：资产减值损失　　10 000
　　贷：坏账准备　　10 000

（2）2016 年 5 月发生坏账

借：坏账准备　　3 000
　　贷：应收账款——康泰公司　　3 000

（3）2016 年 10 月坏账收回

借：应收账款——康泰公司　　3 000
　　贷：坏账准备　　3 000

收回款项存入银行

借：银行存款　　3 000
　　贷：应收账款——康泰公司　　3 000

（4）2016 年末计提坏账准备＝300 000×10%－10 000＝20 000（元）

借：资产减值损失　　20 000
　　贷：坏账准备　　20 000

第六节　应付票据

一、应付票据概述

（一）应付票据的含义

应付票据是指企业购买材料、商品或接受劳务供应而开出、承兑的商业汇票，包括商业承兑汇票和银行承兑汇票。应付票据按是否带息分为带息票据和不带息票据。

企业应当设置“应付票据备查簿”，详细登记应付票据的种类、号数和出票日期、到期日、票面余额、交易合同号和收款单位名称以及付款日期和金额等资料。应付票据到期结清时，上述内容应当自备查簿中予以注销。

（二）应付票据计价

商业汇票的付款期限不超过 6 个月，在会计实务中，企业一般均按照开出、承兑的应付票据的面值作为入账金额，将其归于流动负债进行管理和核算。

二、应付票据核算

（一）账户设置

企业应设置“应付票据”账户，用于核算企业购买商品、材料和接受劳务等开出、承兑的商业汇票。该账户属于负债类账户，贷方登记开出承兑汇票的票面金额和带息票据计提的利息；借方登记到期承兑支付的本息款或转出的金额；期末余额在贷方，反映尚未到期的应付票据金额。该账户应按债权单位进行明细核算。

（二）账务处理

应付票据的账务处理主要包括应付票据发生和应付票据到期两个方面。

1. 应付票据发生

企业按合同规定的交易额开出并承兑商业汇票时，应借记“材料采购”“在途物资”“原材料”“库存商品”“应交税费——应交增值税（进项税额）”等账户，根据票据面值贷记“应付票据”账户。企业向银行申请签发银行承兑汇票时，银行按规定审查后同意承兑的，企业还须按面值的一定比例向银行支付承兑手续费，作为财务费用处理，借记“财务费用”账户，贷记“银行存款”账户。

2. 应付票据到期

企业签发的商业汇票到期时，应无条件支付票据款。由于企业筹集资金的方法和能力有所不同，到期时可能会出现有能力支付票据款和无力支付票据款两种情况。

商业汇票到期前，当企业有能力支付票据款时，企业的开户银行在收到商业汇票付款通知时，无条件支付票据款，按账面余额予以结转，借记“应付票据”账户，贷记“银行存款”账户。当企业无力支付票据款时，如采用商业承兑汇票结算，应将应付票据的账面余额转作应付账款，借记“应付票据”账户，贷记“应付账款”账户；如采用银行承兑汇票结算，承兑人为承兑银行，承兑银行将代为支付票据款，并将其转为对付款人的逾期贷款，应将应付票据的账面余额转作短期借款，借记“应付票据”账户，贷记“短期借款”账户，并按每天万分之五收取利息，罚息实际支出记入“财务费用”账户。

【例 4-17】 2016 年 12 月 1 日，辽宁旭日有限责任公司向永顺公司购入一批原材料，价款 30 000 元，增值税进项税额 5 100 元。材料已验收入库，开出一张面值为 35 100 元，期限为 3 个月的不带息商业承兑汇票交付给永顺公司。2017 年 3 月 1 日，收到开户银行的付款通知，核销该应付票据。

旭日公司的账务处理如下：

（1）2016 年 12 月 1 日开出商业承兑汇票时：

借：原材料	30 000	
应交税费——应交增值税（进项税额）	5 100	
贷：应付票据——永顺公司		35 100

（2）2017 年 3 月 1 日到期偿还票据款项时：

借：应付票据——永顺公司	35 100	
贷：银行存款		35 100

【例 4-18】 2016 年 12 月 10 日，辽宁旭日有限责任公司向远达公司购入一批原材料，价款 400 000 元，增值税进项税额 680 00 元。材料已验收入库，开出一张面值为 468 000 元，期

限为3个月的不带息商业承兑汇票交付给远达公司。3月10日，旭日公司无力偿还票据款。

旭日公司的账务处理如下：

(1) 2016年12月10日开出商业汇票时：

借：原材料	400 000	
应交税费——应交增值税（进项税额）	68 000	
贷：应付票据——远达公司		468 000

(2) 2017年3月10日到期无力偿还票据款项时：

借：应付票据——远达公司	468 000	
贷：应付账款——远达公司		468 000

【例4-19】2016年12月18日，辽宁旭日有限责任公司向通达公司购入一批原材料，价款500 000元，增值税进项税额85 000元。材料已验收入库，向开户银行申请期限为3个月、面值为585 000元的不带息银行承兑汇票，向银行支付承兑手续费2 925元，并将已承兑的银行承兑汇票交付给通达公司。2017年3月18日，旭日公司无力偿还票据款。

旭日公司的账务处理如下：

(1) 2016年12月18日开出商业汇票时：

借：原材料	500 000	
应交税费——应交增值税（进项税额）	85 000	
贷：应付票据——通达公司		585 000

支付承兑手续费时：

借：财务费用	2 925	
贷：银行存款		2 925

(2) 2017年3月18日到期无力偿还票据款项时：

借：应付票据——通达公司	585 000	
贷：短期借款		585 000

第七节　应付账款

一、应付账款概述

（一）应付账款的含义

应付账款是指企业因购买商品、材料物资或接受劳务供应等业务应支付给供货方的账款。应付账款是由于购销双方在购销活动中取得物资与支付货款在时间上不一致而产生的负债。应付账款一般在短期内支付，因此将应付账款列入流动负债核算。

（二）应付账款入账时间

应付账款应于与所购买物资所有权有关的风险和报酬已经转移或所接受劳务已发生时确认。在会计实务中，应区别两种情况分别进行处理。

1. 物资和发票同时到达

若所购货物和发票账单同时到达，物资验收入库后仍未付款，则按发票账单登记应付账款入账，避免因所购货物与合同不符而发生调账。

2. 物资和发票不同时到达

（1）物资已到发票账单未达。

若所购货物已验收入库而发票账单未到，则暂不做账务处理，待收到发票账单时进行处理；月末仍未收到账单，应先按暂估价值入账，待下月初再按原数红字冲回。

（2）发票账单已到物资未达。

若发票账单已到而所购物资未达，则根据发票账单金额记入“应付账款”账户。

（三）应付账款入账价值

应付账款应按发票所记载的应付金额入账。存在购货折扣的情况下应区分不同情况分别处理：

（1）购货时存在商业折扣，购货方应根据发票价格，也就是扣除商业折扣后的金额入账。

（2）购货时存在现金折扣，则应付账款的入账金额可采用总价法确定，应按发票所记载的应付金额入账，即不扣除现金折扣后的金额入账，待实际发生折扣时，再将折扣金额计入当期财务费用。

二、应付账款核算

（一）账户设置

为了核算应付账款的发生和到期偿还等业务，企业应设置“应付账款”账户。该账户属于负债类账户，贷方登记企业因购货或接受劳务而产生的应付款以及因无力支付到期商业承兑汇票而转入的应付票据款项，借方登记企业偿还的应付款以及转销的应付账款。期末贷方余额，反映企业尚未支付的应付账款。该账户通常按债权单位进行明细核算。不单独设置“预付账款”账户的企业，预付的账款也在“应付账款”账户核算。

（二）账务处理

应付账款的账务处理主要包括应付账款发生、应付账款偿还和应付账款转销三个方面。

1. 应付账款发生

企业购入材料、商品等，但货款尚未支付，根据有关凭证，借记“材料采购”“原材料”“库存商品”“应交税费——应交增值税（进项税额）”等账户，贷记“应付账款”账户；企业接受供应单位劳务而发生的应付未付款项，根据供应单位的发票账单，借记“生产成本”“管理费用”“应交税费——应交增值税（进项税额）”等账户，贷记“应付账款”账户。

2. 应付账款偿还

企业用货币资金清偿应付账款时，借记“应付账款”账户，贷记“银行存款”或“其他货币资金”账户，也可用开出的商业汇票抵付，借记“应付账款”账户，贷记“应付票据”账户。

3. 应付账款转销

企业转销因债权单位撤销或其他原因而无法支付的应付账款，应按其账面余额记入营业外收入，借记“应付账款”账户，贷记“营业外收入”账户。

【例 4－20】2017 年 1 月 20 日，辽宁旭日有限责任公司购进一批材料，报价为 110 元/千克，规定购买 200 千克以上每千克 100 元，旭日公司购买了 1 000 千克。材料验收入库，货款未付，付款条件为：3/10，n /30。旭日公司采用总价法进行核算，折扣不考虑增值税。1 月 28 日，旭日公司支付货款。

旭日公司账务处理如下：

（1）1月20日购货时：

借：原材料 100 000

　　应交税费——应交增值税（进项税额） 17 000

　　贷：应付账款 117 000

（2）1月28日付款时：

借：应付账款 117 000

　　贷：银行存款 11 400

　　　　财务费用 3 000

【例4-21】2017年1月15日，辽宁旭日有限责任公司赊购原材料一批，发票注明价格为200 000元，增值税额为34 000元，原材料已验收入库，付款条件为：2/10，n/30。旭日公司采用总价法进行核算，折扣不考虑增值税。1月30日付款。

旭日公司账务处理如下：

（1）1月15日购入原材料：

借：原材料 200 000

　　应交税费——应交增值税（进项税额） 34 000

　　贷：应付账款 234 000

（2）1月30日付款时：

借：应付账款 234 000

　　贷：银行存款 234 000

【例4-22】2017年2月28日，辽宁旭日有限公司确定一笔应付账款6 000元无法支付，予以转销。

旭日公司账务处理如下：

借：应付账款 6 000

　　贷：营业外收入 6 000

第八节　预收账款

一、预收账款概述

预收账款是指企业按照合同规定向购货单位预先收取的款项。

预收账款与应付账款不同，预收账款所形成的负债不是以货币偿付，而是以货物偿付。有些购货合同规定销货企业可以向购货企业预先收取一定的货款，待向购货单位发货后再收取剩余的货款。企业在发货前收取的货款，表明企业承担了一定的偿债义务，就形成了一项负债。

二、预收账款核算

（一）账户设置

为了核算预收货款、补收或退回多余货款等业务，企业应设置"预收账款"账户。该账户属于负债类账户，贷方登记企业收到购货方预付的货款及补付的货款，借方登记企业发出商品或提供劳务的价税款及退付的余额。期末贷方余额，反映企业预收的款项，期末如为借方余额，反映企业尚未转销的款项。该账户应按购货单位进行明细核算。

对于预收账款情况不多的企业，也可以不设置“预收账款”账户，将预收的款项直接记入“应收账款”账户。

（二）账务处理

预收账款的账务处理主要包括预收货款、实现销售和结清款项三个方面。

1. 预收货款

企业向购货单位预收款项时，借记“银行存款”账户，贷记“预收账款”账户。

2. 实现销售

销售实现时，按实现的收入和应交的增值税销项税额，借记“预收账款”账户，按照实现的营业收入，贷记“主营业务收入”账户，按照增值税专用发票上注明的增值税额，贷记“应交税费——应交增值税（销项税额）”等账户。

3. 结清款项

企业收到购货单位补付的款项，借记“银行存款”账户，贷记“预收账款”账户；向购货单位退回其多付的款项时，借记“预收账款”账户，贷记“银行存款”账户。

【例 4－23】 2017 年 1 月 9 日，按购销合同规定，辽宁旭日有限责任公司预收盛安公司货款 7 000 元。2 月 9 日，旭日公司将商品发运给盛安公司，并开出发票账单，其中货款为 5 500 元，增值税额为 935 元。2 月 10 日，旭日公司退回盛安公司多余款项。

旭日公司账务处理如下：

（1）1 月 9 日收到购货单位预付的货款时：

借：银行存款　　7 000

　　贷：预收账款——盛安公司　　7 000

（2）2 月 9 日发出商品并开出发票时：

借：预收账款——盛安公司　　6 435

　　贷：主营业务收入　　5 500

　　　　应交税费——应交增值税（销项税额）　　935

（3）2 月 10 日退回盛安公司多付货款时：

借：预收账款——盛安公司　　565

　　贷：银行存款　　565

【例 4－24】 2017 年 1 月 2 日，按购销合同规定，辽宁旭日有限责任公司预收顺达公司货款 10 000 元。1 月 30 日，旭日公司将商品发运给顺达公司，并开出发票账单，其中货款为 9 000 元，增值税额为 1 530 元。2 月 2 日，旭日公司收到顺达公司补付的货款。

旭日公司账务处理如下：

（1）1 月 2 日收到购货单位预付的货款时：

借：银行存款　　10 000

　　贷：预收账款——顺达公司　　10 000

（2）1 月 30 日发出商品并开出发票时：

借：预收账款——顺达公司　　10 530

　　贷：主营业务收入　　9 000

　　　　应交税费——应交增值税（销项税额）　　1 530

（3）2月2日收到顺达公司补付货款时：

借：银行存款 530

　　贷：预收账款——顺达公司 530

第九节　其他应付款

一、其他应付款概述

其他应付款是指企业除应付票据、应付账款、预收账款、应付职工薪酬、应交税费、应付股利等经营活动以外的，需在一年内偿付的各种应付、暂收其他单位或个人的款项。其他应付款的内容包括：

（1）应付经营性租入固定资产租金，是指企业采用经营性租赁方式租入固定资产所应支付的租金，而不包括应付融资租入固定资产的租赁费。

（2）应付包装物租金。

（3）应付存入保证金，是指其他单位或个人由于使用本企业的某项资产而交付的押金，待以后资产归还后还需退还的暂收款项。如收取的出租、出借包装物押金等。

（4）应付统筹退休金。

（5）应付职工未按时领取的工资。

（6）其他应付及暂收其他单位和个人的款项等。

二、其他应付款核算

（一）账户设置

为了核算其他应付款的发生和偿还等业务，企业应设置“其他应付款”账户。该账户属于负债类账户，贷方登记企业发生的各种应付、暂收款项，借方登记企业偿还或转销的各种应付、暂收款项。期末余额在贷方，反映企业应付未付的其他应付款项。该账户应按其他应付款的项目和对方单位（或个人）进行明细核算。

（二）账务处理

企业发生其他各种应付、暂收款项时，借记“管理费用”“库存现金”等账户，贷记“其他应付款”账户；支付或退回其他各种应付、暂收款项时，借记“其他应付款”账户，贷记“银行存款”“库存现金”等账户。

【例4-25】2017年2月2日，辽宁旭日有限责任公司收到大海公司包装物押金现金500元。3月5日退还包装物押金500元，开出转账支票支付。

旭日公司账务处理如下：

2月2日收到包装物押金时：

借：库存现金 500

　　贷：其他应付款——大海公司 500

3月5日退还包装物押金时：

借：其他应付款——大海公司 500

　　贷：银行存款 500

本章小结

一、应收款项

<table>
<tr><th colspan="4">业务内容</th><th>账务处理</th></tr>
<tr><td rowspan="10">应收票据</td><td rowspan="2">取得</td><td colspan="2">销售商品或提供劳务而取得</td><td>借：应收票据
　贷：主营业务收入
　　应交税费——应交增值税（销项税额）</td></tr>
<tr><td colspan="2">抵偿应收账款而取得</td><td>借：应收票据
　贷：应收账款</td></tr>
<tr><td rowspan="2">到期</td><td colspan="2">收回货款</td><td>借：银行存款
　贷：应收票据</td></tr>
<tr><td colspan="2">对方无力付款</td><td>借：应收账款
　贷：应收票据</td></tr>
<tr><td colspan="3">转让</td><td>借：原材料（材料采购、在途物资、库存商品）
　应交税费——应交增值税（进项税额）
　贷：应收票据
借记或贷记：银行存款</td></tr>
<tr><td rowspan="4">贴现</td><td colspan="2">不附追索权</td><td>借：银行存款
　财务费用
　贷：应收票据</td></tr>
<tr><td rowspan="3">附追索权</td><td>贴现</td><td>借：银行存款
　财务费用
　贷：短期借款</td></tr>
<tr><td>承兑人按期支付</td><td>借：短期借款
　贷：应收票据</td></tr>
<tr><td>承兑人无力支付</td><td>借：短期借款
　贷：银行存款
借：应收账款
　贷：应收票据</td></tr>
<tr><td colspan="3">发生</td><td>借：应收账款
　贷：主营业务收入
　　应交税费——应交增值税（销项税额）</td></tr>
<tr><td rowspan="2">应收账款</td><td rowspan="2">收回</td><td colspan="2">无现金折扣</td><td>借：银行存款（应收票据）
　贷：应收账款</td></tr>
<tr><td colspan="2">发生现金折扣</td><td>借：银行存款　【实际收款金额】
　财务费用　【折扣金额】
　贷：应收账款</td></tr>
</table>

续表

<table>
<tr><th colspan="3">业务内容</th><th>账务处理</th></tr>
<tr><td rowspan="4">预付账款</td><td colspan="2">预付货款</td><td>借：预付账款
　　贷：银行存款</td></tr>
<tr><td colspan="2">收到预定物资</td><td>借：原材料（在途物质、材料采购、库存商品）
　　应交税费——应交增值税（进项税额）
　　贷：预付账款</td></tr>
<tr><td rowspan="2">结清款项</td><td>补付货款</td><td>借：预付账款
　　贷：银行存款</td></tr>
<tr><td>收回多付款</td><td>借：银行存款
　　贷：预付账款</td></tr>
<tr><td rowspan="2">其他应收款</td><td colspan="2">发生</td><td>借：其他应收款
　　贷：银行存款（库存现金）</td></tr>
<tr><td colspan="2">收回</td><td>借：银行存款（库存现金）
　　贷：其他应收款</td></tr>
<tr><td rowspan="4">应收款项减值</td><td colspan="2">计提坏账准备</td><td>借：资产减值损失
　　贷：坏账准备</td></tr>
<tr><td colspan="2">冲销坏账准备</td><td>借：坏账准备
　　贷：资产减值损失</td></tr>
<tr><td colspan="2">发生坏账</td><td>借：坏账准备
　　贷：应收账款（应收票据、其他应收款等）</td></tr>
<tr><td colspan="2">坏账收回</td><td>借：应收账款（应收票据、其他应收款等）
　　贷：坏账准备
贷：银行存款
　　贷：应收账款（应收票据、其他应收款等）</td></tr>
</table>

二、应付款项

<table>
<tr><th colspan="3">业务内容</th><th>账务处理</th></tr>
<tr><td rowspan="4">应付票据</td><td colspan="2">发生应付票据</td><td>借：原材料（材料采购、在途物资、库存商品）
　　应交税费——应交增值税（进项税额）
　　贷：应付票据</td></tr>
<tr><td colspan="2">支付银行承兑汇票的手续费</td><td>借：财务费用
　　贷：银行存款</td></tr>
<tr><td rowspan="2">票据到期</td><td>到期支付</td><td>借：应付票据
　　贷：银行存款</td></tr>
<tr><td>到期无力支付</td><td>借：应付票据　【账面价值】
　　贷：应付账款　【商业承兑汇票无力清偿】
　　　　短期借款　【银行承兑汇票无力清偿】</td></tr>
</table>

续表

<table>
<tr><th colspan="3">业务内容</th><th>账务处理</th></tr>
<tr><td rowspan="5">应付账款</td><td rowspan="2">发生应付账款</td><td>购入货物</td><td>借：原材料（材料采购、在途物资、库存商品）
应交税费——应交增值税（进项税额）
贷：应付账款</td></tr>
<tr><td>接受劳务</td><td>借：生产成本（管理费用、销售费用）
应交税费——应交增值税（进项税额）
贷：应付账款</td></tr>
<tr><td rowspan="2">偿还应付账款</td><td>无现金折扣</td><td>借：应付账款
贷：银行存款（应付票据、其他货币资金）</td></tr>
<tr><td>有现金折扣</td><td>借：应付账款
贷：银行存款
财务费用</td></tr>
<tr><td colspan="2">转销应付账款</td><td>借：应付账款
贷：营业外收入</td></tr>
<tr><td rowspan="4">预收账款</td><td colspan="2">预收货款</td><td>借：银行存款
贷：预收账款</td></tr>
<tr><td colspan="2">实现销售</td><td>借：预收账款
贷：主营业务收入
应交税费——应交增值税（销项税额）</td></tr>
<tr><td rowspan="2">结清款项</td><td>多退</td><td>借：预收账款
贷：银行存款</td></tr>
<tr><td>少补</td><td>借：银行存款
贷：预收账款</td></tr>
<tr><td rowspan="2">其他应付款</td><td colspan="2">发生其他应付款</td><td>借：库存现金（银行存款等）
贷：其他应付款</td></tr>
<tr><td colspan="2">支付或退回其他应付款</td><td>借：其他应付款
贷：库存现金（银行存款等）</td></tr>
</table>

第四章教学目标、重点、难点＋习题及答案

第五章

存货核算

第一节 存货概述

一、存货的定义

存货是指企业在日常活动中持有以备出售的产成品或商品、处在生产过程中的在产品、在生产过程或提供劳务过程中耗用的材料和物料等。存货具有以下 3 个特征。

1. 存货是企业在日常的经营活动中持有的

存货是企业在日常生产经营活动中持有的用于出售或耗用的各种物资，但不包括为建造固定资产而购入的材料和用于产品生产的设备。

2. 存货具有较强的流动性和变现能力

存货通常是能够在一年（或一个营业周期）内被销售或被耗用的。

3. 存货属于有形实物资产

存货同固定资产都具有实物形态，但存货与固定资产在用途方面有明显区别：持有存货是准备直接出售或进一步加工后出售，而不是自用的。无形资产同样被企业所持有或耗用，但不具有实物形态。

二、存货的确认条件

某项资产确认为存货除符合存货的定义外，还应同时满足以下两个存货确认条件，才能确认为企业的存货。

（一）该存货包含的经济利益很可能流入企业

存货是企业的一项重要的流动资产，对存货的确认，关键是判断是否很可能给企业带来经济利益或所包含的经济利益是否很可能流入企业。通常，企业的所有权是存货包含的经济利益很可能流入企业的一个重要标志。

例如：一般情况下，根据销售合同已经售出（取得现金或收取现金的的权利），所有权已经转移的存货，因其所含经济利益已不能流入本企业，即使该存货尚未运离企业，也不能再作为企业的存货进行核算；而又如委托代销商品，在受托方尚未进行结算前，由于其所有权并未转移至受托方，因而委托代销的商品仍是委托企业存货的一部分。

总之，企业在判断存货所含经济利益是否流入企业时，通常应考虑该项存货所有权的归属，而不应当仅看其存放的地点等，这也充分体现了会计核算的实质重于形式原则。

（二）该存货的成本能够可靠地计量

成本能够可靠地计量是资产确认的一项基本条件。存货作为企业资产的组成部分，要予以确认也必须同时能对其成本进行可靠的计量。存货的成本能够可靠地计量必须以取得的确凿、可靠的证据为依据，并且具有可验证性。

如果存货不能可靠地计量，则不能确认为一项存货。如企业承诺的订货合同，由于并未实际发生，不能可靠地确定其成本，因此就不能确认为企业的存货。

三、存货的内容

不同行业的企业，存货的内容和分类有所不同，一般依据企业的性质、经营范围并结合存货的用途进行分类。制造业以加工或生产产品为主，存货的构成最为复杂，通常包括以下内容。

（一）原材料

原材料指企业在生产过程中经加工改变其形态或性质并构成产品主要实体的各种原料及主要材料、辅助材料、外购半成品（外购件）、修理用备件（备品备件）、包装材料和燃料等。为建造固定资产等各项工程而储备的各种材料，虽然同属于材料，但是由于用于建造固定资产等各项工程，不符合存货的定义，因此不能作为企业的存货进行核算。

（二）在产品

在产品指企业正在制造尚未完工的产品，包括正在各个生产工序加工的产品和已加工完毕但尚未检验或已检验但尚未办理入库手续的产品。

（三）半成品

半成品指经过一定生产过程并已检验合格交付半成品仓库保管，但尚未制造完工成为产成品，仍需要进一步加工的中间产品。半成品不包括从一个生产车间转给另一个生产车间继续加工的自制半成品以及不能单独计算成本的自制半成品（这类自制半成品属于在产品）。

（四）产成品

产成品指工业企业已经加工完成并验收入库，可以按照合同规定的条件向相关单位予以交货，或者可以对外销售的产品。企业接受外来原材料加工制造的代制品和为外单位加工修理的代修品，制造和修理完成验收入库后，应视同企业的产成品。

（五）商品

商品是商品流通企业外购或委托加工完成验收入库用于销售的各种产品。

（六）周转材料

周转材料指企业能够多次使用但不符合固定资产定义的材料。如为了包装本企业商品而储备的各种包装物、各种工具、管理用具、玻璃器皿、劳动保护用品以及在经营过程中周转使用的容器等低值易耗品和建造承包商的钢模板、木模板、脚手架等其他周转材料。但是，周转材料符合固定资产定义的，应当作为固定资产处理。

总之，存货在企业的不同生产过程和阶段中具有不同实物形态。存货包括下列三类有形资产：一是在正常经营过程中储存以备出售的存货，如库存产成品、库存商品等，但特种储备以及国家指令专项储备的资产不属于存货的范围；二是为了最终出售正处于生产过程中的存货，如在产品、半成品等；三是为了生产供销售的商品或提供服务以备消耗的存货，如产品生产所需的原材料、为生产产品服务的其他材料及低值易耗品等。

第二节 原材料

原材料是工业企业的主要存货，是企业用于制造产品并构成产品实体的购入物品及购入后供生产耗用但不构成产品实体的辅助性物品。具体包括原料及主要材料、辅助材料、外购半成品、修理用备件及燃料等。

企业原材料的日常收发及结存，可以采用实际成本计价核算，也可以采用计划成本计价核算。即使在同一企业，对于不同存货，也可以分别采用实际成本计价和计划成本计价进行日常核算，这都取决于企业的实际需要。

一、用实际成本法核算原材料

原材料按实际成本计价核算，是指企业对库存的各种原材料的收、发、存均按实际成本在其总账和明细账中予以登记。其主要特点是：从收发凭证到明细分类核算和总分类核算，均按照实际成本计价。它适用于规模较小、存货品种简单、材料收发业务不多的企业。

（一）原材料计价

1. 外购原材料计价

正确对存货估价是企业正确计算损益的重要前提。企业取得的存货应当按照成本进行初始计量。企业可以通过外购、自制、委托加工、接受投资、接受捐赠、非货币性资产交换、债务重组等不同的方式取得存货，不同方式取得的存货其成本构成内容不同。通过购买方式取得的存货的成本由采购成本构成，采购成本一般包括购买价款、相关税费、运输费、装卸费、保险费以及其他可直接归属于存货采购的费用。具体包括：

（1）购买价款。购买价款是指企业购入的原材料发票上列明的价款，但不包括按税法规定可以抵扣的增值税额。

（2）相关税费。相关税费是指企业购买原材料发生的进口关税、消费税、资源税和不能抵扣的增值税进项税额以及相应的教育费附加等应计入存货采购成本的税费。

（3）其他可归属于材料采购的费用。其他可归属于材料采购的费用包括在材料采购过程中发生的运输费、装卸费、保险费、包装费、仓储费、运输途中的合理损耗、入库前的挑选整理费用等。这些费用能分清负担对象的，应直接计入材料的采购成本；不能分清负担对象的，应选择合理的方法，分配后计入有关材料的实际采购成本。如表 5 – 1 所示。

表 5 – 1 不同渠道取得存货入账价值的确定

取得方式	入账价值
外购存货	购货价格 + 附加成本（相关税费）
自制存货	直接材料 + 直接人工 + 制造费用
委托外单位加工的存货	加工过程中耗用的原材料和半成品成本 + 加工费 + 相关税费

续表

取得方式	入账价值
投资者投入的存货	合同或协议价、评估价
接受捐赠的存货	发票单据价格+企业承担的相关税费（能取得相关单据的）； 协议价或同类存货的市场价值
盘盈的存货	实际成本（存在同类存货）或者市场价值

2. 发出原材料计价

存货的成本流转与实物流转应当一致，但实际工作中，这种情况非常少。因为企业的存货进出量很大，存货的品种繁多，存货的单位成本多变。同一种存货尽管单价不同，但均能满足生产和销售的需要，无须逐一辨认哪一批实物被发出，从而成本与实物相分离，这样就出现了存货成本流转的假设。采用某种假设，在期末存货和发出存货之间分配成本，就产生了不同的存货成本分配方法，即发出存货的计价方法。

存货计价方法的选择是制定企业会计政策的一项重要内容。企业应当根据各类存货的实物流转方式、企业管理的要求、存货的性质等实际情况合理地确定发出存货成本的计算方法。企业可以采用的发出存货成本的计价方法包括个别计价法、先进先出法、月末一次加权平均法和移动加权平均法等。存货计价方法一经确定，不得随意变更。如确需变更，应在财务报表附注中加以说明。

（1）个别计价法。

个别计价法又称为个别认定法、具体辨认法、分批实际法，采用这一方法是假设存货具体项目的实物流转与成本流转相一致，按照各种存货逐一辨认各批发出存货和期末存货所属的购进批别或生产批别，分别按其购入或生产时所确定的单位成本计算各批发出存货和期末存货成本的方法。这种方法是把每一种存货的实际成本作为计算发出存货成本和期末存货成本的基础。

个别计价法的成本计算准确，符合实际情况，但在存货收发频繁的情况下，其发出存货批别分辨的工作量较大。因此，这种方法适用于一般不能替代使用的存货、为特定项目专门购入或制造的存货，如珠宝、名画等贵重物品等。

（2）先进先出法。

先进先出法是以先购入的存货应先发出（销售或耗用）这样一种存货实物流转假设为前提，对发出存货进行计价的一种方法。采用这种方法，先购入的存货在后购入存货之前发出，据此确定发出存货和期末存货的成本。具体方法是：收入存货时，逐笔登记收入存货的数量、单价和金额；发出存货时，按照先进先出的原则逐笔登记存货的发出成本和结存金额。

这种计价方法的特点是使存货账面结存价值更接近近期市场价格。在物价持续上涨时，采用先进先出法往往会低估本期发出存货的成本，高估企业当期利润和期末存货价值；在物价持续下降时，采用这种方法往往会高估本期发出存货的成本，低估企业当期利润和期末存货价值。这种方法的优点是可以随时结转发出存货的成本，缺点是成本计算工作比较烦琐，当企业存货收发业务较多时，工作量会很大。因此多适用于存货种类少，采购量较大，采购批次较少的企业。

【例5－1】 甲公司上月结存原材料800千克，单价5元。10月5日购进2 000千克该原材料，单价6元；10月8日领用1 200千克；10月20日购进2 000千克，单价4元；10月25日领用1 200千克；10月30日领用1 200千克。

要求：用先进先出法计算本月发出原材料成本和月末库存原材料成本。

分析：原材料收发情况如表5－2所示。

表5－2 原材料收发情况

		摘要	收入			发出			结存		
月	日		数量	单价	金额	数量	单价	金额	数量	单价	金额
10	1	结存							800	5	4 000
	5	购进	2 000	6	12 000						
	8	发出				1 200					
	20	购进	2 000	4	8 000						
	25	发出				1 200					
	30	发出				1 200					
	31	合计	4 000		20 000	3 600					

发出原材料成本＝800×5＋2 000×6＋800×4＝19 200（元）

结存原材料成本＝1 200×4＝4 800（元）

（3）月末次加权平均法。

月末次加权平均法是指在月末以存货的数量为权数来计算该存货的平均单价并据以计算发出存货和期末结存存货实际成本的一种方法。以当月全部进货数量加上月初存货数量作为权数，去除当月全部进货成本加上月初存货成本，计算出存货的加权平均单位成本，以此为基础计算当月发出存货成本和期末存货成本。采用月末次加权平均法只在月末计算一次加权平均单价，比较简单，有利于简化成本计算工作，但由于平时无法从账上提供发出和结存存货的单价及金额，因此不利于存货成本的日常管理与控制。计算公式为：

加权平均单价＝(期初存货成本＋本期收入存货成本)/(期初存货数量＋本期收入存货数量)

本期发出存货成本＝本期发出存货数量×加权平均单价

期末库存存货成本＝期末库存存货数量×加权平均单价

或＝期初结存存货成本＋本期收入存货成本－本期发出存货成本

【例5－2】 应用【例5－1】的资料：

加权平均单价＝(4 000＋20 000)/(800＋4 000)＝5(元/千克)

发出原材料成本＝3 600×5＝18 000（元）

本月结存原材料成本＝1 200×5＝6 000（元）

（4）移动加权平均法。

移动加权平均法是指每次进货时都要重新计算一个加权平均单价，并据以计算发出存货成本的一种方法。将每次收货的成本加原有库存的成本，除以每次收货数量加原有库存数量，据以计算加权平均单价，并对发出存货进行计价。采用移动加权平均法能使企业管理当局及时了解存货的结存情况；计算的平均单位成本以及发出和结存的存货成本比较客观。但由于每次收货都要计算一次平均单价，计算工作量较大，不适用于收发货较频繁的企业。计算公式为：

移动加权平均单价 =（以前结存存货成本 + 本批收入存货成本）/（以前结存存货数量 + 本批收入存货数量）

本次发出存货成本 = 本次发出存货数量 × 移动加权平均单价

期末结存存货成本 = 期末结存存货数量 × 移动加权平均单价

【例 5－3】沿用【例 5－1】的资料，用移动加权平均法计算发出原材料成本和结存原材料成本。

10 月 5 日结存原材料加权平均单价 =（800 ×5 +2 000 ×6）/（800 +2 000） =5.71（元/千克）

10 月 20 日结存原材料加权平均单价 =（1 600 ×5.71 +2 000 ×4）/（1 600 +2 000） = 4.76（元/千克）

本月收发原材料及成本计算如表 5－3 所示。

表 5－3 本月收发原材料及成本计算

月	日	摘要	收入			发出			结存		
			数量	单价	金额	数量	单价	金额	数量	单价	金额
10	1	结存							800	5	4 000
	5	购进	2 000	6	12 000				2 800	5.71	15 988
	8	发出				1 200	5.71	6 852	1 600	5.71	9 136
	20	购进	2 000	4	8 000				3 600	4.76	17 136
	25	发出				1 200	4.76	5 712	2 400	4.76	11 424
	30	发出				1 200	4.76	5 712	1 200	4.76	5 712
	31	本月合计	4 000		20 000	3 600		18 276	1 200	4.76	5 712

由表 5－3 计算结果得知，本月发出原材料的总成本为 18 276 元，月末结存原材料成本为 5 712 元。

（二）实际成本计价法下外购原材料的业务核算

1. 账户设置

（1）“原材料”账户。

该账户属于资产类账户，核算企业库存的各种材料，借方登记验收入库的原材料的实际成本，贷方登记发出原材料的实际成本，期末借方余额反映库存材料的实际成本。“原材料”账户可按材料的保管地点（仓库）、材料的类别、品种和规格等进行明细核算。

（2）“在途物资”账户。

该账户属于资产类账户，用来反映企业采用实际成本（或进价）进行材料、商品等物资的日常核算，货款已付尚未验收入库的购入材料或商品的采购成本通过该账户核算。该账户借方登记企业购入的在途物资的实际成本，贷方登记已验收入库材料的实际成本，期末借方余额反映在途物资的实际采购成本。该账户可按供应单位和物资品种进行明细核算。

2. 账务处理

（1）收到原材料，同时收到发票。

按发票上原材料的金额借记“原材料”账户，按发票上记载并经税务局认证的增值税额借记“应交税费——应交增值税（进项税额）”账户，如发票记载的增值税额未经税务局认证则借记“应交税费——待认证进项税额”账户，贷记“银行存款”“应付账款”“应付票据”等科目。

【例5-4】兴盛公司购进甲材料一批，货款为30 000元，增值税额为5 100元。发票、账单等结算凭证已到，且发票已经通过认证，价税款已通过银行转账支付，材料已验收入库。要求编制会计分录。

借：原材料——甲材料　　30 000
　　应交税费——应交增值税（进项税额）　　5 100
　　贷：银行存款　　35 100

（2）发票已到，原材料未到。

按发票上原材料的金额借记“在途物资”账户，按发票上记载并经税务局认证的增值税额借记“应交税费——应交增值税（进项税额）”账户，如发票记载的增值税额未经税务局认证则借记“应交税费——待认证进项税额”账户，贷记“银行存款”“应付账款”“应付票据”等账户。

待以后收到货物入库后，借记“原材料”账户，贷记“在途物资”账户。

【例5-5】4月2日，振兴公司收到银行转来的托收承付结算凭证及发票，列明材料货款20 000元，增值税额3 400元，发票尚未经税务局认证，经审核无误后承付该款项。4月13日，材料验收入库。

4月2日收到结算凭证及发票：

借：在途物资　　20 000
　　应交税费——待认证进项税额　　3 400
　　贷：银行存款　　23 400

4月13日材料验收入库：

借：原材料　　20 000
　　贷：在途物资　　20 000

（3）原材料已收到，月末仍未收到发票。

现行财务会计制度规定，原材料先到，发票未到时暂不作账务处理，至月末发票仍未到的情况下，其财务处理按计划成本或实际成本暂估入账，按暂估金额借记“原材料”账户，同时贷记“应付账款——暂估应付账款”账户。

下月初用红字作同样的分录，予以冲回。

待收到发票账单时，再按照发票金额借记“原材料”账户，按发票上增值税额借记“应交税费——应交增值税（进项税额）”或“应交税费——待认证进项税额”账户，贷记“银行存款”“应付账款”“应付票据”等账户。

【例5-6】5月25日，华联实业有限公司购入一批原材料，材料已运达企业并已验收入库，但发票账单等结算凭证尚未到达。月末时，该批货物的结算凭证仍未到达，华联公司对该批材料估价35 000元入账。6月3日，结算凭证到达企业，增值税专用发票上注明的原材料价款为36 000元，增值税进项税额为6 120元且已经税务局认证，货款通过银行转账支付。

（1）5月25日，材料运达企业并验收入库，因发票未到，暂不作会计处理。

(2) 5月31日，结算凭证仍未到达，对该批材料按暂估价值入账。

借：原材料 35 000

贷：应付账款——暂估应付账款 35 000

(3) 6月1日，编制红字记账凭证冲回估价入账分录。

借：原材料 35 000

贷：应付账款——暂估应付账款 35 000

(4) 6月3日，收到发票，发票上注明金额为36 000元，税额为6 120元（已认证），价税合计款42 120元已用转账支票支付。

借：原材料 36 000

应交税费——应交增值税（进项税额） 6 120

贷：银行存款 42 120

3. 外购原材料发生短缺或毁损的处理

(1) 企业原材料购入途中属于合理范围内的损失称之为原材料的自然损耗或合理损耗。属于合理损耗情况的，视同提高入库材料的单位成本，而采购原材料的总成本不变，不另作账务处理。

(2) 在运输途中，由于运输单位的责任而造成外购原材料的短缺，例如运输单位在搬运、装卸过程中损坏原材料，或将包装物破坏而间接毁损原材料，或管理不善而丢失原材料，都是运输单位造成原材料短缺的原因。此种情况下，原材料的短缺应由运输单位负责赔偿，短缺材料成本和进项税额之和记入“其他应收款”账户。

(3) 由于供应商发货责任造成原材料数量不足，或部分材料性能规格等不符合采购要求造成的短缺应由供应商负责重新发出合格原材料或者照价赔偿。

【例5-7】 旭日公司采用实际成本法进行原材料的日常核算。5月3日，该公司外购材料一批，尚未收到。单价100元/千克，数量50千克，增值税率17%，收到发票并于当月认证，且款项已用银行存款支付。此时，账务处理为：

借：在途物资 5 000

应交税费——应交增值税（进项税额） 850

贷：银行存款 5 850

5月20日，收到材料45千克。如经查明，原因不同，账务处理也有如下区别：

(1) 如果属于合理损耗，该种情况视同提高入库材料的单位成本，不另作账务处理。

借：原材料 5 000

贷：在途物资 5 000

注意，由于验收入库材料实际数量为45千克，因此，每千克单位成本为111.11元，高于原采购单价100元，所以视同为提高入库材料的单位成本。

(2) 如果属于运输单位责任，应由运输单位进行赔偿。所以：

借：原材料 4 500

其他应收款——运输单位 585

贷：在途物资 5 000

应交税费——应交增值税（进项税额转出） 85

注意：此处对应毁损/短缺原材料部分的增值税需作转出处理。

(3) 如属于供应商责任，其同意赔偿。

借：原材料　　4 500
　　应付账款——供应商　　585
　　贷：在途物资　　5 000
　　　　应交税费——应交增值税（进项税额转出）　　85

供应商负责赔偿的那部分价款及税金全部记入“应付账款”账户的借方。

由于供货方责任造成原材料短缺或毁损时，购货方发现材料短缺、毁损，查明原因后应向供货方申请据此开具增值税红字发票。这样，短缺部分原材料对应的进项税可以记在贷方，表明该部分进项税额不得抵扣。

（三）实际成本法下生产领用原材料的核算

生产经营领用原材料，按实际成本，借记“生产成本”“制造费用”“销售费用”“管理费用”等账户，贷记“原材料”账户。

【例 5-8】 12 月，甲公司发出 A 材料 76 000 元，其中基本生产车间领用 A 材料 60 000 元，用于生产 B 产品；车间一般耗用 A 材料 7 000 元；行政管理部门领用 5 000 元，销售部门领用 4 000 元。要求：编制甲公司会计分录。

借：生产成本　　60 000
　　制造费用　　7 000
　　管理费用　　5 000
　　销售费用　　4 000
　　贷：原材料　　76 000

二、用计划成本法核算原材料

原材料按计划成本计价核算，是指企业对库存的各种原材料的收、发、存均按预先确定的计划成本在其总账和明细账中予以登记。其主要特点是先制定各种存货的计划成本目录，规定存货的分类以及各种存货的名称、规格、编号、计量单位和计划单位成本。计划单位成本在年度内一般不作调整。平时所有收发凭证均按存货的计划成本计价，总账和明细分类账，按计划成本登记，存货的实际成本与计划成本的差异，通过“材料成本差异”账户进行核算。月份终了，通过分配材料成本差异，将发出存货的计划成本调整为实际成本。

计划成本法一般适用于存货品种繁多，收发业务频繁，且具备计划成本资料的大型企业。

（一）账户设置

原材料按计划成本计价核算时，为了核算和监督原材料增减变动及结余情况，企业主要设置“原材料”“材料采购”和“材料成本差异”等账户。

(1)“原材料”账户：属于资产类账户，核算企业库存的各种材料，包括原料及主要材料、辅助材料、外购半成品、修理用备件、包装材料、燃料等的计划成本。借方登记验收入库的原材料的计划成本，贷方登记发出原材料的计划成本，期末余额在借方，反映库存原材料的计划成本。该账户可按材料的保管地点（仓库）、材料的类别、品种和规格等进行明细核算。

(2)“材料采购”账户：属于资产类账户，核算企业采用计划成本进行材料日常核算而购入材料的采购成本。借方登记采购材料的实际成本、转出采购的节约差，贷方登记验收入库材料的计划成本、转出采购的超支差，余额在借方，反映在途材料的采购成本。该账户可按供应单位和材料品种进行明细核算。

（3）“材料成本差异”账户：属于资产类账户，核算企业采用计划成本进行日常核算的材料计划成本与实际成本的差额。借方登记入库材料超支差异，发出材料负担的节约差异；贷方登记入库材料的节约差异，发出材料负担的超支差异；期末余额在借方，反映库存材料的实际成本大于计划成本的超支差异；期末余额在贷方，反映企业库存材料实际成本小于计划成本的节约差异。

（二）计划成本法下采购原材料的核算

（1）企业在采用计划成本核算材料时，购入材料时按实际成本记入“材料采购”账户：

借：材料采购（实际成本）

　　应交税费——应交增值税（进项税额）/待认证进项税额

　　贷：库存现金/银行存款/应付账款/应付票据等

（2）验收入库后，按计划成本计入“原材料”，两者的差额记入“材料成本差异”账户：

借：原材料（计划成本）

　　材料成本差异（超支差异）

　　贷：材料采购（实际成本）

　　　　（或）材料成本差异（节约差异）

（三）计划成本法下，发出原材料成本确定和会计核算

平时发出原材料时，按照计划成本进行计量和记录。期末，需要对原材料分类分明细进行成本差异的计算，以确定期末结余原材料和发出原材料的实际成本。

1. 发出材料实际成本的确定

计划成本法下，企业对发出原材料仍需以实际成本计入相关科目。发出原材料的实际成本确定如下：

第一步，计算材料成本差异率；

材料成本差异率 =（月初结存材料成本差异 + 本月收入材料成本差异总额）/（月初结存材料计划成本 + 本月收入材料计划成本总额）

第二步，计算本月发出材料应负担的材料成本差异；

材料成本差异 = 本月发出材料计划成本 × 材料成本差异率

第三步，计算发出材料的实际成本。

本月发出材料的实际成本 = 发出材料的计划成本 ± 发出材料应负担的材料成本差异

上述公式中的差异额若为超支额，金额用正数表示；若为节约额，则金额用负数表示；材料成本差异率有正负之分，正数表示超支差异率；负数表示节约差异率。

【例 5－9】 顺风公司为一般纳税人，原材料采用计划成本法核算，8 月发生下列业务：

（1）8 月 1 日，上月结存甲材料 2 000 千克，计划单价 100 元/千克，计划成本总额 200 000元，“材料成本差异”账户月初借方余额 6 000 元；

（2）8 月 5 日，购入甲材料 900 千克，增值税专用发票上注明的价款为 99 000 元，增值税额 16 830 元，货款以银行存款支付，材料已验收入库，计划成本 90 000 元；

(3) 8 月 10 日，购入甲材料 1 000 千克，增值税专用发票上注明的价款为 90 000 元，增值税额 15 300 元，货款以银行存款支付，材料已验收入库，计划成本 100 000 元；

(4) 8 月份发出原材料 3 000 千克，计划成本 300 000 元。

要求计算：

(1) 8 月份甲材料成本差异率（计算结果保留两位小数）；

(2) 本月发出材料应负担的材料成本差异（计算结果保留两位小数）；

(3) 本月发出材料的实际成本（计算结果保留两位小数）。

材料成本差异率 = （6 000 + 9 000 − 10 000）/(200 000 + 90 000 + 100 000) = 1.28%

本月发出材料应负担的材料成本差异 = 300 000 × 1.28% = 3 840（元）

本月发出材料的实际成本 = 300 000 + 3 840 = 303 840（元）

2. 发出原材料的账务处理

(1) 按计划成本结转发出材料的成本时，按材料领用部门和用途，借记"生产成本""制造费用""管理费用""销售费用""委托加工物资""其他业务成本"等成本费用类账户，贷记"原材料"账户。

(2) 计算发出材料负担的成本差异后，结转发出材料应负担的超支成本差异，借记"生产成本""制造费用""销售费用""委托加工物资""其他业务成本"等成本费用类账户，贷记"材料成本差异"账户；结转发出材料应负担的节约成本差异，则作相反的账务处理。

平时领用、发出原材料	借：生产成本（制造费用、销售费用、管理费用）【计划成本】 贷：原材料【计划成本】
月末分摊材料成本差异	借：生产成本（制造费用、销售费用、管理费用） 贷：材料成本差异

月末分摊材料成本差异时，实际成本大于计划成本的超支差异，用蓝字登记；实际成本小于计划成本的节约差异，用红字登记。

（四）计划成本法下，原材料项目在资产负债表中的填列方法

经过材料成本差异的分配，本月发出材料应分配的成本差异从"材料成本差异"账户转出之后，属于月末库存材料应分配的成本差异仍保留在"材料成本差异"账户内，作为库存材料的调整项目，编制资产负债表时，存货项目内的材料存货，应当列示加（减）材料成本差异后的成本。

第三节 库存商品

一、库存商品概述

库存商品是指企业已经完成全部生产过程并已验收入库，可以作为商品直接对外出售的产品以及企业从外部购入直接出售的商品。包括库存的外购商品、自制商品产品、存放在门市部准备出售的商品、发出展览的商品以及寄存在外库或存放在仓库的商品等。

工业企业的库存商品，主要指产成品。产成品是指企业已经完成全部生产过程并已验收入库，合乎标准规格和技术条件，可以按照合同规定的条件送交订货单位，或者可以作为商品对外销售的产品。企业接受外来原材料加工制造的代制品和为外单位加工修理的代修品，制造和修理完成，验收入库后，视同企业的产成品。已完成销售手续但购买单位在月末未提取的产品，不应作为企业的库存商品，而应作为代管商品处理，单独设置代管商品备查簿进行登记。

二、库存商品核算

（一）账户设置

为了核算和监督库存商品的收发和结存情况，企业应设置“库存商品”账户。该账户属于资产类账户，借方登记验收入库的库存商品的成本，贷方登记发出库存商品的成本，期末借方余额反映企业结存库存商品的实际成本。该账户可按库存商品的种类、品种和规格等进行明细核算。

（二）账务处理

工业企业的库存商品一般应按实际成本进行核算。库存商品的收入、发出和销售，平时只记数量不记金额，月度终了，计算生产完工验收入库产成品的实际成本，按实际成本借记“库存商品”账户，贷记“生产成本——基本生产成本”等账户。对发出和销售的产成品，可以采用先进先出法、月末一次加权平均法、移动加权平均法或者个别计价法等方法确定其实际成本，借记“主营业务成本”等账户，贷记“库存商品”账户。

【例5-10】振兴公司9月共完工入库A产品800件，其成本为9 600元。销售A产品200件，成本为2 400元。

借：库存商品——A产品　　9 600
　　贷：生产成本——基本生产成本（A产品）　　9 600
借：主营业务成本　　2 400
　　贷：库存商品——A产品　　2 400

【例5-11】盛达公司10月产成品入库单如表5-4所示，本月生产完工入库甲产品300件，单位成本600元；验收入库乙产品400件，单位成本800元。

表5-4 产成品入库单

单位：第一车间　　10月31日　　字第574875号

产品编号	产品名称	计量单位	实收数量	单位成本	总成本	备注
101	甲产品	件	300	600.00	180 000.00	
102	乙产品	件	400	800.00	320 000.00	
合计					400 000.00	

主管：赵辉　　复核：马玉　　交库：张明　　制单：李力

借：库存商品——甲产品　　180 000
　　　　　　——乙产品　　320 000
　　贷：生产成本——基本生产成本——甲产品　　180 000
　　　　生产成本——基本生产成本——乙产品　　320 000

【例 5－12】盛达公司 10 月销售甲产品 240 件，总成本 144 000 元；销售乙产品 350 件，总成本 280 000 元。

借：主营业务成本——甲产品　　144 000
　　　　　　　　——乙产品　　280 000
　贷：库存商品——甲产品　　144 000
　　　　　　　——乙产品　　280 000

第四节　委托加工物资

一、委托加工物资概述

委托加工是指委托方提供原料和主要材料，受托方只收取加工费和代垫部分辅助材料的加工。如果由受托方提供原材料或主要材料进行加工，或受托方先将原材料卖给委托方，再接受加工以及由受托方以委托方的名义购进原材料生产的物资等，均不属于委托加工。

委托加工物资是指企业现有的材料物资不能直接用于产品生产，需要送到外单位进行加工的物资。委托加工物资在加工过程中将会改变原有的实物形态，形成一种新的物资，必须重新对委托加工物资进行计价。其实际成本包括：加工中实际耗用物资的成本、支付的加工费用及应负担的运杂费、应由委托加工物资成本负担的增值税和消费税等。

二、委托加工物资核算

（一）账户设置

为了核算委托加工物资的增减变动及结存情况，企业应设置“委托加工物资”账户，该账户属于资产类账户，借方登记委托加工各种材料、商品等物资发生的实际成本，贷方登记委托加工完成并验收入库物资的实际成本或收回剩余物资的实际成本，期末余额在借方，反映企业委托外单位加工尚未完成物资的实际成本。该账户可按加工合同、受托加工单位以及加工物资的品种等进行明细核算。

（二）账务处理

委托加工物资的账务处理主要包括从发出委托加工物资直至加工完毕收回委托加工物资各环节的处理。

1. 发出委托加工物资

企业按发出材料物资的实际成本，借记“委托加工物资”账户，贷记“原材料”账户。采用计划成本核算的，借记“委托加工物资”账户，贷记“原材料”账户，同时结转材料成本差异，借记“委托加工物资”账户，贷记“材料成本差异”账户（实际成本小于计划成本时，用红字登记）。

2. 支付加工费用、税金和运杂费

企业应按支付的加工费、往返运杂费，借记“委托加工物资”账户，贷记“银行存款”等账户。企业支付的增值税，应视不同情况进行处理：凡属于加工物资用于应交增值税项目并取得增值税专用发票的一般纳税人，支付的增值税不计入加工物资的成本，而作为进项税额处理，支付时，借记“应交税费——应交增值税（进项税额）”账户或“应交税费——待认证进项税额”账户，贷记“银行存款”账户；凡属于加工物资用于非应纳增值税项目或免征增值税项目的，以及未取得增值税专用发票的一般纳税人和小规模纳税人的加工物资，应将支付的增值税计入加工物资的成本，支付时，借记“委托加工物资”账户，贷记“银行存款”账户。

3. 缴纳消费税

消费税是在对货物普遍征收增值税的基础上，选择少数消费品再征收的一个税种，消费税实行价内税，只在应税消费品的生产、委托加工和进口环节缴纳，在以后的批发、零售等环节，因为价款中已包含消费税，因此不用再缴纳消费税，税款最终由消费者承担。由于消费税仅在单一环节征收，因此，企业缴纳的消费税，应区别不同情况进行处理：如果企业收回的委托加工物资用于连续生产应税消费品，可以抵扣在委托加工环节缴纳的消费税（仅在单一环节纳税），借记“应交税费——应交消费税”账户，贷记“银行存款”账户等；收回的委托加工物资直接用于销售时，直接计入产品成本（已经征收过），借记“委托加工物资”账户，贷记“银行存款”账户。

4. 加工完成收回加工物资

委托加工物资加工完毕收回时，企业应按加工收回物资的实际成本和剩余物资的实际成本，借记“原材料”“库存商品”等账户，贷记“委托加工物资”账户。委托加工物资从发出到收回的账务处理如表 5－5 所示。

表 5－5 委托加工物资的账务处理

业务内容	账务处理	
	连续生产	直接销售
发出委托加工物资	借：委托加工物资 贷：原材料	借：委托加工物资 贷：原材料
计算加工费、增值税和消费税	借：委托加工物资【加工费】 应交税费——应交增值税（进项税额）/待认证进项税额 ——应交消费税 贷：银行存款	借：委托加工物资【加工费＋消费税】 应交税费——应交增值税（进项税额）/待认证进项税额 贷：银行存款
收回委托加工物资	借：原材料/库存商品【原料＋加工费】 贷：委托加工物资	借：原材料/库存商品【原料＋加工费＋消费税】 贷：委托加工物资

【例 5－13】4 月 8 日振兴公司委托盛达公司加工轴承一批。发出甲材料成本为 40 000 元，双方商定应支付的加工费为 10 000 元，对应的增值税应为 1 700 元。4 月 15 日，收到增值税专用发票（已认证），款项 11 700 元以转账支票付款，并于当日收回轴承。

4 月 8 日发出原材料：

借：委托加工物资——盛达公司 40 000
　　贷：原材料——甲材料 40 000

4 月 15 日收到增值税专用发票并付款：

借：委托加工物资——盛达公司 10 000
　　应交税费——应交增值税（进项税额） 1 700

贷：银行存款　　11 700

4 月 15 日收回加工完成的轴承：

借：原材料——轴承　　50 000

贷：委托加工物资——盛达公司　　50 000

【例 5-14】5 月 10 日，甲公司委托乙公司加工一批 B 材料（属于应税消费品），发出 A 材料的实际成本为 25 000 元，5 月 12 日，支付加工费和往返运杂费 15 000 元、支付由乙公司代收代缴的增值税 1 870 元、消费税 4 000 元，并收到相关发票（发票已认证）。5 月 20 日，甲公司将委托加工的 B 材料收回后验收入库，并计划用于连续生产。

5 月 10 日发出 A 材料：

借：委托加工物资——乙公司　　25 000

贷：原材料——A 材料　　25 000

5 月 12 日支付加工费和运杂费：

借：委托加工物资——乙公司　　15 000

应交税费——应交增值税（进项税额）　　1 870

应交税费——应交消费税　　4 000

贷：银行存款　　20 870

5 月 20 日收回 B 材料：

借：原材料——B 材料　　40 000

贷：委托加工物资——乙公司　　40 000

【例 5-15】7 月 14 日，宏运公司委托广胜公司加工应税消费品一批，发出 C 材料成本为 7 000 元。7 月 24 日，银行存款支付加工费 1 100 元、支付由广胜公司代收代缴的增值税 187 元、消费税 900 元（发票未认证）。7 月 30 日，宏运公司收回应税消费品，计划用于直接对外销售。

7 月 14 日发出 C 材料：

借：委托加工物资——广胜公司　　7 000

贷：原材料——C 材料　　7 000

7 月 24 日支付加工费等：

借：委托加工物资——广胜公司　　2 000

应交税费——待认证进项税额　　187

贷：银行存款　　2 187

7 月 30 日收回应税消费品：

借：库存商品　　8 100

贷：委托加工物资——广胜公司　　8 100

第五节　周转材料

一、周转材料概述

（一）周转材料的概念

周转材料是指企业能够多次使用，逐渐转移其价值但仍保持原有形态，不确认为固定资产的材料。

（二）周转材料的内容

周转材料包括低值易耗品、包装物以及企业（建造承包商）的钢模板、木模板、脚手架等。

1. 低值易耗品

低值易耗品是指不能作为固定资产的各种用具物品（如工具、管理用具、玻璃器皿），以及在生产经营过程中周转使用的包装容器等。低值易耗品属企业的劳动资料，可多次使用而不改变原有的实物形态，使用过程中需要进行维修，报废时有残值，这些与固定资产类似，但低值易耗品属于价值较低或使用年限较短、易损易耗的工具、设备，不包括作为固定资产的各种用具物品。低值易耗品可以在生产过程中多次周转使用而不改变其原有的实物形态，其价值是逐步丧失的，其成本陆续转为费用。因此，低值易耗品被视同存货，作为流动资产核算和管理。

2. 包装物

包装物是指为了包装企业的产品而储备的各种包装容器，如桶、箱、瓶、坛、袋等。具体包括：生产过程中用于包装产品并作为产品的组成部分的包装物；随同产品出售而不单独计价的包装物；随同产品出售，但单独计价的包装物；出租或出借给购买单位使用的包装物。但下列各项不属于包装物核算的范围：各种包装材料，如纸、绳、铁丝、铁皮等，应作为原材料处理；用于储存和保管产品、材料而不对外出售的包装物，应按价值大小和使用年限长短，分别作为固定资产或低值易耗品处理；计划上单独列作企业商品产品的自制包装物，应作为库存商品处理。

二、周转材料核算

（一）账户设置

为了核算和监督周转材料的收入、发出和结存情况，企业应设置“周转材料”账户，该账户属于资产类账户，借方登记企业取得周转材料的实际成本或计划成本，贷方登记发出周转材料的实际成本或计划成本以及摊销价值，期末余额在借方，反映企业在库周转材料的实际成本或计划成本以及在用周转材料的摊余价值。该账户可按低值易耗品、包装物等进行明细核算，即可以设置“周转材料——低值易耗品”和“周转材料——包装物”两个明细科目。

（二）低值易耗品账务处理

1. 取得低值易耗品

企业购入、自制、委托加工完成验收入库低值易耗品时，借记“周转材料——低值易耗品”“应交税费——应交增值税（进项税额）或应交税费——待认证进项税额”账户，贷记“银行存款”等账户。

【例5－16】10月8日，盛达公司购入专用工具一批，取得增值税专用发票并已认证，买价80 000元，增值税额13 600元，签发转账支票支付货款。

借：周转材料——低值易耗品	80 000	
应交税费——应交增值税（进项税额）	13 600	
贷：银行存款		93 600

2. 低值易耗品领用及摊销

企业领用低值易耗品，可以根据低值易耗品的消耗方式、价值大小、使用期限等情况，选择采用一次摊销法或者五五摊销法，将低值易耗品的价值计入有关成本费用。

（1）一次摊销法。

一次摊销法是指在领用低值易耗品时，将其价值一次计入成本、费用的摊销方法。该方法一般适用于价值较低、使用期限短的低值易耗品。领用时，借记“制造费用”“管理费用”等账户，贷记“周转材料——低值易耗品”账户。

（2）五五摊销法。

五五摊销法是指低值易耗品在领用时先摊销其账面价值的一半，在报废时再摊销其账面价值的另一半并注销其总成本的一种摊销方法。该方法适用于一次领用低值易耗品数量较多、价值较大的情况。五五摊销法下，“低值易耗品”账户下设置三个明细账户：“周转材料——低值易耗品——在用”“周转材料——低值易耗品——在库”“周转材料——低值易耗品——摊销”。

【例5－17】 承前【例5－16】10月10日，生产车间领用工具一批，成本780元，管理部门领用工具一批，成本160元，采用一次摊销法摊销。

借：制造费用	780	
管理费用	160	
贷：周转材料——低值易耗品		940

3. 低值易耗品报废

报废时，将报废低值易耗品的残料价值作为当月低值易耗品摊销额的减少，冲减有关成本费用，借记“原材料”等账户，贷记“制造费用”“管理费用”等账户。报废时，将剩余残料出售收入冲减原已记录的成本或费用，借记“银行存款”等账户，贷记“生产成本”“管理费用”等账户。

【例5－18】 10月20日，生产车间报废一批低值易耗品，收回残料价值150元作辅助材料入库。

借：原材料——辅助材料	150	
贷：制造费用		150

【例5－19】 盛达公司基本生产车间领用专用工具一批，实际成本为100 000元，采用五五摊销法进行核算。

领用专用工具时：

借：周转材料——低值易耗品——在用	100 000	
贷：周转材料——低值易耗品——在库		100 000
借：制造费用	50 000	
贷：周转材料——低值易耗品——摊销		50 000

报废时：

借：制造费用	50 000	
贷：周转材料——低值易耗品——摊销		50 000
借：周转材料——低值易耗品——摊销	100 000	
贷：周转材料——低值易耗品——在用		100 000

（三）包装物账务处理

1. 取得包装物

企业购入、自制、委托加工完成验收入库的包装物的核算，与原材料收入的核算完全相同。

2. 生产领用包装物

企业在生产过程中领用的包装物，用于包装产品构成产品组成部分的应计入产品成本，借记“生产成本”账户，贷记“周转材料——包装物”账户。

3. 随同产品出售但不单独计价的包装物

企业领用的包装物，随同产品出售不单独计价的包装物，应于领用时借记“销售费用”账户，贷记“周转材料——包装物”账户。

4. 随同产品出售且单独计价的包装物

企业领用的随同产品出售单独计价的包装物，应于领用时借记“其他业务成本”账户，贷记“周转材料——包装物”账户。

5. 出租包装物

企业出租包装物时，为督促使用单位安全使用并及时归还，应收取一定数额的押金，于使用单位退回包装物时退还对方。同时，为了补偿包装物租用中的价值损耗及修理费用等，企业向使用单位收取一定数额的租金。企业出租包装物收到的租金，借记“库存现金”“银行存款”等账户，贷记“其他业务收入”等账户。企业出租包装物收到的押金，借记“库存现金”“银行存款”等账户，贷记“其他应付款”账户，退回押金时作相反会计分录。对于逾期未退包装物，按没收的押金，借记“其他应付款”账户，按应交的增值税，贷记“应交税费——应交增值税（销项税额）”账户，按其差额，贷记“其他业务收入”账户。

6. 出借包装物

企业出借包装物是指销售产品时将其包装物借给购货单位暂时使用。出借时要收取一定数额的押金，但包装物借用单位无偿使用，因此，出借包装物不收取租金，没有收益。当借用单位归还包装物时，应全额退还其押金。企业出借包装物时，应按包装物的成本借记“销售费用”账户，贷记“周转材料——包装物”账户。

【例5－20】 振兴公司12月发生下列包装物的业务，要求编制会计分录：

（1）12月1日，从盛达公司购入一批包装箱，取得增值税专用发票并通过认证，买价3 600元，增值税额612元，款项已签发转账支票支付；

（2）12月4日，加工车间为生产甲产品领用包装物一批，其实际成本为2 000元；

（3）12月9日，为销售甲产品，领用包装纸箱一批，实际成本为800元，纸箱随同甲产品一起出售但不单独计价；

（4）12月13日，在销售乙产品时随同乙产品出售单独计价的包装物一批，其售价为900元，应收增值税为153元，已通过银行收讫，该批包装物实际成本为820元；

（5）12月18日，销售丙产品时，出租新包装箱10个，每个成本50元，押金按每个60元收取，存入银行。当月收回包装物，收取包装物租金234元，从押金中扣除，其余以现金退回。包装物价值于领用时一次摊销；

（6）12月22日，随丁产品销售出借铁桶20只，每只20元，押金按每只25元收取，铁桶按时收回，押金退还，并通过银行结算。

（1）借：周转材料——包装物	3 600
应交税费——应交增值税（进项税额）	612

贷：银行存款		4 212
（2）借：生产成本——基本生产成本（甲产品）	2 000	
贷：周转材料——包装物		2 000
（3）借：销售费用	800	
贷：周转材料——包装物		800
（4）借：银行存款	1 053	
贷：其他业务收入		900
应交税费——应交增值税（销项税额）		153
借：其他业务成本	820	
贷：周转材料——包装物		820
（5）借：其他业务成本	500	
贷：周转材料——包装物		500
借：银行存款	600	
贷：其他应付款——存入保证金		600
借：其他应付款——存入保证金	600	
贷：其他业务收入		234
库存现金		366
（6）借：销售费用	400	
贷：周转材料——包装物		400
借：银行存款	500	
贷：其他应付款——存入保证金		500
借：其他应付款——存入保证金	500	
贷：银行存款		500

第六节　存货清查与期末计量

一、存货清查

存货清查是指通过对存货的实地盘点，确定存货的实有数量，并与账面结存数核对，从而确定存货实存数与账面结存数是否相符的一种专门方法。企业确定存货的实有数量有两种方法：一种是永续盘存制，另一种是实地盘存制。

（一）存货清查方法

1. 实地盘存制

也称“定期盘存制”，指会计期末通过对全部存货进行实地盘点，以确定存货的结存数量，然后分别乘以各项存货的单价，计算出期末存货的成本，记入各有关存货账户，并据以计算出本期已耗用或已销售存货成本的一种方法。企业平时只在账簿中登记存货的增加数，不记减少数，期末根据清点所得的实存数，计算本期存货的减少数。

本期存货减少（发出）数量 = 期初存货结存数 + 本期存货增加数量 − 期末存货结存数量

2. 永续盘存制

也称"账面盘存制"，指通过设置详细的存货明细账，逐笔或逐日地记录存货收入、发出的数量和金额，以随时结出结余存货的数量和金额的一种存货盘存方法。

期末存货结存数量 = 期初存货结存数量 + 本期存货增加数量 - 本期存货减少数量

3. 实地盘存制与永续盘存制对比（见表5-6）

表5-6 实地盘存制与永续盘存制对比

方法名称	实地盘存制	永续盘存制
做法	以存计耗或以存计销	随时计列存货的收、发、存
计算公式	本期存货减少数量 = 期初存货结存数 + 本期存货增加数量 - 期末存货结存数量	期末存货结存数量 = 期初存货结存数量 + 本期存货增加数量 - 本期存货减少数量
优点	简化日常核算工作	利于存货管理、随时反映收发存
缺点	不能随时反映存货的收发存，掩盖非正常损失	存货明细账的登记工作量大
适用范围	自然消耗大、数量不稳定的鲜活商品	大多存货采用此法

（二）存货清查核算

1. 账户设置

为了核算企业在财产清查中查明的各种存货的盘盈、盘亏和毁损情况，企业应设置"待处理财产损溢"账户，该账户借方登记各种财产物资的盘亏金额或批准转销的盘盈金额，贷方登记发生的各种财产物资的盘盈金额或批准转销的盘亏金额，期末经过处理后无余额。

2. 账务处理

由于原材料的种类繁多，收发频繁，日常收发过程中可能发生计量错误、计算错误、自然损耗，还可能发生损坏变质以及贪污、盗窃等情况，造成账实不符，形成原材料的盘盈盘亏和毁损，企业应及时填写有关存货盘点报告单，及时查明原因，按照规定程序报批处理。

存货清查账务处理的步骤：① 根据"存货盘点报告单"，将盘盈和盘亏的存货作为待处理财产损溢处理，调整存货的账面价值，使账实相符；② 报经领导批准后，根据不同原因和批准处理办法，将待处理财产损溢转销，计入对应的科目。

（1）盘盈、盘亏、毁损的存货。

盘盈的各种材料、产成品、库存商品等存货，借记"原材料""库存商品"等账户，贷记"待处理财产损溢——待处理流动资产损溢"账户。

盘亏、毁损的各种材料、产成品、商品等存货，借记"待处理财产损溢——待处理流动资产损溢"账户，贷记"原材料""库存商品"等账户。材料、产成品、商品采用计划成本（或售价）核算的，还应同时结转成本差异（或商品进销差价），涉及需要转出进项税的，应贷记"应交税费——应交增值税（进项税额转出）"账户。

（2）盘盈、盘亏、毁损的存货经批准后处理。

盘亏、毁损的存货，按管理权限报经批准后处理时，按残料价值，借记"原材料"等账户，按可收回的保险赔偿或过失人赔偿，借记"其他应收款"账户，按"待处理财产损溢——待处理流动资产损溢”账户余额，贷记“待处理财产损溢——待处理流动资产损溢”账户，按其借方差额，属于管理原因造成的，借记“管理费用”账户，属于非正常损失的，借记“营业外支出——非常损失”账户。

盘盈的存货，借记“待处理财产损溢——待处理流动资产损溢”账户，贷记“管理费用”或“营业外收入”账户。

【例 5－21】资料如表 5－7 所示。

表 5－7 甲公司存货盘点报告表

单位：元

存货名称	计量单位	单位成本	结存数量		盘盈		盘亏		原因
			账存	实存	数量	金额	数量	金额	
A 材料	千克	20	2 000	2 050	50	1 000			计量差错

账务处理如下：

借：原材料——A 材料　　1 000
　　贷：待处理财产损溢——待处理流动资产损溢　　1 000
借：待处理财产损溢——待处理流动资产损溢　　1 000
　　贷：管理费用　　1 000

【例 5－22】资料如表 5－8 所示。

表 5－8 甲公司存货盘点报告表

单位：元

存货名称	计量单位	单位成本	结存数量		盘盈		盘亏		原因
			账存	实存	数量	金额	数量	金额	
B 材料	千克	30	1 000	940			60	1 800	定额内损耗

借：待处理财产损溢——待处理流动资产损溢　　1 800
　　贷：原材料——B 材料　　1 800
借：管理费用　　1 800
　　贷：待处理财产损溢——待处理流动资产损溢　　1 800

【例 5－23】资料如表 5－9 所示。

表 5－9 甲公司存货盘点报告表

单位：元

存货名称	计量单位	单位成本	结存数量		盘盈		盘亏		原因
			账存	实存	数量	金额	数量	金额	
C 材料	吨	1 500	1 000	980			20	30 000	洪水冲走

借：待处理财产损溢——待处理流动资产损溢　　30 000
　　贷：原材料——C 材料　　30 000
借：其他应收款——保险公司　　20 000

营业外支出 10 000

贷：待处理财产损溢——待处理流动资产损溢 30 000

【例5-24】甲公司采用实际成本法对存货进行计价，期末盘点存货时发现10 000元的原材料发生毁损，其进项税额为1 700元。查明原因是管理不善造成的毁损，经批准的处理意见是：由保管员赔偿10%，其余部分由企业承担。

（1）盘出原材料毁损时：

借：待处理财产损溢——待处理流动资产损溢 10 000

贷：原材料 10 000

（2）经批准处理：

借：其他应收款 1 170

管理费用 10 530

贷：待处理财产损溢——待处理流动资产损溢 10 000

应交税费——应交增值税（进项税额转出） 1 700

二、存货期末计量

（一）存货期末计量原则

企业期末存货的价值通常是以历史成本来确定。但是，由于存货市价的下跌，存货陈旧、过时、毁损等原因，导致存货的价值减少，采用历史成本不能真实地反映存货的价值，因此，基于谨慎性要求，资产负债表日存货应当按照成本与可变现净值孰低法计量。其中，成本是指期末存货的实际成本，如企业在存货成本的日常核算中采用计划成本法，则成本为调整后的实际成本。可变现净值是指在日常活动中，存货的估计售价减去至完工时估计将要发生的成本、估计的销售费用以及相关税费后的金额。可变现净值的特征表现为存货的预计未来净现金流量，而不是存货的售价或合同价。

存货期末计量原则是成本与可变现净值孰低法，当存货成本低于可变现净值时，存货按成本计量；当可变现净值低于成本时，存货按可变现净值计量。期末对存货采用成本与可变现净值孰低法计量，主要是使存货符合资产的定义。当存货的可变现净值下跌至成本以下时，由此所形成的损失已不符合资产的定义，因而应将这部分损失从资产价值中扣除，计入当期损益。否则，当存货的可变现净值低于其成本价值时，如果仍以其历史成本计价，就会出现虚增资产的现象，导致会计信息失真。因而，企业在期末按如下原则对存货进行计量：

（1）可变现净值预计高于成本，则按照成本计量。

（2）可变现净值低于成本，按可变现净值计量，需要计提减值准备。

（二）可变现净值的确定

企业在确定存货的可变现净值时，应当以取得的确凿证据为基础，并且考虑持有存货的目的、资产负债表日后事项的影响等因素。

1. 直接用于出售的存货可变现净值的确定

可变现净值=估计售价-估计的销售费用和相关税费

可变现净值中估计售价的确定方法：

（1）无合同的，按市场价格确定。

（2）有合同的：

①合同订购的数量≥企业持有的存货数量——以合同价格作为其可变现净值的计量基础；

②合同订购的数量<企业持有的存货数量——分别确定可变现净值。

合同部分——以合同价格作为其可变现净值的计量基础。

超出部分——以产成品或商品的一般销售价格作为计量基础。

【例5-25】9月10日，甲公司与乙公司签订一份不可撤销的销售合同，双方约定，次年2月15日，甲公司应按180 000元/台的价格向乙公司提供A型号的机器10台。12月31日，甲公司A型号机器的账面价值为1 920 000元，数量为12台，单位成本为160 000元/台。12月31日，A型号机器的市场销售价格为200 000元/台。

可变现净值=180 000×10+200 000×2=2 200 0000（元）

2. 需要经过加工的存货可变现净值的确定

确定需要经过加工的存货可变现净值时，要以其生产的产成品的可变现净值与该产品的成本进行比较。

（1）如果用其生产的产成品的可变现净值预计高于成本，则该存货应按照成本计量。

（2）如果用其生产的产成品的可变现净值预计低于成本，则该原材料应按可变现净值计量。其可变现净值为在正常生产经营过程中，以该材料所生产的产成品的估计售价减去至完工时估计将要发生的成本、估计的销售费用以及相关税费后的金额确定。

可变现净值=产品估计售价-至完工进一步加工的成本-估计的销售费用及相关税费

【例5-26】12月31日，C原材料的账面成本为100万元，C原材料的估计售价为90万元；C原材料可用于生产甲商品，至完工估计将要发生的成本为40万元，甲商品的估计售价为160万元，估计的甲商品销售费用及相关税金为8万元。

甲商品可变现净值=甲商品的估计售价-估计的销售费用及相关税金=160-8=152（万元）

因甲商品的可变现净值152万元高于甲商品的成本140万元，C原材料按其本身的成本计量，不计提存货跌价准备。

【例5-27】12月31日，D原材料的账面成本为100万元，D原材料的估计售价为80万元；D原材料用于生产乙商品，假设至完工估计将要发生的成本为40万元，乙商品的估计售价仅为135万元，估计乙商品销售费用及相关税金为7万元。则年末计提存货跌价准备如下：

乙商品可变现净值=乙商品的估计售价-估计的乙商品销售费用及相关税金=135-7=128（万元）

因乙商品的可变现净值128万元低于乙商品的成本140万元，D原材料应当按照原材料的可变现净值计量：

D原材料可变现净值=乙商品的估计售价-将D原材料加工成乙商品估计将要发生的成本-估计的乙商品销售费用及相关税金=135-40-7=88（万元）

（三）存货跌价准备核算

1. 账户设置

为了核算和监督企业存货跌价准备的计提、转回等情况，企业应设置“存货跌价准备”账户。该账户属于资产类账户，是存货各项目的备抵账户。借方登记存货跌价准备的转回和结转金额，贷方登记存货跌价准备的提取金额，期末余额在贷方，反映企业已计提尚未转销的存货跌价准备，该账户按存货项目或类别进行明细核算。

2. 存货跌价准备的计提方法

某期应计提的存货跌价准备 = 当期可变现净值低于成本的差额 - “存货跌价准备”账户原有余额

企业通常应当按单个存货项目计提存货跌价准备。但是对于数量繁多、单价又较低的存货，可以按照存货类别计提存货跌价准备。与在同一地区生产和销售的产品系列相关、具有相同或类似最终用途或目的，且难以与其他项目分开计量的存货，可以合并计提存货跌价准备。

3. 账务处理

（1）存货跌价准备的计提。

资产负债表日，企业应比较存货成本与可变现净值，当成本低于可变现净值时，不需作账务处理，资产负债表日的存货仍按期末账面价值列示；当可变现净值低于成本时，计算出应计提的存货跌价准备，再与已提数进行比较，若应提数大于已提数，应予以补提。企业计提的存货跌价准备，应计入当期损益（资产减值损失）。借记“资产减值损失——计提存货跌价准备”账户，贷记“存货跌价准备”账户。

（2）存货跌价准备的转回。

当以前减记存货价值的影响因素已经消失，减记的金额应当予以恢复，并在原已计提的存货跌价准备金额内（即“存货跌价准备”余额冲减至零为限）转回，转回的金额记入当期损益（资产减值损失）。借记“存货跌价准备”账户，贷记“资产减值损失——计提存货跌价准备”账户。

（3）存货跌价准备的结转。

企业计提了存货跌价准备，如果其中有部分存货已经销售，则企业在结转销售成本时，应同时结转对其已计提的存货跌价准备。借记“存货跌价准备”账户，借记“主营业务成本”“其他业务成本”等账户，贷记“库存商品”账户。

综合账务处理，列表如下（见表 5－10）。

表 5－10　综合账务处理

业务类型	分　录
计提	借：资产减值损失 　　贷：存货跌价准备
转回	借：存货跌价准备 　　贷：资产减值损失
结转	借：主营业务成本 　　存货跌价准备 　　贷：库存商品

【例 5－28】 12 月 31 日，华强公司 A 库存商品的账面成本为 100 万元，估计售价为 80 万元，估计的销售费用及相关税金为 2 万元。则年末计提存货跌价准备如下：

A 商品可变现净值 = A 商品的估计售价 - 估计的销售费用及相关税金 = 80 - 2 = 78（万元）

应计提跌价准备 22 万元：

借：资产减值损失——计提存货跌价准备　22

　　贷：存货跌价准备　22

【例 5－29】振兴公司采用成本与可变现净值孰低法进行期末存货计价。假设公司在2012 年末开始计提存货跌价准备，有关年度某类存货的资料如表 5－11 所示。

表 5－11　有关年度某类存货的资料

日期	实际成本	可变现净值
2012 年 12 月 31 日	18 600	17 520
2013 年 12 月 31 日	23 500	21 000
2014 年 12 月 31 日	20 500	20 000
2015 年 12 月 31 日	24 200	25 000

（1）2012 年年末，应计提的存货跌价准备＝18 600－17 520＝1 080（元）

借：资产减值损失——计提存货跌价准备　1 080

　　贷：存货跌价准备　1 080

（2）2013 年年末，应保持的存货跌价准备＝23 500－21 000＝2 500（元）

应补提的存货跌价准备＝2 500－1 080＝1 420（元）

借：资产减值损失——计提存货跌价准备　1 420

　　贷：存货跌价准备　1 420

（3）2014 年末，应保持的存货跌价准备＝20 500－20 000＝500（元）

应冲减的存货跌价准备＝2 500－500＝2 000（元）

借：存货跌价准备　2 000

　　贷：资产减值损失——计提存货跌价准备　2 000

（4）2015 年年末，可变现净值高于成本，应将已有的存货跌价准备全额冲回。

借：存货跌价准备　500

　　贷：资产减值损失——计提存货跌价准备　500

【例 5－30】2015 年 12 月 20 日，振兴公司销售给盛达公司 A 产品一批，账面成本200 000 元，已计提存货跌价准备 30 000 元。要求编制结转振兴公司产品销售成本的会计分录。

借：主营业务成本——A 产品　170 000

　　存货跌价准备——A 产品　30 000

　　贷：库存商品——A 产品　200 000

本章小结

一、实际成本法下外购原材料的核算

取得原材料	外购原材料	单货同到	借：原材料 　　应交税费——应交增值税（进项税额）/待认证进项税额 　　贷：银行存款（应付账款、应付票据）

续表

<table>
<tr><td rowspan="5">取得原材料</td><td rowspan="3">外购原材料</td><td rowspan="2">单到货未到</td><td>单到</td><td>借：在途物资
应交税费——应交增值税（进项税额）/待认证进项税额
贷：银行存款（应付账款、应付票据）</td></tr>
<tr><td>货到</td><td>借：原材料
贷：在途物资</td></tr>
<tr><td>货到单未到</td><td>月末暂估入账</td><td>借：原材料
贷：应付账款——暂估应付款</td></tr>
<tr><td colspan="3">自制原材料入库</td><td>借：原材料
贷：生产成本</td></tr>
<tr><td colspan="3">投资者投入原材料</td><td>借：原材料
应交税费——应交增值税（进项税额）/待认证进项税额
贷：股本　　【占被投资方股权总额的比例】
资本公积</td></tr>
<tr><td colspan="4">发出原材料</td><td>借：生产成本（制造费用、销售费用、管理费用）
贷：原材料</td></tr>
</table>

二、计划成本法下外购原材料的核算

购入材料	借：材料采购　　【实际成本】 应交税费——应交增值税（进项税额）/待认证进项税额 贷：银行存款（应付账款、应付票据）
材料验收入库	借：原材料　　【计划成本】 贷：材料采购　　【实际成本】 借或贷：材料成本差异　　【计划成本和实际成本的差额】

三、外购材料短缺或毁损的核算

外购材料短缺或毁损的情况	会计处理
运输途中的合理损耗	计入材料的采购成本
供货单位的责任造成的材料短缺	若款项未支付，向银行办理拒付； 若已经支付，可向供货单位要求补货或索赔
运输部门的责任造成的短缺	向运输部门索赔，记入“其他应收款”账户
非常损失或尚待查明原因的材料短缺	先转入“待处理财产损溢”科目核算；待查明原因后再进行处理，属于自然灾害造成的损失，应将扣除残料价值和保险公司赔偿后的净损失转入“营业外支出”；属于无法收回的其他损失，转入“管理费用”

四、低值易耗品的核算

<table>
<tr><th rowspan="2">业务内容</th><th colspan="2">账务处理</th></tr>
<tr><th>一次摊销法</th><th>五五摊销法</th></tr>
<tr><td>取得低值易耗品</td><td>借：周转材料——低值易耗品
应交税费——应交增值税（进项税额）/待认证进项税额
贷：银行存款（应付账款、应付票据）</td><td>借：周转材料——低值易耗品——在库
应交税费——应交增值税（进项税额）/待认证进项税额
贷：银行存款等</td></tr>
<tr><td>低值易耗品领用及摊销</td><td>借：制造费用（管理费用、销售费用）
贷：周转材料——低值易耗品</td><td>借：周转材料——低值易耗品——在用
贷：周转材料——低值易耗品——在库
借：制造费用（管理费用、销售费用）
贷：周转材料——低值易耗品——摊销
【账面价值50%】</td></tr>
<tr><td>低值易耗品报废</td><td>借：原材料（银行存款）
贷：制造费用（管理费用、销售费用）</td><td>借：原材料
管理费用（制造费用、销售费用）
贷：周转材料——低值易耗品——摊销
【账面价值50%】
借：周转材料——低值易耗品——摊销
贷：周转材料——低值易耗品——在用</td></tr>
</table>

五、包装物的核算

<table>
<tr><td colspan="2">取得包装物</td><td>借：周转材料——包装物
应交税费——应交增值税（进项税额）/待认证进项税额
贷：银行存款（应付账款、应付票据）</td></tr>
<tr><td colspan="2">生产领用包装物</td><td>借：生产成本
贷：周转材料——包装物</td></tr>
<tr><td rowspan="2">出售包装物</td><td>不单独计价</td><td>借：销售费用
贷：周转材料——包装物</td></tr>
<tr><td>单独计价</td><td>借：银行存款
贷：其他业务收入
应交税费——应交增值税（销项税额）
借：其他业务成本
贷：周转材料——包装物</td></tr>
</table>

续表

<table>
<tr><td rowspan="3">出租包装物</td><td>收取押金</td><td>借：银行存款
贷：其他应付款</td></tr>
<tr><td>收取租金</td><td>借：银行存款/其他应收款
贷：其他业务收入
借：其他业务成本
贷：周转材料——包装物</td></tr>
<tr><td>退还押金</td><td>借：其他应付款
贷：银行存款</td></tr>
<tr><td colspan="2">出借包装物</td><td>借：销售费用
贷：周转材料——包装物</td></tr>
</table>

六、存货清查业务处理

<table>
<tr><th>时点</th><th>盘 盈</th><th>盘 亏</th></tr>
<tr><td>批准前</td><td>借：原材料
贷：待处理财产损溢——待处理流动资产损溢</td><td>借：待处理财产损溢——待处理流动资产损溢
贷：原材料</td></tr>
<tr><td>批准后</td><td>借：待处理财产损溢——待处理流动资产损溢
贷：管理费用/营业外收入</td><td>借：管理费用 【定额内损耗或管理不善】
其他应收款 【责任人赔偿或保险赔偿】
营业外支出 【非常损失】
贷：待处理财产损溢——待处理流动资产损溢
应交税费——应交增值税（进项税额转出） 【管理不善】</td></tr>
</table>

第五章教学目标、重点、难点＋习题及答案

第六章

固定资产核算

第一节　固定资产取得

固定资产是企业在生产经营过程中使用的主要劳动资料，其数量和质量在一定程度上反映企业生产经营规模的大小和技术装备水平的高低，对企业生产经营活动的开展具有十分重要的作用。由于固定资产的投资额较大，占用企业资金较多，变现能力不如流动资产强，因此，加强固定资产的管理和核算，提高固定资产的使用效益，是会计工作的重要任务。由于固定资产在企业生产经营活动中所起的作用、持续时间、价值转移及补偿方式与其他资产存在差别，会计核算内容也就有所不同。

一、固定资产概述

（一）固定资产的定义

固定资产是指使用寿命超过一个会计年度，为生产商品、提供劳务、出租或经营管理而持有的有形资产。

（二）固定资产的特征

在生产经营过程中，有些固定资产是直接参加劳动过程的，如机器设备、生产工具等；有些固定资产起着辅助生产的作用，如动力设备、传导设备、运输工具等；还有一些固定资产是作为进行生产经营的必要条件而存在的，如房屋、建筑物等。尽管固定资产在生产经营过程中所起的作用各不相同，不过从固定资产的定义看，固定资产具有以下三个特征。

1. 固定资产是为生产商品、提供劳务、出租或经营管理而持有

企业持有固定资产的目的是生产商品、提供劳务、出租或经营管理，企业持有的固定资产是企业的劳动工具或手段，而不是用于出售的产品。这一特征是区别固定资产与劳动产品或商品的重要标志。其中“出租”的固定资产，是指企业以经营租赁方式出租的机器设备类固定资产，不包括以经营租赁方式出租的建筑物，后者属于企业的投资性房地产，不属于固定资产。

2. 固定资产使用寿命超过一个会计年度

固定资产的使用寿命，是指企业使用固定资产的预计期间，或者该固定资产所能生产产

品或提供劳务的数量，比如自用房屋建筑物的使用寿命表现为企业对该建筑物的预计使用年限，对于某些机器设备或运输设备等固定资产，其使用寿命表现为该固定资产所能生产产品或提供劳务的数量，如汽车或飞机等，按其预计行使或飞行里程估计使用寿命。固定资产使用寿命超过一个会计年度，意味着固定资产属于非流动资产，随着使用和磨损，通过计提折旧方式逐渐减少账面价值。

3. 固定资产为有形资产

固定资产具有实物特征，这一特征将固定资产与无形资产区别开来。工业企业所持有的工具、用具、备品备件、维修设备等资产，施工企业所持有的模板、挡板、架料等周转材料，以及地质勘探企业所持有的管材等资产，尽管该类资产具有固定资产的某些特征，如使用年限超过一年，也能够带来经济利益，但由于数量多，单价低，考虑到成本效益原则，在实务中，通常确认为存货。但符合固定资产定义和确认条件的，比如企业（民用航空运输）的高价周转件等，应当确认为固定资产。

（三）固定资产的确认条件

某一资产项目，如果要作为固定资产加以确认，首先需要符合固定资产的定义，此外，还应当同时满足以下两个条件。

1. 与该固定资产有关的经济利益很可能流入企业

资产最重要的特征是预期会给企业带来经济利益。企业在确认固定资产时，需要判断与该固定资产有关的经济利益是否很可能流入企业。如果与该项固定资产有关经济利益很可能流入企业，同时满足固定资产确认的其他条件，那么，企业应确认为固定资产；否则，不应将其确认为固定资产。

在实务中，判断与固定资产有关的经济利益是否很可能流入企业，主要是判断与该固定资产所有权相关的风险和报酬是否转移到了企业。与固定资产所有权相关的风险，是指由于经营情况变化造成的相关收益的变动，以及由于资产闲置、技术陈旧等原因造成的损失；与固定资产所有权相关的报酬是指，在固定资产使用寿命内直接使用该资产而获得的收入，以及处置该资产所实现的利得等。通常，取得固定资产的所有权是判断与固定资产所有权相关的风险和报酬转移到企业的一个重要标志。但是，所有权是否转移，不是判断与固定资产所有权相关的风险和报酬转移到企业的唯一标志，在有些情况下，某项固定资产的所有权虽然不属于企业，但是企业能够控制与该项固定资产有关的经济利益流入企业，这就意味着与该固定资产所有权相关的风险和报酬实质上已经转移到企业，在这种情况下，企业应将该项固定资产予以确认。例如，融资租入的固定资产，企业虽然不拥有固定资产的所有权，但与固定资产所有权相关的风险和报酬实质上已转移到企业（承租人），因此，符合固定资产确认的第一个条件。此外，有些设备比如企业购置的环保设备和安全设备等资产，它们的使用虽然不能直接为企业带来经济利益，但是有助于企业从相关资产中获得经济利益，或者将减少企业未来经济利益的流出，因此，企业应将这些设备作为固定资产予以确认。

2. 该固定资产的成本能够可靠地计量

作为企业资产的重要组成部分，要确认固定资产，企业取得该固定资产所发生的支出必须能够可靠地计量，成本能够可靠地计量是资产确认的一项基本条件，这一条件通常容易满足。但是，有时需要根据所获得的最新资料，对固定资产的成本进行合理的估计。比如，对于已经达到预定可使用状态但尚未办理竣工决算的固定资产，需要根据工程预算、工程造价或者工程实际发生的成本等资料，按估计价值确定其成本，办理竣工决算后，再按照实际成本调整原来的暂估价值。

在实际工作中，各企业应当根据固定资产的定义和确认条件，结合各自的具体情况规范固定资产的确认，并制定出适合本企业实际情况的固定资产目录，作为固定资产核算的依据。

（四）固定资产的分类

企业固定资产种类很多，根据不同的分类标准，可以分成不同的类别。企业应当选择适当的分类标准，将固定资产进行分类，以满足经营管理的需要。

1. 按经济用途分类

（1）生产用固定资产。

这是指直接服务于企业生产、经营过程的各种固定资产。如生产经营用的房屋、建筑物、机器设备、器具、工具等。

（2）非生产用固定资产。

这是指不直接服务于生产、经营过程的各种固定资产。如职工宿舍、食堂、浴室、理发室等使用的房屋、设备等。

按照经济用途对固定资产分类，可以归类反映企业生产经营用固定资产和非生产经营用固定资产之间的组成变化情况，借以考核和分析企业固定资产管理和利用情况，从而促进固定资产的合理配置，充分发挥其效用。

2. 按使用情况分类

（1）使用中的固定资产。

这是指正在使用中的经营性和非经营性的固定资产。由于季节性经营或大修理等原因，暂时停止使用的固定资产仍属于企业使用中的固定资产，企业经营性出租给其他单位使用的固定资产和内部替换使用的固定资产也属于使用中的固定资产。

（2）未使用的固定资产。

这是指已经完工或已购建的尚未交付使用的新增固定资产以及因进行改建、扩建等原因暂时停止使用的固定资产。如企业购建的尚待安装的固定资产、经营任务变更停止使用的固定资产等。

（3）不需用的固定资产。

这是指本企业多余或不适用，需要调配处理的固定资产。

按照固定资产的使用情况分类，有利于企业掌握固定资产的使用情况，便于分析固定资产的利用效率，挖掘固定资产的使用潜力，促使企业合理使用固定资产，也便于企业合理地计提固定资产的折旧。

3. 按所有权分类

（1）自有固定资产。

这是指企业拥有的可供企业自由支配使用的固定资产。

（2）租入固定资产。

这是指企业采用租赁方式从其他单位租入的固定资产。企业对租入的固定资产依照租赁合同拥有使用权，同时负有支付租金的义务，但资产的所有权属于出租单位。租入固定资产可分为经营性租入固定资产和融资性租入固定资产。

4. 按经济用途和使用情况综合分类

（1）经营用固定资产。

（2）非经营用固定资产。

（3）租出固定资产。

（4）不需用固定资产。

（5）未使用固定资产。

（6）土地：是指过去已估价并单独入账的土地。因征用土地而支付的补偿费，应计入与土地有关的房屋、建筑物的价值，不单独作为土地价值入账。企业取得的土地使用权不作为固定资产管理。

（7）融资租入固定资产：是指企业采取融资租赁方式租入的固定资产，在租赁期内，应视同自有固定资产进行管理。

固定资产按经济用途和使用情况综合分类，可以反映生产经营用固定资产和非生产经营用固定资产之间以及生产经营用各类固定资产之间的构成和变化情况，为分析企业固定资产分布、使用情况，促使企业合理配备、充分使用固定资产提供了资料，同时还为正确计提折旧提供了依据。

由于企业的经营性质不同，经营规模各异，对固定资产的分类不可能完全一致，也没有必要强求统一，企业可以根据各自的具体情况和经营管理、会计核算的需要进行必要的分类。

二、取得固定资产（除不动产外）核算

（一）账户设置

为了核算和监督固定资产取得业务，企业需要设置“固定资产”“在建工程”“工程物资”等账户。

1.“固定资产”账户

属于资产类账户，核算企业持有的固定资产的原始价值。建造承包商的临时设施，以及企业购置计算机硬件所附带的、未单独计价的软件，也在该账户核算。借方登记增加固定资产的原始价值，贷方登记减少固定资产的原始价值，期末借方余额反映企业现有固定资产的原始价值。企业应当设置“固定资产登记簿”和“固定资产卡片”，按固定资产类别、使用部门和每项固定资产进行明细核算。

2.“在建工程”账户

属于资产类账户，核算企业基建、更新改造等在建工程发生的支出。借方登记企业各项在建工程的实际支出，贷方登记工程完工交付使用而结转的实际工程成本，期末借方余额反映企业尚未达到预定可使用状态的在建工程的成本。该账户应按“建筑工程”“安装工程”“在安装设备”“待摊支出”以及单项工程等进行明细核算。

3.“工程物资”账户

属于资产类账户，核算企业为在建工程准备的各种物资的成本，包括工程用材料、尚未安装的设备以及为生产准备的工器具等。借方登记购入工程物资的实际成本，贷方登记工程领用、工程完工后剩余结转等原因减少的工程物资的实际成本，期末借方余额反映企业为在建工程准备的各种物资的成本。该账户可按“专用材料”“专用设备”“工器具”等进行明细核算。工程物资发生减值的，可以单独设置“工程物资减值准备”账户，比照“固定资产减值准备”账户进行处理。

企业取得固定资产的方式多种多样，包括外购、建造、投资者投入、非货币性资产交

换、债务重组、企业合并和融资租赁等，取得的方式不同，其成本的具体内容及确定方法也不尽相同。下面主要学习外购、建造等途径取得固定资产的核算。

（二）外购固定资产账务处理

企业外购固定资产的成本，包括购买价款、相关税费、使固定资产达到预定可使用状态前所发生的可归属于该项资产的运输费、装卸费、安装费和专业人员服务费等，其中相关税费包括企业为取得固定资产而缴纳的契税、耕地占用税、车辆购置税等相关税费，不包括可以抵扣的增值税。

1. 购入不需要安装的固定资产

购入不需要安装的固定资产是指企业购入的固定资产不需要安装就可以直接交付使用。企业应按实际支付的归属该项固定资产的实际成本，借记“固定资产”账户，一般纳税人购进固定资产的增值税应区分情况处理，如为当月已认证的可抵扣增值税额，借记“应交税费——应交增值税（进项税额）”账户，如为当月未认证的可抵扣增值税额，借记“应交税费——待认证进项税额”账户，贷记“应付账款”“应付票据”“银行存款”“长期应付款”等账户。

2. 购入需要安装的固定资产

购入需要安装的固定资产是指购入的固定资产需要经过安装以后才能交付使用。其成本应在取得成本的基础上，加上安装调试成本等，作为固定资产的取得成本，先通过“在建工程”账户归集其成本，等达到预定可使用状态时，再由“在建工程”账户转入“固定资产”账户。

企业购入固定资产时，按实际支付的购买价款、运输费、装卸费和其他相关税费等，借记“在建工程”账户，贷记“银行存款”等账户；支付安装费用时，借记“在建工程”账户，借记“应交税费——应交增值税（进项税额）”或借记“应交税费——待认证进项税额”账户，贷记“银行存款”等账户；安装完毕达到预定可使用状态时，按其实际成本，借记“固定资产”账户，贷记“在建工程”账户。

3. 外购多项没有单独标价的固定资产

企业基于产品价格等因素的考虑，可能以一笔款项购入多项没有单独标价的固定资产。如果这些资产均符合固定资产的定义，并满足固定资产的确认条件，则应将各项资产单独确认为固定资产，并按各项固定资产公允价值的比例对总成本进行分配，分别确定各项固定资产的成本。

【例 6-1】甲公司购入一台不需要安装即可投入使用的设备，取得的增值税专用发票上注明的设备价款为 430 000 元，增值税额为 73 100 元，发票尚未认证，另支付运杂费 200 元，款项以银行存款支付。

固定资产的成本 = 430 000 + 200 = 430 200（元）

借：固定资产	430 200	
应交税费——待认证进项税额	73 100	
贷：银行存款		503 300

【例 6-2】乙公司用银行存款购入一台需要安装的设备，增值税专用发票上注明的设备买价为 200 000 元，增值税额为 34 000 元（已认证），支付运输费 10 000 元，支付安装费 30 000元。所有费用均用银行存款支付。

（1）购入时：

借：在建工程	210 000	

应交税费——应交增值税（进项税额）　　34 000
　　贷：银行存款　　244 000

（2）支付安装费时：

借：在建工程　　30 000
　　贷：银行存款　　30 000

（3）设备安装完毕交付使用时：

借：固定资产　　274 000
　　贷：在建工程　　274 000

（三）建造固定资产账务处理

企业可根据生产经营的特殊需要，利用自有的人力、物力条件自行建造固定资产。其成本由建造该项资产达到预定可使用状态前所发生的必要支出构成。包括工程物资成本、人工成本、缴纳的相关税费、应予资本化的借款费用以及应分摊的间接费用等。企业自行建造固定资产，有自营建造和出包建造两种方式。无论采用何种方式，所建固定资产都应当按照实际发生的支出确定其工程成本并单独核算。

1. 自营方式建造固定资产

企业以自营方式建造固定资产，是指企业自行组织工程物资采购、自行组织施工人员从事工程施工完成固定资产的建造。其成本应当按照直接材料、直接人工、直接机械施工费等计量。

企业自营方式建造固定资产，发生的工程成本应通过“在建工程”账户核算。购入工程物资时，借记“工程物资”账户，贷记“银行存款”等账户。领用工程物资时，借记“在建工程”账户，贷记“工程物资”账户。在建工程领用本企业原材料时，借记“在建工程”账户，贷记“原材料”等账户。在建工程领用本企业生产的商品时，借记“在建工程”账户，贷记“库存商品”等账户。涉及增值税、消费税等相关税费的，还应进行相应的账务处理。自营工程发生其他费用（如分配工程人员工资等），借记“在建工程”账户，贷记“银行存款”“应付职工薪酬”等账户。辅助生产部门为工程提供水、电、设备安装、修理、运输等劳务，借记“在建工程”账户，贷记“生产成本——辅助生产成本”等账户。在建工程发生的借款费用满足借款费用资本化条件的，借记“在建工程”账户，贷记“长期借款”“应付利息”等账户。自营工程达到预定可使用状态时，按其成本，借记“固定资产”账户，贷记“在建工程”账户。

【例6－3】振兴公司自建一套设备，购入为该项工程准备的各种物资（含税）495万元，全部用于工程建设。领用本公司生产的货物一批，实际成本为80万元，税务部门确定的计税价格为100万元，增值税税率17%；工程人员应计工资12万元，工程期间应由工程负担的长期借款利息为37万元，以银行存款支付，以存款支付其他费用3万元。工程完工并达到预定可使用状态。

（1）购入工程物资时：

借：工程物资　　4 950 000
　　贷：银行存款　　4 950 000

（2）领用工程物资时：

借：在建工程　　4 950 000

贷：工程物资 4 950 000

(3) 领用本企业生产的货物时：

借：在建工程 970 000

贷：库存商品 800 000

应交税费——应交增值税（销项税额） 170 000

(4) 分配工程人员工资时：

借：在建工程 120 000

贷：应付职工薪酬 120 000

(5) 工程期间发生借款利息：

借：在建工程 370 000

贷：银行存款 370 000

(6) 支付工程发生的其他费用时：

借：在建工程 30 000

贷：银行存款 30 000

(7) 工程完工转入固定资产：

借：固定资产 6 440 000

贷：在建工程 6 440 000

2. 出包方式建造固定资产

企业以出包方式建造固定资产，是指企业通过招标方式将工程项目发包给建造承包商，由建造承包商（即施工企业）组织工程项目施工完成固定资产的建造。企业要与建造承包商签订建造合同，企业是建造合同的甲方，负责筹集资金和组织管理工程建设，通常称为建设单位，建造承包商是建造合同的乙方，负责建筑安装工程施工任务。其成本由建造该项固定资产达到预定可使用状态前所发生的必要支出构成。

企业以出包方式建造固定资产的具体支出，主要由建造承包商核算，“在建工程”账户实际成为企业与建造承包商办理工程价款的结算账户，企业支付给建造承包商的工程价款作为工程成本，通过“在建工程”账户核算。企业按合理估计的发包工程进度和合同规定向建造承包商结算的进度款，借记“在建工程”等账户，贷记“银行存款”“预付账款”等账户；工程完工时按合同规定补付的工程款，借记“在建工程”账户，贷记“银行存款”“预付账款”等账户；工程达到预定可使用状态时，按其成本，借记“固定资产”账户，贷记“在建工程”账户。

【例6-4】建安公司以出包方式建造仓库一座，按规定先预付工程款100 000元，工程完工后，根据工程决算单，补付工程款130 000元，工程验收后交付使用。

(1) 预付工程价款时：

借：在建工程——仓库 100 000

贷：银行存款 100 000

(2) 补付工程价款时：

借：在建工程——仓库 130 000

贷：银行存款 130 000

(3) 工程验收交付使用时：

借：固定资产　230 000

　　贷：在建工程——仓库　230 000

（四）租赁固定资产账务处理

租赁包括两种形式：一种是融资租赁，一种是经营租赁。融资租赁是指实质上转移了与资产所有权有关的全部风险和报酬的租赁。其所有权最终可能转移，也可能不转移。根据实质重于形式的要求，承租企业应将融资租入资产视同企业自有资产进行核算与管理。

如果一项租赁在实质上没有转移与租赁资产所有权有关的全部风险和报酬，那么该租赁应认定为经营租赁。其会计处理较为简单，企业不需将租赁资产资本化，也不必将所承担的付款义务确认为负债。通常情况下，企业应将经营租赁的租金在租赁期内各个期间，按照直线法计入相关资产成本或者当期损益。

三、购进不动产或不动产在建工程核算

购进或建设不动产与其他固定资产的主要区别是：进项税额分两年抵扣的规定导致账务处理不同。一般纳税人2016年5月1日后取得并按固定资产核算的不动产或者2016年5月1日后取得的不动产在建工程，其进项税额按现行增值税制度规定自取得之日起分2年从销项税额中抵扣，应当按取得成本，借记“固定资产”“在建工程”等账户，按当期可抵扣的增值税额，借记“应交税费——应交增值税（进项税额）”账户，按以后期间可抵扣的增值税额，借记“应交税费——待抵扣进项税额”账户，按应付或实际支付的金额，贷记“应付账款”“应付票据”“银行存款”等账户。尚未抵扣的进项税额待以后期间允许抵扣时，按允许抵扣的金额，借记“应交税费——应交增值税（进项税额）”账户，贷记“应交税费——待抵扣进项税额”账户。

【例6－5】2016年6月10日，某A增值税一般纳税人购进厂房大楼一座，该大楼用于公司办公，计入固定资产，并于次月开始计提折旧。6月20日，该纳税人取得该大楼的增值税专用发票并认证相符，专用发票注明的金额为100万元，增值税税额为11万元。

6月10日购进厂房大楼时：

借：固定资产——厂房　1 000 000

　　应交税费——应交增值税（进项税额）　66 000

　　应交税费——待抵扣进项税额　44 000

　　贷：银行存款　1 110 000

剩余的40%于取得扣税凭证的当月起第13个月（2017年6月）抵扣时的会计处理：

借：应交税费——应交增值税（进项税额）　44 000

　　贷：应交税费——待抵扣进项税额　44 000

第二节　固定资产折旧

一、固定资产折旧概述

（一）固定资产折旧的含义

固定资产折旧是固定资产由于磨损和损耗而逐渐转移的价值。这部分价值以折旧费的形

式计入相关成本费用，并从企业的营业收入中得到补偿。折旧的实质在于将固定资产的成本以一定的方式分配到由此资产获取效益的各期，以便使费用与收入配比。固定资产的损耗分为有形损耗和无形损耗两种。有形损耗分为实物损耗和自然损耗，实物损耗是指固定资产在使用过程中其实物形态由于运转磨损等原因发生的损耗。自然损耗指固定资产受自然条件的影响发生的腐蚀性损失。无形损耗指固定资产在使用过程中由于技术进步等非实物磨损、非自然损耗等原因发生的价值损失。

固定资产折旧是指在固定资产的使用寿命内，按照确定的方法对应计折旧额进行的系统分摊。应计折旧额，是指应当计提折旧的固定资产的原价扣除其预计净残值后的余额。如果已对固定资产计提减值准备，还应当扣除已计提的固定资产减值准备累计金额。

（二）影响固定资产折旧的因素

影响固定资产折旧的因素包括固定资产原值、净残值、使用年限、折旧方法以及固定资产产生经济利益的方式等方面。影响折旧的因素主要有以下几个方面：

（1）固定资产原价，是指固定资产的成本。

（2）预计净残值，是指假定固定资产预计使用寿命已满并处于使用寿命终了时的预期状态，企业目前从该项资产处置中获得的扣除预计处置费用后的金额。

（3）固定资产减值准备，是指固定资产已计提的固定资产减值准备累计金额。

（4）固定资产的使用寿命，是指企业使用固定资产的预计期间，或者该固定资产所能生产产品或提供劳务的数量。企业确定固定资产使用寿命时，应当考虑下列因素：该项资产的预计生产能力或实物产量；该项资产预计的有形损耗，如设备使用中发生磨损、房屋建筑物受到自然侵蚀等；该项资产预计的无形损耗，如因新技术的出现而使现有的资产技术水平相对陈旧、市场需求变化使产品过时等；法律或者类似规定对该项资产使用的限制。

企业应当根据固定资产的性质和使用情况，合理确定固定资产的使用寿命和预计净残值。固定资产的使用寿命和预计净残值一经确定，不得随意变更，一旦改变需作为会计估计变更处理。

《中华人民共和国企业所得税法实施条例》第六十条规定，除国务院财政、税务主管部门另有规定外，固定资产计算折旧的最低年限如下：①房屋、建筑物，为 20 年；②飞机、火车、轮船、机器、机械和其他生产设备，为 10 年；③与生产经营活动有关的器具、工具、家具等，为 5 年；④飞机、火车、轮船以外的运输工具，为 4 年；⑤电子设备，为 3 年。

（三）固定资产折旧的范围

1. 空间范围

除以下情况外，企业应当对所有固定资产计提折旧：一是已提足折旧仍继续使用的固定资产（即超龄使用）；二是按照规定单独估价作为固定资产入账的土地（属于历史遗留问题，按现行规定，企业只拥有土地使用权，应通过无形资产核算）。

2. 时间范围

固定资产应当按月计提折旧，当月增加的固定资产，当月不计提折旧，从下月起计提折旧；当月减少的固定资产，当月仍计提折旧，从下月起不计提折旧。

当月固定资产折旧额 = 上月固定资产折旧额 + 上月增加固定资产折旧额 − 上月减少固定资产折旧额

3. 计提折旧应注意的问题

（1）固定资产提足折旧后，不论能否继续使用，均不再计提折旧；提前报废的固定资产，也不再补提折旧。

（2）已达到预定可使用状态但尚未办理竣工决算的固定资产，应当按照估计价值确定其成本，并计提折旧；待办理竣工决算后，再按实际成本调整原来的暂估价值，但不需要调整原已计提的折旧额。

（3）处于更新改造过程停止使用的固定资产不提折旧。更新改造项目达到预定可使用状态转为固定资产后再提折旧。

（4）大修理停用和季节性停用固定资产应照提折旧。

（5）经营租出固定资产和融资租入固定资产计提折旧；经营租入固定资产和融资租出固定资产不计提折旧。

（6）不需用的固定资产计提折旧。

（7）未使用的固定资产计提折旧。

二、固定资产折旧的计算

固定资产由于磨损和其他经济原因而转移到产品成本或期间费用中去的价值，很难用技术的方法正确测定，企业应当根据与固定资产有关的经济利益的预期实现方式，合理选择固定资产折旧方法。可选用的折旧方法包括年限平均法、工作量法、双倍余额递减法和年数总和法。同时要求企业定期对固定资产的折旧方法进行复核，如果固定资产包含的经济利益的预期实现方式有重大改变，则应当相应改变固定资产折旧方法。

（一）平均年限法

平均年限法也叫直线法，是指将固定资产的折旧均衡地分摊到各期的一种方法。采用这种方法计算的每期折旧额均是等额的。

年折旧额 =（固定资产原值 − 预计净残值）/预计使用年限

年折旧率 =（1 − 预计净残值率）/预计使用年限 × 100%

月折旧率 = 年折旧率/12

月折旧额 = 年折旧额/12

【例 6 − 6】甲公司有一幢厂房，原价为 5 000 000 元，预计可使用 20 年，预计报废时的净残值率为 2%。求该厂房的月折旧率和月折旧额。

解：年折旧率 = (1 − 2%)/20 × 100% = 4.9%

月折旧率 = 4.9% ÷ 12 = 0.41%

月折旧额 = 5 000 000 × 0.41% = 20 500（元）

（二）工作量法

工作量法是指根据固定资产在规定的折旧年限内可以完成工作量（如汽车的行驶里程、机器设备的工作小时等）的比例计算折旧额的一种方法。这种方法可以正确为各月使用程度变化相对较大的固定资产计提折旧。

单位工作量折旧额 = 固定资产原值 × (1 − 预计净残值率)/预计总工作量

某项固定资产月折旧额 = 该项固定资产当月工作量 × 单位工作量折旧额

【例 6 − 7】甲公司的一台机器设备原价为 680 000 元，预计生产产品产量为 2 000 000

件，预计净残值率为3%，本月生产产品34 000件。则该台机器设备的月折旧额计算如下：

解： 单位折旧额=680 000×(1-3%)/2 000 000=0.329 8（元）

月折旧额=34 000×0.329 8=11 213.2（元）

（三）双倍余额递减法

双倍余额递减法，是指在不考虑固定资产残值的情况下，根据每期期初固定资产账面净值（原价-累计折旧）和双倍的直线法折旧率计算固定资产折旧额的一种方法。

年折旧率=2/预计使用年限×100%

年折旧额=固定资产账面净值×年折旧率

最后两年折旧额=(固定资产账面净值-预计净残值)/2

【例6-8】 乙公司有一台机器设备原价为600 000元，预计使用寿命为5年，预计净残值率为4%。按双倍余额递减法计算每年折旧额。

解： 年折旧率=2/5×100%=40%

第一年应提的折旧额=600 000×40%=240 000（元）

第二年应提的折旧额=(600 000-240 000)×40%=144 000（元）

第三年应提的折旧额=(600 000-240 000-144 000)×40%=86 400（元）

从第四年起改按年限平均法（直线法）计提折旧：

预计净残值=600 000×4%=24 000元

第四、五年每年应提的折旧额=(600 000-240 000-144 000-86 400-24 000)/2=52 800（元）

（四）年数总和法

又称合计年限法，是将固定资产的原值减去预计净残值后的净额乘以一个逐年递减的分数计算每年的折旧额的方法。

年折旧率=尚可使用年数/预计使用年限的年数总和×100%

=(预计使用年限-已使用年限)/[预计使用寿命×(预计使用寿命+1)÷2]×100%

年折旧额=(固定资产原价-预计净残值)×年折旧率

【例6-9】 乙公司有一台机器设备原价为600 000元，预计使用寿命为5年，预计净残值率为4%。按年数总和法计算折旧，每年折旧额计算如下：

解： 预计净残值=600 000×4%=24 000（元）

第一年折旧额=(600 000-24 000)×5/15=192 000（元）

第二年折旧额=(600 000-24 000)×4/15=153 600（元）

第三年折旧额=(600 000-24 000)×3/15=115 200（元）

第四年折旧额=(600 000-24 000)×2/15=76 800（元）

第五年折旧额=(600 000-24 000)×1/15=38 400（元）

三、固定资产折旧的账务处理

在会计实务中，各月固定资产折旧的计提工作一般是通过按月编制“固定资产折旧计算表”进行的。计提的折旧应当贷记“累计折旧”账户，并根据用途借记相关的成本或者当期损益。

借：在建工程（建造固定资产使用的固定资产提折旧）

制造费用（生产车间使用的固定资产提折旧）
管理费用（管理部门使用的固定资产提折旧）
销售费用（销售部门使用的固定资产提折旧）
其他业务成本（经营租出的固定资产提折旧）
管理费用（闲置不用固定资产计提折旧）
贷：累计折旧

【例6-10】 甲公司2015年12月份固定资产计提折旧情况如下：甲车间厂房计提折旧38 000元，机器设备计提折旧45 000元；管理部门房屋建筑物计提折旧65 000元，运输工具计提折旧24 000元；销售部房屋建筑物计提折旧32 000元，运输工具计提折旧26 300元。本月新购置一台不需要安装的设备投入使用，价值为540 000元，预计使用寿命为10年。采用年限平均法计提折旧，假设预计净残值为零。

借：制造费用——甲车间	83 000	
管理费用	89 000	
销售费用	58 300	
贷：累计折旧		230 300

【例6-11】 企业购入一台需要安装的设备，取得增值税专用发票上注明价款1 000万元，增值税170万元（已认证），运杂费30万元，以银行存款支付。安装过程中领用工程物资100万元，应付安装人员薪酬20万元。当年年末安装完毕投入生产车间使用。该设备预计使用5年，预计净残值率5%，采用年数总和法计提折旧。

要求：

（1）根据资料编制相关会计分录。

（2）计算各年计提的折旧，并编制第一年折旧分录。（以万元为单位）

（1）①借：在建工程	10 300 000	
应交税费——应交增值税（进项税额）	1 700 000	
贷：银行存款		12 000 000
②借：在建工程	1 000 000	
贷：工程物资		1 000 000
③借：在建工程	200 000	
贷：应付职工薪酬		200 000
④借：固定资产	11 500 000	
贷：在建工程		11 500 000

（2）各年计提的折旧如下：

第一年折旧额 $=1\ 150\times(1-5\%)\times5/15=364.17$（万元）

第二年折旧额 $=1\ 150\times(1-5\%)\times4/15=291.33$（万元）

第三年折旧额 $=1\ 150\times(1-5\%)\times3/15=218.5$（万元）

第四年折旧额 $=1\ 150\times(1-5\%)\times2/15=145.67$（万元）

第五年折旧额 $=1\ 150\times(1-5\%)\times1/15=72.83$（万元）

借：制造费用	3 641 700	
贷：累计折旧		3 641 700

【例 6－12】2014 年 4 月 6 日企业购入一台不需要安装的设备，取得增值税发票并认证，发票载明价款 1 000 万元，增值税 170 万元。另支付运输费 20 万元，包装费 10 万元。款项均以银行存款支付。该设备即日投入基本生产车间使用，预计可使用 5 年，预计净残值 50 万元。假定不考虑固定资产减值因素。(以万元为单位)

要求：(1) 编制企业购入设备时的会计分录。

(2) 列示计算企业 2014 年度和 2015 年度的折旧额（按双倍余额递减法计算）。

(3) 编制企业 2014 年末计提折旧的会计分录（假定折旧每年末计提一次）。

(1) 借：固定资产　　10 300 000
　　应交税费——应交增值税（进项税额）　　1 700 000
　　贷：银行存款　　12 000 000

(2) 2014 年折旧率 = 2/5 × 100% = 40%

2014 年度折旧额 = 1 030 × 40% × 8/12 = 274.67（万元）

2015 年度折旧额 = 1 030 × 40% × 4/12 +（1 030 − 1 030 × 40%）× 40% × 8/12 = 302.13（万元）

(3) 借：制造费用　　2 746 700
　　贷：累计折旧　　2 746 700

第三节　固定资产后续支出

一、固定资产后续支出的含义

固定资产的后续支出是指固定资产在使用过程中发生的更新改造支出、修理费用等。为了适应新技术发展的需要，或者为维护或提高固定资产的使用效能，在固定资产投入使用后，企业往往需要对现有固定资产进行维护、改建、扩建或者改良。

固定资产后续支出的处理原则：符合固定资产确认条件的，应当计入固定资产成本，同时将被替换部分的账面价值扣除；不符合固定资产确认条件的，应当计入当期损益。

二、固定资产后续支出的分类

（一）资本化后续支出

1. 含义

与固定资产有关的后续支出如果使可能流入企业的经济利益超过了原先的估计，则应当计入固定资产账面价值。

2. 会计核算步骤

(1) 账面价值转入“在建工程”。企业发生可资本化的固定资产后续支出时，应停止对该固定资产计提折旧，将该固定资产的原价、已计提的累计折旧和减值准备转销，即固定资产的账面价值（固定资产账面价值 = 固定资产原价 − 累计折旧 − 固定资产减值准备）转入在建工程，并在此基础上重新确定固定资产原价。

(2) 固定资产发生的可资本化的后续支出（如领用工程物资、原材料、工程人员薪酬等），通过“在建工程”账户核算。

（3）后续支出完工并达到预定可使用状态时，从“在建工程”账户转到“固定资产”账户，并按重新确定的固定资产原价、使用寿命、预计净残值和折旧方法计提折旧。

（二）费用化后续支出

1. 含义

固定资产投入使用后，所发生的支出只是确保固定资产正常工作状况的维护修理支出，是不符合固定资产确认条件的，属于费用化的后续支出。

2. 核算要求

一般情况下，固定资产投入使用之后，由于固定资产磨损、各组成部分耐用程度不同，可能导致固定资产的局部损坏，为了维护固定资产的正常运转和使用，充分发挥其使用效能，企业将对固定资产进行必要的维护。固定资产的日常修理费用在发生时应直接计入当期损益。

3. 费用化后续支出核算

企业生产车间发生的固定资产修理费用等费用化后续支出计入“制造费用”；行政管理部门发生的固定资产修理费用等后续支出计入“管理费用”；企业专设销售机构发生的与专设销售机构相关的固定资产修理费用等后续支出计入“销售费用”。

【例 6－13】 大海公司于 2014 年 7 月 1 日，开始对一生产用厂房进行改扩建，改扩建前该厂房的原价为 2 000 万元，已提折旧 200 万元，已提减值准备 100 万元。在改扩建过程中领用工程物资 400 万元，领用生产用原材料 200 万元。发生改扩建人员薪酬 50 万元，用银行存款支付其他费用 100 万元。该厂房于 2014 年 12 月 20 日达到预定可使用状态。该企业对改扩建后的厂房采用年限平均法计提折旧，预计尚可使用年限为 20 年，预计净残值为 50 万元。

要求：

（1）编制厂房改扩建业务的会计分录（单位：万元）；

（2）计算 2015 年厂房计提的折旧额并编制会计分录（单位：万元）。

（1）借：在建工程	1 700	
累计折旧	200	
固定资产减值准备	100	
贷：固定资产		2 000
借：在建工程	750	
贷：工程物资		400
原材料		200
应付职工薪酬		50
银行存款		100
借：固定资产	2 450	
贷：在建工程		2 450

（2）2015 年厂房计提的折旧额＝(2 450－50)÷20＝120（万元）

借：制造费用	120	
贷：累计折旧		120

【例 6－14】 2015 年 6 月四海公司对一台未使用设备进行技术改造，准备生产新产品。

该设备原价为52 000元，已提折旧12 000元，拆除部分部件变价收入5 000元，款项存入银行，支付的清理费用800元，领用工程物资10 000元，支付安装人员工资23 000元。2015年8月设备改造完工并交付生产使用，采用年数总和法计提折旧，预计尚可使用年限为5年，预计净残值为1 030元。要求：（1）编制设备技术改造业务的会计分录；（2）计算2015年设备计提的折旧额并编制会计分录。

（1）将设备移交改造工程：

借：在建工程　　40 000

　　累计折旧　　12 000

　　贷：固定资产　　52 000

收到变价收入：

借：银行存款　　5 000

　　贷：在建工程　　5 000

领用工程物资，支付工资和清理费用：

借：在建工程　　33 800

　　贷：工程物资　　10 000

　　　　应付职工薪酬　　23 000

　　　　银行存款　　800

技改工程完工后，经验收合格交付使用：

借：固定资产　　68 800

　　贷：在建工程　　68 800

（2）2015年设备计提的折旧额

$=(68\,800-1\,030)\div 5/15\times 4/12=7\,530$（元）

借：制造费用　　7 530

　　贷：累计折旧　　7 530

【例6－15】2015年6月1日，甲公司对现有的一台生产机器设备进行日常修理，修理过程中发生的材料费100 000元，应支付的维修人员工资为20 000元。

甲会司应作如下会计处理：

借：管理费用　　120 000

　　贷：原材料　　100 000

　　　　应付职工薪酬　　20 000

【例6－16】2015年8月1日，乙公司对其现有的一台管理部门使用的设备进行修理，修理过程中支付维修人员工资为5 000元。

乙公司应作如下会计处理：

借：管理费用　　5 000

　　贷：应付职工薪酬　　5 000

第四节　固定资产期末计量与处置

一、固定资产减值

（一）固定资产减值的处理原则

企业应当在期末或者至少在每年年度终了，对固定资产逐项进行检查，并根据谨慎性原则的要求，合理地预计各项资产可能发生的损失，对可能发生的各项资产损失计提固定资产减值准备。

当企业固定资产的可收回金额低于其账面价值时，即表明固定资产发生了减值，企业应当将该固定资产的账面价值减记至可收回金额，减记的金额确认为资产减值损失，计入当期损益，同时计提相应的资产减值准备。其中可收回金额是指公允价值减去处置费用后的净额与资产预计未来现金流量的现值两者中的较高者。

固定资产减值损失确认后，应当按照新的固定资产的账面价值（扣除预计净残值）以及尚可使用寿命重新计算确定折旧率和折旧额，因固定资产减值准备而调整固定资产折旧额时，对此前已计提的累计折旧不作调整。

（二）固定资产减值核算

1. 账户设置

为了核算固定资产减值准备的计提和转销情况，企业应设置“固定资产减值准备”账户，该账户属于资产类账户，是“固定资产”账户的备抵账户，期末为贷方余额，反映企业已提取的固定资产减值准备。

2. 账务处理

企业所持有的固定资产的账面价值高于其可收回金额的，应按其差额，借记“资产减值损失——计提固定资产减值准备”账户，贷记“固定资产减值准备”账户。固定资产减值损失一经确认，在以后会计期间不得转回。

【例 6－17】2015 年 12 月 31 日，丁公司的某生产线存在可能发生减值的迹象。经计算，该机器的可收回金额合计为 1 230 000 元，账面价值为 1 400 000 元，以前年度未对该生产线计提过减值准备。

借：资产减值损失　　170 000

　　贷：固定资产减值准备　　170 000

二、固定资产清查

固定资产是一种价值较高、使用期限较长的有形资产，因此，对于管理规范的企业而言，盘盈、盘亏固定资产较为少见。企业应当健全制度，加强管理，定期或者至少于每年年末对固定资产进行清查盘点，以保证固定资产核算的真实性，充分挖掘企业现有固定资产的潜力。在固定资产清查过程中，如果发现盘盈、盘亏的固定资产，应填制“固定资产盘盈（盘亏）报告表”，并及时查明原因，写出书面报告，并根据企业的管理权限，经股东大会或董事会，或经理（厂长）会议或类似机构批准后，在期末结账前处理完毕。

（一）固定资产盘盈

企业在财产清查中盘盈的固定资产，根据《企业会计准则》的规定，应作为前期差错进行处理。盘盈的固定资产，在按管理权限报经批准前应先通过“以前年度损益调整”账户核算。盘盈的固定资产，应按以下规定确定其入账价值：如果同类或类似固定资产存在活跃市场，按同类或类似固定资产市场价值，减去按该项固定资产的新旧程度估计的价值损耗后的余额，作为入账价值；如果同类或类似固定资产不存在活跃市场，按该项固定资产的预计未来现金流量的现值，作为入账价值。企业应按上述规定确定的入账价值，借记“固定资产”账户，贷记“以前年度损益调整”账户。

“以前年度损益调整”账户核算企业本年度发生的调整以前年度损益的事项以及本年度发现的重要前期差错更正涉及调整以前年度损益的事项。

（二）固定资产盘亏

固定资产盘亏造成的损失，应计入当期损益。企业在财产清查中盘亏的固定资产，按盘亏固定资产的账面价值，借记“待处理财产损溢”账户，按已计提的累计折旧，借记“累计折旧”账户，按已计提的减值准备，借记“固定资产减值准备”账户，按固定资产的原价，贷记“固定资产”账户。按管理权限报经批准后处理时，按可收回的保险赔偿或过失人赔偿，借记“其他应收款”账户，按应计入营业外支出的金额，借记“营业外支出——盘亏损失”账户，贷记“待处理财产损溢”账户。

【例 6－18】丁公司在财产清查过程中，发现一台未入账的设备，按同类商品市场价格，减去按该项资产的新旧程度估计的价值损耗后的余额为 30 000 元，该盘盈固定资产作为前期差错进行处理。

借：固定资产	30 000	
贷：以前年度损益调整		30 000
借：以前年度损益调整	7 500	
贷：应交税费——应交所得税		7 500
借：以前年度损益调整	22 500	
贷：盈余公积——法定盈余公积		2 250
利润分配——未分配利润		20 250

【例 6－19】乙公司进行财产清查时发现短缺一台笔记本电脑，原价为 10 000 元，已计提折旧 7 000 元。

（1）盘亏固定资产时：

借：待处理财产损溢	3 000	
累计折旧	7 000	
贷：固定资产		10 000

（2）报经批准转销时：

借：营业外支出	3 000	
贷：待处理财产损溢		3 000

三、固定资产处置

（一）固定资产处置的内容

固定资产处置是指由于各种原因使企业固定资产需退出生产经营过程所做的处理活动。包括固定资产的出售、转让、报废、毁损、捐赠、抵债、对外投资、非货币性交易、债务重组等。

（二）固定资产终止确认的条件

固定资产满足下列条件之一的，应当予以终止确认：一是固定资产处于处置状态，二是该固定资产预期通过使用或处置不能产生未来经济利益。在生产经营过程中，对那些不适用或不需用的固定资产，企业可以出售转让。对那些由于使用而不断磨损直至最终报废，或由于技术进步等原因发生提前报废，或由于遭受自然灾害等非常损失发生毁损的固定资产应及时进行清理。按规定程序办理有关手续，结转固定资产账面价值，确认和计量有关的清理收入、清理费用及残料价值等。

（三）固定资产处置核算

1. 账户设置

固定资产处置通过“固定资产清理”账户进行核算，借方登记转销的固定资产账面价值、清理中发生的有关费用及应支付的相关税费及结转净收益；贷方登记收回出售价款、残料价值和变价收入、应收或收到的保险赔偿或过失人的赔偿损失及结转净损失。清理完毕后该账户无余额。

2. 固定资产处置的步骤

（1）固定资产转入清理。企业因出售、转让、报废或毁损的固定资产转入清理时，应按清理固定资产的账面价值，借记“固定资产清理”账户，按已提的折旧，借记“累计折旧”账户，按固定资产原价，贷记“固定资产”账户。

（2）发生的清理费用。固定资产清理过程中发生的清理费用（如支付清理人员的工资等），也应记入“固定资产清理”账户，按实际发生的清理费用，借记“固定资产清理”账户，贷记“银行存款”等账户。

（3）出售收入和残料等的处理。企业收回出售固定资产的价款、报废固定资产的残料价值和变价收入等，应冲减清理支出，按实际收到的出售价款及残料变价收入等，借记“银行存款”、贷记“固定资产清理”账户，同时确认增值税额。

（4）保险赔偿的处理。企业计算或收到的应由保险公司或过失人赔偿的报废、毁损的固定资产的损失，应冲减清理支出，借记“银行存款”或“其他应收款”账户，贷记“固定资产清理”账户。

（5）清理净损益的处理。固定资产清理后发生的净收益，借记“固定资产清理”账户，贷记“营业外收入——处理固定资产净收益”账户。固定资产清理后发生的净损失，属于生产经营期间由于自然灾害等非正常原因造成的损失，借记“营业外支出——非常损失”账户，贷记“固定资产清理”账户；属于生产经营期间正常的处理损失，借记“营业外支出——处置非流动资产损失”账户，贷记“固定资产清理”账户。

【例 6-20】 甲公司出售一座建筑物，其原价为 2 000 000 元，已计提折旧 1 000 000 元，未计提减值准备，实际出售价格为 1 500 000 元，已通过银行收回价款。

（1）转入清理时：

借：固定资产清理	1 000 000	
累计折旧	1 000 000	
贷：固定资产		2 000 000

（2）收回出售固定资产的价款时：

借：银行存款 1 500 000

贷：固定资产清理 1 500 000

（3）结转净损益：

借：固定资产清理 500 000

贷：营业外收入 500 000

【例 6－21】 乙公司现有一台设备由于性能等原因决定提前报废，原价 50 000 元，已计提折旧 45 000 元，未计提减值准备。报废时的残值变价收入为 2 000 元，报废清理过程中发生清理费用 350 元。有关收入、支出均通过银行办理结算。

（1）转入清理时：

借：固定资产清理 5 000

累计折旧 45 000

贷：固定资产 50 000

（2）收回残料变价收入时：

借：银行存款 2 000

贷：固定资产清理 2 000

（3）支付清理费用时：

借：固定资产清理 350

贷：银行存款 350

（4）结转净损益：

借：营业外支出 3 350

贷：固定资产清理 3 350

本章小结

<table>
<tr><th colspan="3">业务内容</th><th>账务处理</th></tr>
<tr><td rowspan="4">固定资产取得</td><td colspan="2">不需安装</td><td>借：固定资产
应交税费——应交增值税（进项税额）
贷：银行存款</td></tr>
<tr><td rowspan="3">需要安装</td><td>支付购买价款</td><td>借：在建工程
应交税费——应交增值税（进项税额）
贷：银行存款</td></tr>
<tr><td>支付安装费</td><td>借：在建工程
贷：银行存款</td></tr>
<tr><td>达到预定可使用状态</td><td>借：固定资产
贷：在建工程</td></tr>
</table>

续表

固定资产取得	自营建造固定资产	购入工程物资	借：工程物资 　　贷：银行存款
		领用工程物资	借：在建工程 　　贷：工程物资
		领用原材料	借：在建工程 　　贷：原材料
		领用本企业生产的产品（视同销售）	借：在建工程 　　贷：库存商品　【成本】 　　　　应交税费——应交增值税（销项税额）
		自营工程发生工资等其他费用	借：在建工程 　　贷：应付职工薪酬（银行存款等）
		辅助生产车间为工程提供劳务支出	借：在建工程 　　贷：生产成本——辅助生产成本
		自营工程达到预定可使用状态	借：固定资产 　　贷：在建工程
	出包	预付工程款	借：预付账款 　　贷：银行存款
		按合理估计的发包工程进度和合同规定结算的进度款	借：在建工程 　　贷：预付账款 　　　　银行存款
		达到预定可使用状态	借：固定资产 　　贷：在建工程
固定资产后续支出	资本化后续支出	固定资产转入改扩建	借：在建工程 　　累计折旧 　　贷：固定资产
		替换原固定资产部件，旧部件的变价收入	借：银行存款（其他应收款）　【变价收入】 　　营业外支出 　　贷：在建工程　【替换部件账面净值】
		发生改扩建工程支出	借：在建工程 　　贷：银行存款
		改扩建工程达到可使用状态	借：固定资产 　　贷：在建工程
	费用化后续支出		借：管理费用 　　销售费用 　　贷：银行存款等

续表

<table>
<tr><th colspan="3">业务内容</th><th>账务处理</th></tr>
<tr><td colspan="3">固定资产折旧</td><td>借：制造费用
管理费用
销售费用
贷：累计折旧</td></tr>
<tr><td rowspan="8">固定资产清理</td><td colspan="2">固定资产转入清理</td><td>借：固定资产清理　【固定资产账面价值】
累计折旧　【已计提的累计折旧】
固定资产减值准备　【已计提的减值准备】
贷：固定资产　【原价】</td></tr>
<tr><td colspan="2">转出不得抵扣进项税额（管理不善导致毁损）</td><td>借：固定资产清理
贷：应交税费——应交增值税（进项税额转出）</td></tr>
<tr><td colspan="2">发生清理费用</td><td>借：固定资产清理
贷：银行存款</td></tr>
<tr><td colspan="2">收到出售收入款</td><td>借：银行存款
贷：固定资产清理
应交税费——应交增值税（销项税额）</td></tr>
<tr><td colspan="2">收到残料</td><td>借：原材料
贷：固定资产清理</td></tr>
<tr><td colspan="2">保险赔款</td><td>借：其他应收款（银行存款）
贷：固定资产清理</td></tr>
<tr><td rowspan="2">清理净损益</td><td>净损失</td><td>借：营业外支出
贷：固定资产清理</td></tr>
<tr><td>净收益</td><td>借：固定资产清理
贷：营业外收入</td></tr>
<tr><td rowspan="5">固定资产清查</td><td rowspan="3">盘盈</td><td>调增固定资产</td><td>借：固定资产
贷：以前年度损益调整</td></tr>
<tr><td>确定应交所得税</td><td>借：以前年度损益调整
贷：应交税费——应交所得税</td></tr>
<tr><td>结转以前年度损益调整</td><td>借：以前年度损益调整
贷：盈余公积——法定盈余公积
利润分配——未分配利润</td></tr>
<tr><td rowspan="2">盘亏</td><td>批准前</td><td>借：待处理财产损溢——待处理固定资产损溢【账面价值】
累计折旧　【已计提累计折旧】
固定资产减值准备　【已计提减值准备】
贷：固定资产　【原价】</td></tr>
<tr><td>批准后</td><td>借：其他应收款　【应收保险赔偿或过失人赔偿】
营业外支出——盘亏损失　【盘亏净损失】
贷：待处理财产损溢——待处理固定资产损溢</td></tr>
</table>

第六章教学目标、重点、难点＋习题及答案

第七章

无形资产核算

一、无形资产概述

（一）无形资产的确认

无形资产是指企业拥有或者控制的没有实物形态的可辨认的非货币性资产。无形资产同时满足以下两个确认条件时，才能予以确认：

（1）与该无形资产有关的经济利益很可能流入企业；

（2）该无形资产的成本能够可靠地计量。

（二）无形资产的特征

1. 无形资产不具有实物形态

无形资产通常表现为某种权利、某项技术或是某种获取超额利润的综合能力。它们不具有实物形态，比如，土地使用权、非专利技术等。无形资产为企业带来经济利益的方式与固定资产不同，固定资产是通过实物价值的磨损和转移来为企业带来未来经济利益，而无形资产很大程度上是通过自身所具有的技术等优势为企业带来未来经济利益，不具有实物形态是无形资产区别于其他资产的特征之一。

2. 无形资产具有可辨认性

无形资产必须是能够区别于其他资产可单独辨认的，如企业持有的专利权、非专利技术、商标权、土地使用权、特许权等。资产满足下列条件之一的，符合无形资产定义中的可辨认标准：一是能够从企业中分离或者划分出来，并能单独或者与相关合同、资产或负债一起，用于出售、转让、授予许可、租赁或者交换；二是源自合同性权利或其他法定权利，无论这些权利是否可以从企业其他权利或义务中转移或者分离。

3. 无形资产属于非货币性资产

非货币性资产，是指企业持有的货币资金和将以固定或可确定的金额收取的资产以外的其他资产。无形资产由于没有发达的交易市场，一般不容易转化为现金，在持有过程中为企业带来未来经济利益的情况不确定，不属于以固定或可确定的金额收取的资产，属于非货币性资产。

4. 无形资产是为企业使用而非出售的资产

企业持有无形资产不是为了出售而是为了生产经营，即利用无形资产来提供商品、提供劳务、出租给他人或为企业经营管理服务。软件公司开发的、用于对外销售的计算机软件，对于购买方而言属于无形资产，而对于开发商而言却是存货。

5. 无形资产在创造经济利益方面存在较大的不确定性

无形资产必须与企业的其他资产结合，才能为企业创造经济利益。“其他资产”包括足够的人力资源、高素质的管理队伍、相关的硬件设备、相关的原材料等。由于无形资产创造经济利益的能力还较多地受外界因素的影响，比如相关新技术更新换代的速度、利用无形资产所生产产品的市场接受程度等，因此，无形资产在创造经济利益方面存在较大不确定性，要求在对无形资产进行核算时持更谨慎的态度。

（三）无形资产的分类

无形资产按是否能够预见为企业带来未来经济利益的使用寿命，分为使用寿命可确定的无形资产和使用寿命不可确定的无形资产。企业应当于取得无形资产时分析判断其使用寿命。企业持有的无形资产，通常来源于合同性权利或是其他法定权利，而且合同规定或法律规定有明确的使用年限；合同或法律没有规定使用寿命的，企业应当综合各方面因素，如与同行业的情况进行比较、参考历史经验，或聘请相关专家进行论证等进行判断，以确定无形资产能为企业带来经济利益的期限。经过上述方法仍无法合理确定无形资产为企业带来经济利益期限的，才能将其作为使用寿命不确定的无形资产。

（四）无形资产的内容

无形资产包括专利权、非专利技术、商标权、著作权、土地使用权及特许权等。

（1）专利权：是指国家专利主管机关依法授予发明创造专利申请人对其发明创造在法定期限内所享有的专有权利，包括发明专利权、实用新型专利权和外观设计专利权。

（2）非专利技术：也称专有技术或技术秘诀，是指不为外界所知、在生产经营活动中已采用了的、不享有法律保护的各种技术和经验。非专利技术一般包括工业专有技术、商业贸易专业技术、管理专有技术等。非专有技术可以用蓝图、配方、技术记录、操作方法的说明等具体资料表现出来，也可以通过卖方派出技术人员进行指导，或接受买方人员进行技术实习等手段表现。非专利技术具有经济性、机密性和动态性等特点。

（3）商标权：商标是用来辨认特定商品或劳务的标记。商标权指专门在某类指定的商品或产品上使用特定的名称或图案的权利。作为特定企业提供的产品或劳务的标志，只要经商标局核准注册便成为在一定期限内受法律保护的商标权。商标权包括独占权和禁止权两个方面。独占使用权指商标权享有人在商标的注册范围内独家使用其商标的权利；禁止权指商标权享有人排除和禁止他人对商标独占使用权进行侵犯的权利。

（4）著作权：又称版权，是指作者对其创作的文学、科学和艺术作品依法享有的某些特殊权利。著作权包括两方面的权利，即精神权利（人身权利）和经济权利（财产权利）。前者指作品署名、发表作品、确认作者身份、保护作品的完整权、修改已经发表的作品等权利，包括发表权、署名权、修改权和保护作品完整权；后者指以出版、表演、广播、展览、录制唱片、摄制影片等方式使用作品以及因授权他人使用作品而获得经济利益的权利。

（5）特许权：又称经营特许权、专营权，是指企业在某一地区经营或销售某种特定商品的权利或是一家企业接受另一家企业使用其商标、商号、技术秘密等权利。前者一般是由政府机构授权，准许企业使用或在一定地区享有经营某种业务的特权，如水、电、邮电通信等专营权、烟草专卖权等；后者指企业间授权，依照签订的合同，有限期或无限期使用另一家企业的某些权利，如连锁店分店使用总店的名称等。

（6）土地使用权：是指国家准许某企业在一定期间内对国有土地享有开发、利用、经营的权利。根据我国土地管理法的规定，我国土地实行公有制，任何单位和个人不得侵占、买卖或者以其他形式非法转让土地。企业取得土地使用权的方式有行政划拨取得、外购取得、投资者投入取得等。

二、无形资产业务核算

（一）账户设置

为了核算和监督无形资产的取得和摊销等业务，企业应设置“无形资产”“研发支出”“累计摊销”“无形资产减值准备”等账户。

（1）“无形资产”账户：属于资产类账户，核算企业持有的无形资产成本，借方登记企业购入、自行创造并按法律程序申请取得的、投资者投入的以及接受捐赠的各种无形资产价值等；贷方登记企业向外单位投资转出、出售无形资产的价值以及分期摊销的无形资产价值，期末借方余额反映企业已入账但尚未摊销的无形资产价值。该账户可按无形资产项目进行明细核算。

（2）“研发支出”账户：属于成本类账户，核算企业进行研究与开发无形资产过程中发生的各项支出。类似固定资产中“在建工程”账户，“研发支出”账户计入资产负债表中开发支出项目。期末借方余额，反映企业正在进行无形资产研究开发项目满足资本化条件的支出。该账户可按研究开发项目，分“费用化支出”“资本化支出”进行明细核算。

（3）“累计摊销”账户：属于资产类账户，是“无形资产”账户的备抵账户，核算企业对使用寿命有限的无形资产计提的累计摊销。借方登记处置无形资产转出的累计摊销额，贷方登记企业按月计提的无形资产摊销额，期末贷方余额反映企业无形资产的累计摊销额。该账户可按无形资产项目进行明细核算。

（4）“无形资产减值准备”账户：为了核算无形资产减值准备的计提和转销情况，企业应设置“无形资产减值准备”账户，该账户属于资产类账户，是“无形资产”账户的备抵账户，借方登记转销的无形资产减值准备；贷方登记计提的无形资产减值准备；余额在贷方，反映已计提但尚未转销的无形资产减值准备。

（二）账务处理

1. 取得无形资产

（1）外购无形资产。

外购无形资产成本包括外购价款、相关税费以及直接归属于使该项资产达到预定用途所发生的其他支出。一般纳税人购进无形资产，按应计入资产的金额，借记“无形资产”账户，按当月已认证的可抵扣增值税额，借记“应交税费——应交增值税（进项税额）”账户，按当月未认证的可抵扣增值税额，借记“应交税费——待认证进项税额”账户，按应付或实际支付的金额，贷记“应付账款”“应付票据”“银行存款”等账户。

【例7-1】 2016年12月20日，甲公司以银行存款支付价款500 000元、增值税85 000元，共计支付585 000元向国外引进一项非专利技术，已取得增值税完税凭证可以抵扣进项税。

借：无形资产——专有技术　　500 000

应交税费——应交增值税（进项税额） 85 000
贷：银行存款 585 000

（2）自行研发无形资产。

企业内部研究开发无形资产的成本，应区分研究阶段支出和开发阶段支出。

研究阶段属于探索性的过程，是为了进一步的开发活动进行资料及相关方面的准备，将来是否能够转入开发、开发后是否会形成无形资产等具有较大的不确定性，为此，企业研究阶段发生的支出，应予以费用化，计入当期损益。开发阶段完成了研究阶段的工作，在很大程度上具备了形成一项新产品或新技术的基本条件，进入开发程序后，对开发过程中的费用如果符合相关条件，就可以资本化。

【例7-2】2015年1月，甲公司开始研发公司产品的某项核心技术。经论证，该研发一旦成功，公司将在未来的市场竞争中处于非常有利的地位，目前公司有足够的财力技术保障该研发的顺利进行。研发过程中发生费用如下：

材料费：2 000万元；人员工资：1 000万元；其他费用500万元，合计3 500万元。其中符合资本化条件的支出有2 800万元。2015年11月5日，该研发成功达到预定用途。

借：研发支出——费用化支出 7 000 000
研发支出——资本化支出 28 000 000
贷：原材料 20 000 000
应付职工薪酬 10 000 000
银行存款 5 000 000

借：管理费用 7 000 000
无形资产 28 000 000
贷：研发支出——费用化支出 7 000 000
研发支出——资本化支出 28 000 000

【例7-3】甲企业自行研究、开发一项技术，截至2014年末发生研发支出共计2 000 000元，经测试完成了研究阶段，从2015年初开始进入开发阶段。2015年发生研发支出300 000元，假设符合《企业会计准则第6号——无形资产》规定的开发支出资本化的条件。2015年6月30日该项研发工作结束，开发出一项非专利技术。

2014年发生的研发支出：

借：研发支出——费用化支出 2 000 000
贷：银行存款 2 000 000

2014年发生的研发支出均属于研究阶段的支出：

借：管理费用 2 000 000
贷：研发支出——费用化支出 2 000 000

2015年发生的开发支出满足资本化确认条件：

借：研发支出——资本化支出 300 000
贷：银行存款 300 000

2015年6月30日该项研发工作完成并形成无形资产：

借：无形资产——非专利技术 300 000
贷：研发支出——资本化支出 300 000

2. 无形资产摊销

（1）无形资产的摊销范围。

使用寿命有限的无形资产按期摊销，使用寿命不确定的无形资产不能摊销，应运用稳健原则，定期复核，进行减值测试后处理。

（2）无形资产的摊销方法。

企业选择摊销方法，应当反映与该项无形资产有关的经济利益的预期实现方式，包括直线法、生产总量法。无法可靠确定预期实现方式的，应当采用直线法摊销。

（3）无形资产摊销期限。

摊销期限为自无形资产可供使用起，至不再作为无形资产确认时止。即当月增加的无形资产当月起开始摊销，当月减少的无形资产当月起不再摊销。

（4）无形资产的残值。

使用寿命有限的无形资产，其残值应当视为零。下列情况除外：①有第三方承诺在无形资产使用寿命结束时购买该无形资产；②可以根据活跃市场得到预计残值信息，并且该市场在无形资产使用寿命结束时很可能存在。

（5）账务处理。

企业应当按月对无形资产进行摊销，其摊销金额一般应计入当期损益。

借：管理费用——无形资产摊销　　　　【自用时】
　　其他业务成本——无形资产摊销　　【出租时】
　　贷：累计摊销

【例7－4】甲企业购买某项专利的原始成本为120 000元，有效期限为5年。请计算月摊销额，编制摊销分录。

月摊销额＝120 000÷（5×12）＝2 000（元）

借：管理费用——无形资产摊销　　2 000
　　贷：累计摊销　　2 000

3. 无形资产后续支出

无形资产后续支出，是指无形资产入账后，为确保该无形资产能够给企业带来预定的经济利益而发生的支出，如企业相关的宣传活动支出；又如企业取得专利权之后，每年支付的年费和维护专利权发生的诉讼费等，这些应该直接计入当期管理费用。由于无形资产的后续支出仅是为了确保已确认的无形资产能够为企业带来预定的经济利益，所以不能资本化。

4. 无形资产减值

每年年末，企业应对无形资产的账面价值进行检查。如果出现减值迹象，应对无形资产的可收回金额进行估计。可收回金额应当根据无形资产的公允价值减去处置费用后的净额与无形资产预计未来现金流量的现值两者之间较高者确定（与固定资产相同）。

会计期末，企业所持有的无形资产的账面价值高于其可收回金额的，企业应当将无形资产的账面价值减记至可收回金额，减记的金额确认为减值损失。已计提的无形资产减值准备以后不得转回。

【例7－5】2015年12月31日，市场上某项技术生产的产品销售势头较好，已对B公司产品的销售产生重大不利影响。B公司外购的同类的专利技术的账面价值为800 000元，剩余摊销年限为4年，经测试，该项专利技术的可收回金额为750 000元。可收回金额低于账面价值 50 000 元（800 000 − 750 000），应按其差额计提减值准备。

借：资产减值损失——无形资产减值准备　50 000
　贷：无形资产减值准备　50 000

5. 无形资产处置

（1）无形资产出售。

这是指将无形资产的所有权让渡给他人。即在出售以后，企业不再对该项无形资产拥有占用、使用、收益、处置的权利。

（2）无形资产出租。

无形资产出租是指企业将所拥有的无形资产的使用权让渡给他人，仍保留对无形资产的所有权。

（3）无形资产报废。

如果无形资产预期不能为企业带来经济利益，应将其报废并予转销，其账面价值转作当期损益。已计提减值准备的应同时结转减值准备。

【例 7－6】A 公司将其购买的一项专利权转让给 B 公司，该专利权的成本为 600 000 元，已摊销 220 000 元，应交税费 30 000 元，实际取得的转让价款为 500 000 元，款项存入银行。试为 A 公司作出账务处理。

借：银行存款　500 000
　累计摊销　220 000
　贷：无形资产——专利权　600 000
　　应交税费——应交增值税（销项税额）　30 000
　　营业外收入——处置非流动资产利得　90 000

【例 7－7】甲公司将 3 年前以 300 000 元购入的使用期限为 10 年的专利权转让使用权，并按月收取使用费，但要负责该专利生产的技术咨询。本月接银行通知，已收到受让方的使用费 40 000 元，增值税率为 6%，咨询人员的工资 2 000 元，本月无形资产摊销额 3 000 元。

取得使用费时：

借：银行存款　40 000
　贷：其他业务收入　40 000

计算应交增值税时：

借：其他业务支出　2 400
　贷：应交税费——应交增值税（销项税额）　2 400

分配咨询人员工资及结转无形资产摊销价值时：

借：其他业务支出　5 000
　贷：应付职工薪酬　2 000
　　累计摊销　3 000

【例 7－8】甲公司 B 专利权年末账面价值 4 000 元，因已被其他新技术所代替，不能为企业带来经济利益，经批准将其账面价值全部转销。该无形资产已计提减值准备 3 000 元。

借：无形资产减值准备　3 000
　营业外支出　1 000
　贷：无形资产——B 专利权　4 000

本章小结

<table>
<tr><td rowspan="3">取得无形资产</td><td>外购</td><td></td><td>借：无形资产
应交税费——应交增值税（进项税额）/待认证进项税额
贷：银行存款</td></tr>
<tr><td rowspan="2">自行研发</td><td>发生</td><td>借：研发支出——资本化支出
——费用化支出
贷：银行存款</td></tr>
<tr><td>结转</td><td>借：管理费用　　【不符合资本化条件的部分】
无形资产　　【符合资本化条件的部分】
贷：研发支出——资本化支出
——费用化支出</td></tr>
<tr><td colspan="3">无形资产摊销</td><td>借：管理费用——无形资产摊销【自用时】
其他业务成本——无形资产摊销【出租时】
贷：累计摊销</td></tr>
<tr><td colspan="3">无形资产发生后续支出</td><td>借：管理费用
贷：银行存款</td></tr>
<tr><td colspan="3">无形资产减值</td><td>借：资产减值损失——无形资产减值准备
贷：无形资产减值准备</td></tr>
<tr><td rowspan="4">无形资产处置</td><td colspan="2">出售</td><td>借：银行存款
累计摊销
无形资产减值准备
营业外支出——处置非流动资产损失
贷：无形资产
应交税费——应交增值税（销项税额）
营业外收入——处置非流动资产利得</td></tr>
<tr><td rowspan="2">出租</td><td>确认租金收入</td><td>借：银行存款
贷：其他业务收入</td></tr>
<tr><td>结转成本</td><td>借：其他业务成本
贷：累计摊销
银行存款</td></tr>
<tr><td colspan="2">报废</td><td>借：累计摊销
营业外支出
贷：无形资产</td></tr>
</table>

第七章教学目标、重点、难点＋习题及答案

第八章

投资性房地产核算

一、投资性房地产概述

（一）投资性房地产的含义

房地产是土地和房屋及其权属的总称，土地是指土地使用权，房屋是指土地上的房屋等建筑物及构筑物。投资性房地产是指为赚取租金或资本增值，或两者兼有而持有的房地产。

（二）投资性房地产的特征

（1）投资性房地产业务属经营性活动。不论是出租建筑物、土地使用权取得租金收入，还是持有并准备增值后转让土地使用权很可能取得的增值收益，都是企业为完成其经营目标所从事的经营性活动以及与之相关的其他活动形成的经济利益总流入。

（2）投资性房地产应当单独核算和反映。投资性房地产在用途、状态、目的等方面区别于作为生产经营场所的房地产和用于销售的房地产，如企业自用的厂房或办公楼应视为固定资产，房地产企业已完工的商品房应作为存货进行管理。

（三）投资性房地产的确认

1. 投资性房地产的确认条件

投资性房地产只有在符合定义的前提下，同时满足下列条件的，才能予以确认：①与该投资性房地产有关的经济利益很可能流入企业；②该投资性房地产的成本能够可靠地计量。对已出租的土地使用权、已出租的建筑物，其作为投资性房地产的确认时点一般为租赁期开始日，即土地使用权、建筑物进入出租状态、开始赚取租金的日期。对持有并准备增值后转让的土地使用权，其作为投资性房地产的确认时点为企业将自用土地使用权停止自用，准备增值后转让的日期。

2. 投资性房地产的范围

（1）已出租的土地使用权：指企业通过出让或转让方式取得并以经营租赁方式出租的土地使用权。但对于以经营租赁方式租入土地使用权再转租给其他单位以及企业计划用于出租但尚未出租的土地使用权不能确认为投资性房地产。

（2）持有并准备增值后转让的土地使用权：指企业通过出让或转让取得的、准备增值后转让的土地使用权，这类土地使用权很可能给企业带来资本增值收益。但按照国家有关规定认定的闲置土地不属于持有并准备增值后转让的土地使用权，也就不属于投资性房地产。

（3）已出租的建筑物：指企业自行建造或开发活动完成后拥有产权的、以经营租赁方式出租的建筑物。但企业以经营租赁方式租入再转租的建筑物以及企业计划用于出租但尚未出租的建筑物不属于投资性房地产。

下列项目不属于投资性房地产：一是自用房地产，是指为生产商品、提供劳务或者经营管理而持有的房地产。如企业为生产经营活动而持有的厂房和办公楼等属于固定资产，其土地使用权属于无形资产。二是作为存货的房地产，是指房地产开发企业在正常经营过程中销售的或为销售而正在开发的商品房和土地。如房地产开发企业持有的商品房属于存货。

投资性房地产具有成本和公允价值两种后续计量模式。企业通常采用成本模式进行投资性房地产核算，只有满足特定条件才可以采用公允价值模式，并且同一企业只能采用一种模式对所有投资性房地产进行后续计量，不得同时采用两种计量模式。成本模式计量的投资性房地产在满足一定条件时，可以转化为公允价值模式计量，应当视为会计政策变更。已经采用公允价值模式计量的投资性房地产，不得从公允价值模式计量转为成本模式计量。

二、成本模式下投资性房地产核算

（一）账户设置

成本模式下，为了核算投资性房地产的取得、后续支出以及后续计量等业务，企业应设置“投资性房地产”“投资性房地产累计折旧（摊销）”“投资性房地产减值准备”等账户。采用成本模式计量的账务处理比较简单，可比照“固定资产”“无形资产”“累计折旧”“累计摊销”“固定资产减值准备”等相关账户处理进行。其中，“投资性房地产”账户借方登记投资性房地产的取得成本，贷方登记企业减少投资性房地产时结转的成本，期末借方余额反映投资性房地产的成本。该账户可按投资性房地产的类别和项目进行明细核算。

（二）账务处理

成本模式下，投资性房地产的账务处理主要包括投资性房地产取得、后续计量、后续支出和处置四个方面。

1. 投资性房地产取得

采用成本模式计量的投资性房地产应当按照成本进行初始计量。投资性房地产可以通过外购、自行建造、所有者投入等方式取得。以下分别对外购与自行建造两种情况进行介绍。

（1）外购投资性房地产。

对于企业外购的房地产，只有在购入房地产的同时意图对外出租或用于资本增值，才能称之为外购的投资性房地产。外购投资性房地产，按照取得时的实际成本进行初始计量。取得时的实际成本包括购买价款、相关税费和可直接归属于该资产的其他支出。企业购入的房地产，部分用于出租（或资本增值）、部分用于自用时，用于出租（或资本增值）的部分应当予以单独确认，应按照不同部分的公允价值占公允价值总额的比例将成本在不同部分之间进行分配。

采用成本模式计量，企业应当按照外购的土地使用权和建筑物发生的实际成本，借记“投资性房地产”账户，按可抵扣的增值税，借记“应交税费——应交增值税（进项税额）”账户，按全部支付的款项贷记“银行存款”等账户。

【例 8－1】2017 年 1 月 1 日，辽宁旭日有限责任公司计划购入一栋写字楼用于对外出租。1 月 10 日，旭日公司与通达公司签订了经营租赁合同，约定自写字楼购买日起将其出租给通达公司，租赁期为 10 年。2 月 1 日，旭日公司购入写字楼，银行存款支付 99 900 000 元，其中价款 90 000 000 元，增值税额 9 900 000 元，旭日公司采用成本模式进行后续计量。

旭日公司的账务处理如下：

借：投资性房地产——写字楼	90 000 000	
应交税费——应交增值税（进项税额）	9 900 000	
贷：银行存款		99 900 000

（2）自行建造投资性房地产。

企业自行建造的房地产，只有在自行建造或开发活动完成（即达到预定可使用状态）的同时开始对外出租或用于资本增值，才能将自行建造的房地产确认为投资性房地产。自行建造投资性房地产的成本，由建造该房地产达到预定可使用状态前发生的必要支出构成，包括土地开发费、建筑成本、安装成本、应予以资本化的借款费用、支付的其他费用和分摊的间接费用等。采用成本模式计量，企业应按照确定的成本，借记“投资性房地产”账户，贷记“在建工程”等账户。

【例 8－2】2016 年 10 月 10 日，辽宁旭日有限责任公司从其他单位购入一块土地，并在这块土地上开始自行建造厂房，2017 年 2 月 1 日，旭日公司预计厂房即将完工，与丰顺公司签订了经营租赁合同，将厂房租赁给丰顺公司使用。租赁合同约定，该厂房于完工时开始起租。2017 年 3 月 5 日，厂房完工。该块土地使用权的成本为 9 000 000 元，厂房的实际造价为 12 000 000 元，旭日公司采用成本模式进行后续计量。

旭日公司的账务处理如下：

借：投资性房地产——厂房	12 000 000	
贷：在建工程——厂房		12 000 000
借：投资性房地产——已出租土地使用权	9 000 000	
贷：无形资产——土地使用权		9 000 000

2. 投资性房地产后续计量

（1）投资性房地产计提折旧或摊销。

企业应当按期（月）计提折旧或摊销，借记“其他业务成本”等账户，贷记“投资性房地产累计折旧（摊销）”。取得的租金收入，借记“银行存款”等账户，贷记“其他业务收入”“应交税费——应交增值税（销项税额）”等账户。

（2）投资性房地产减值。

投资性房地产存在减值迹象的，应当适用资产减值的有关规定，经减值测试后确定发生减值的，应当计提减值准备，借记“资产减值损失”账户，贷记“投资性房地产减值准备”账户。

投资性房地产减值损失一经确认，在以后会计期间不得转回。但遇到出售、对外投资、抵偿债务等处置时，“投资性房地产减值准备”可以转销。

【例 8－3】2016 年 11 月 30 日，辽宁旭日有限责任公司将自用房产出租给昌盛公司，采用成本模式进行后续计量。该房产的成本 6 000 000 元，采用直线法计提折旧，使用寿命 20 年，预计净残值为零。按照合同昌盛公司每月需支付 55 500 元，其中租金 50 000 元，增值税额 5 500 元。2016 年底该房产可收回金额 5 000 000 元。

旭日公司的账务处理如下：

(1) 2016 年 12 月 31 日，计提折旧额 =6 000 000/20/12 =25 000（元）

借：其他业务成本　25 000

　　贷：投资性房地产累计折旧　25 000

(2) 2016 年 12 月 31 日确认租金时：

借：其他应收款——昌盛公司　55 500

　　贷：其他业务收入　50 000

　　　　应交税费——应交增值税（销项税额）　5 500

(3) 2016 年 12 月 31 日账面价值 =6 000 000 -25 000 =5 975 000（元）

发生减值损失 =5 975 000 -5 000 000 =975 000（元）

借：资产减值损失　97 5000

　　贷：投资性房地产减值准备　97 5000

3. 投资性房地产后续支出

(1) 资本化后续支出。

与投资性房地产有关的后续支出，满足投资性房地产确认条件的，应当计入投资性房地产成本。例如，企业为了提高投资性房地产的使用效能，往往需要对投资性房地产进行改建、扩建而使其更加坚固耐用，或者通过装修而改善其室内装潢，改扩建或装修支出满足确认条件的，应当将其资本化。企业对某项投资性房地产进行改扩建等再开发且将来仍作为投资性房地产的，在再开发期间应继续将其作为投资性房地产，再开发期间不计提折旧或摊销。资本化后续支出通过"投资性房地产——在建"核算，发生资本化后续支出时，借记"投资性房地产——在建"、贷记"银行存款"等账户；投资性房地产改扩建工程完工时，借记"投资性房地产"账户，贷记"投资性房地产——在建"账户。

【例 8-4】2016 年 12 月，辽宁旭日有限责任公司与长安公司的一项厂房经营租赁合同即将到期。该厂房原价为 50 000 000 元，已计提折旧 10 000 000 元。为了提高厂房的租金收入，旭日公司决定在租赁期满后对该厂房进行改扩建，并与兴隆公司签订了经营租赁合同，约定自改扩建完工时将该厂房出租给兴隆公司。2016 年 12 月 31 日，与长安公司的租赁合同到期，该厂房随即进入改扩建工程，2017 年 2 月 28 日，该厂房改扩建工程完工，共发生支出 5 000 000 元，均已支付，即日按照租赁合同出租给兴隆公司，旭日公司采用成本模式计量。

旭日公司的账务处理如下：

(1) 2016 年 12 月 31 日，投资性房地产转入改扩建工程：

借：投资性房地产——厂房——在建　40 000 000

　　投资性房地产累计折旧　10 000 000

　　贷：投资性房地产——厂房　50 000 000

(2) 2016 年 12 月 31 日至 2017 年 2 月 28 日，发生改扩建支出：

借：投资性房地产——厂房——在建　5 000 000

　　贷：银行存款　5 000 000

(3) 2017 年 2 月 28 日，改扩建工程完工：

借：投资性房地产——厂房　45 000 000
　贷：投资性房地产——厂房——在建　45 000 000

（2）费用化后续支出。

与投资性房地产有关的后续支出，不满足投资性房地产确认条件的，应当在发生时计入当期损益。例如，企业对投资性房地产进行日常维护所发生的支出。企业在发生投资性房地产费用化的后续支出时，借记“其他业务成本”等账户，贷记“银行存款”等账户。

【例8-5】2017年3月15日，辽宁旭日有限责任公司对某项投资性房地产进行日常维修，领用材料4 000元，用银行存款支付维修支出150 000元。

旭日公司的账务处理如下：

借：其他业务成本　154 000
　贷：银行存款　150 000
　　原材料　4 000

4. 投资性房地产处置

当投资性房地产被处置，或者永久退出使用且预计不能从其处置中取得经济利益时，应当终止确认该项投资性房地产。企业可以通过对外出售或转让的方式处置投资性房地产取得收益。企业出售、转让、报废投资性房地产或者发生投资性房地产毁损，应当将处置收入扣除其账面价值和相关税费后的金额计入当期损益。

采用成本模式计量，企业处置投资性房地产时，应当按实际收到的金额，借记“银行存款”等账户，贷记“其他业务收入”“应交税费——应交增值税（销项税额）”账户；按该项投资性房地产的账面价值，借记“其他业务成本”账户，按其账面余额，贷记“投资性房地产”账户，按照已计提的折旧或摊销，借记“投资性房地产累计折旧（摊销）”账户；原已计提减值准备的，借记“投资性房地产减值准备”账户。

【例8-6】2016年3月1日，辽宁旭日有限责任公司将其出租的一栋写字楼确认为投资性房地产，采用成本模式计量。2017年2月28日，租赁期届满后，旭日公司将该栋写字楼出售给建安公司，合同价款为200 000 000元，增值税额22 000 000元，建安公司已用银行存款付清。出售时，该栋写字楼的成本为180 000 000元，已计提折旧20 000 000元。

旭日公司的账务处理如下：

借：银行存款　222 000 000
　贷：其他业务收入　200 000 000
　　应交税费——应交增值税（销项税额）　22 000 000
借：其他业务成本　160 000 000
　投资性房地产累计折旧　20 000 000
　贷：投资性房地产——写字楼　180 000 000

三、公允价值模式下投资性房地产核算

（一）采用公允价值模式计量的条件

企业有确凿证据表明其投资性房地产的公允价值能够持续可靠取得的，可以对投资性房地产采用公允价值模式进行后续计量。采用公允价值模式计量的投资性房地产，应当同时满足下列条件：

（1）投资性房地产所在地有活跃的房地产交易市场。所在地，通常指投资性房地产所在的城市。对于大中型城市，应当为投资性房地产所在的城区。

（2）企业能够从活跃的房地产交易市场上取得同类或类似房地产的市场价格及其他相关信息，从而对投资性房地产的公允价值作出合理的估计。同类或类似的房地产，对建筑物而言，是指所处地理位置和地理环境相同或相近的建筑物；对土地使用权而言，是指同一位置区域、所处地理环境相同或近似、可使用状况相同或相近的土地。

（二）账户设置

采用公允价值模式计量，企业应设置“投资性房地产”“公允价值变动损益”等账户进行相应核算，“投资性房地产”账户下设置“成本”“公允价值变动”进行明细核算。“投资性房地产”账户的借方登记投资性房地产的取得成本、资产负债表日其公允价值高于账面价值的差额，以及处置或转换投资性房地产时结转的公允价值变动额（下降）等；贷方登记资产负债表日其公允价值低于账面价值的差额，以及企业处置或转换投资性房地产时结转的公允价值变动额（上升）等；期末借方余额反映企业持有的投资性房地产公允价值。

“公允价值变动损益”账户反映了投资性房地产在持有期间因公允价值变动而产生的损益。该账户属于损益类账户，借方登记因投资性房地产公允价值变动而形成的损失金额，贷方登记因投资性房地产公允价值变动而形成的收益金额。期末，应将该账户余额转入“本年利润”账户，结转后该账户无余额。

（三）账务处理

公允价值模式下，投资性房地产的账务处理主要包括投资性房地产取得、后续计量、后续支出和处置四个方面。

1. 投资性房地产取得

企业外购或自行建造投资性房地产时，按发生的实际成本，借记“投资性房地产——成本”账户，按可抵扣的增值税，借记“应交税费——应交增值税（进项税额）”账户，按全部支付的款项，贷记“银行存款”“在建工程”等账户。

【例 8－7】 承接【例 8－1】，假设辽宁旭日有限责任公司拥有的投资性房地产符合采用公允价值模式计量的条件，采用公允价值模式进行初始计量。

旭日公司的账务处理如下：

借：投资性房地产——写字楼——成本	90 000 000	
应交税费——应交增值税（进项税额）	9 900 000	
贷：银行存款		99 900 000

【例 8－8】 承接【例 8－2】，假设辽宁旭日有限责任公司拥有的投资性房地产符合采用公允价值模式计量的条件，采用公允价值模式进行初始计量。

旭日公司的账务处理如下：

借：投资性房地产——厂房——成本	12 000 000	
贷：在建工程——厂房		12 000 000
借：投资性房地产——已出租土地使用权——成本	9 000 000	
贷：无形资产——土地使用权		9 000 000

2. 投资性房地产后续计量

投资性房地产采用公允价值模式进行后续计量的，不计提折旧或摊销。企业应当以资产负债表日投资性房地产的公允价值为基础调整账面价值，公允价值与原账面价值之间的差额计入当期损益。资产负债表日，投资性房地产的公允价值高于其账面余额的差额，借记“投资性房地产——公允价值变动”账户，贷记“公允价值变动损益”账户；公允价值低于其账面余额的差额作相反的账务处理。取得租金收入，借记“银行存款”等账户，贷记“其他业务收入”“应交税费——应交增值税（销项税额）”等账户。

【例8－9】承接【8－7】，2017年12月31日，出租给通达公司的写字楼公允价值为120 000 000元。

旭日公司的账务处理如下：

借：投资性房地产——写字楼——公允价值变动　　30 000 000

　　贷：公允价值变动损益　　30 000 000

3. 投资性房地产后续支出

（1）资本化后续支出。

与投资性房地产有关的后续支出，满足投资性房地产确认条件的，应当计入投资性房地产成本。

【例8－10】2017年1月，辽宁旭日有限责任公司与泰和公司的一项厂房经营租赁合同即将到期。旭日公司决定在租赁期满后对厂房进行改扩建，并约定自改扩建完工时将厂房出租给安运公司。1月30日，与泰和公司的租赁合同到期，厂房随即进入改扩建工程。厂房成本为80 000 000元，累计公允价值变动为4 000 000元。2017年3月10日厂房改扩建工程完工，共发生支出3 000 000元，银行存款支付，即日按照租赁合同出租给安运公司。旭日公司采用公允价值模式计量。

旭日公司的账务处理如下：

（1）2017年1月30日，投资性房地产转入改扩建工程时：

借：投资性房地产——厂房——在建　　84 000 000

　　贷：投资性房地产——厂房——成本　　80 000 000

　　　　　　　　　　　　——公允价值变动　　4 000 000

（2）2017年1月30日—2017年3月10日，发生改扩建工程支出时：

借：投资性房地产——厂房——在建　　3 000 000

　　贷：银行存款　　3 000 000

（3）2017年3月10日，改扩建工程完工时：

借：投资性房地产——厂房——成本　　87 000 000

　　贷：投资性房地产——厂房——在建　　87 000 000

（2）费用化后续支出。

与投资性房地产有关的后续支出，不满足投资性房地产确认条件的，应当在发生时计入当期损益。

4. 投资性房地产处置

采用公允价值模式计量，企业处置投资性房地产时，应当按实际收到的金额，借记“银行存款”等账户，贷记“其他业务收入”“应交税费——应交增值税（销项税额）”账户；按该项投资性房地产的账面余额，借记“其他业务成本”账户，按其成本，贷记“投资性房地产——成本”账户，按其累计公允价值变动，贷记或借记“投资性房地产——公允价值变动”账户，同时结转投资性房地产累计公允价值变动。若存在原转换日计入其他综合收益的金额，也一并结转。

【例 8－11】2017 年 3 月 31 日，辽宁旭日有限责任公司将租赁合同到期的写字楼出售，该写字楼采用公允价值模式计量，成本为 450 000 000 元，公允价值变动为 30 000 000 元。以 555 000 000 元出售，其中价款 500 000 000 元，增值税额 55 000 000 元，出售款项已收讫。

旭日公司的账务处理如下：

借：银行存款　　555 000 000
　　贷：其他业务收入　　500 000 000
　　　　应交税费——应交增值税（销项税额）　　55 000 000
借：其他业务成本　　480 000 000
　　贷：投资性房地产——写字楼——成本　　450 000 000
　　　　　　　　　　——写字楼——公允价值变动　　30 000 000

将投资性房地产累计公允价值变动转入其他业务收入：

借：公允价值变动损益　　30 000 000
　　贷：其他业务收入　　30 000 000

本章小结

业务内容			账务处理
成本模式计量投资性房地产	取得	外购	借：投资性房地产 应交税费——应交增值税（进项税额） 贷：银行存款
		自行建造	借：投资性房地产 贷：在建工程
	后续计量	摊销	借：其他业务成本 贷：投资性房地产累计折旧（摊销）
		减值	借：资产减值损失 贷：投资性房地产减值准备
	后续支出	资本化后续支出	借：投资性房地产——在建 投资性房地产累计折旧（摊销） 贷：投资性房地产
			借：投资性房地产——在建 贷：银行存款
			借：投资性房地产 贷：投资性房地产——在建
		费用化后续支出	借：其他业务成本 贷：银行存款

续表

<table>
<tr><th colspan="3">业务内容</th><th>账务处理</th></tr>
<tr><td rowspan="2">成本模式计量投资性房地产</td><td rowspan="2">处置</td><td>收到处置收入</td><td>借：银行存款
贷：其他业务收入
应交税费——应交增值税（销项税额）</td></tr>
<tr><td>结转账面余额</td><td>借：其他业务成本
投资性房地产累计折旧（摊销）
投资性房地产减值准备
贷：投资性房地产</td></tr>
<tr><td rowspan="11">公允价值模式计量投资性房地产</td><td rowspan="2">取得</td><td>外购</td><td>借：投资性房地产——成本
应交税费——应交增值税（进项税额）
贷：银行存款</td></tr>
<tr><td>自行建造</td><td>借：投资性房地产——成本
贷：在建工程</td></tr>
<tr><td rowspan="2">后续计量</td><td>公允价值高于其账面价值</td><td>借：投资性房地产——公允价值变动
贷：公允价值变动损益</td></tr>
<tr><td>公允价值低于其账面价值</td><td>借：公允价值变动损益
贷：投资性房地产——公允价值变动</td></tr>
<tr><td rowspan="4">后续支出</td><td rowspan="3">资本化后续支出</td><td>借：投资性房地产—在建
贷：投资性房地产——成本
借或贷：投资性房地产——公允价值变动</td></tr>
<tr><td>借：投资性房地产——在建
贷：银行存款</td></tr>
<tr><td>借：投资性房地产——成本
贷：投资性房地产——在建</td></tr>
<tr><td>费用化后续支出</td><td>借：其他业务成本
贷：银行存款</td></tr>
<tr><td rowspan="3">处置</td><td>收到处置收入</td><td>借：银行存款
贷：其他业务收入
应交税费——应交增值税（销项税额）</td></tr>
<tr><td>结转账面余额</td><td>借：其他业务成本
贷：投资性房地产——成本
借或贷：投资性房地产——公允价值变动</td></tr>
<tr><td>结转公允价值变动损益</td><td>借：公允价值变动损益
贷：其他业务收入（或相反分录）</td></tr>
</table>

第八章教学目标、重点、难点 + 习题及答案

第九章

职工薪酬核算

第一节　职工薪酬业务核算

一、职工薪酬概述

（一）职工薪酬的含义

职工是指与企业订立劳动合同的所有人员，含全职、兼职和临时职工，也包括虽未与企业订立劳动合同但由企业正式任命的人员。未与企业订立劳动合同或未由其正式任命，但向企业所提供服务与职工所提供服务类似的人员，也属于职工的范畴，包括通过企业与劳务中介公司签订用工合同而向企业提供服务的人员。

职工薪酬是指企业为获得职工提供的服务或解除劳动关系而给予的各种形式的报酬或补偿，包括短期薪酬、离职后福利、辞退福利和其他长期职工福利。企业提供给职工配偶、子女、受赡养人、已故员工遗属及其他受益人等的福利，也属于职工薪酬。

（二）职工薪酬的内容

1. 短期薪酬

短期薪酬，是指企业在职工提供相关服务的年度报告期间结束后十二个月内需要全部予以支付的职工薪酬，因解除与职工的劳动关系给予的补偿除外。短期薪酬具体包括：职工工资、奖金、津贴和补贴，职工福利费，医疗保险费、工伤保险费和生育保险费等社会保险费，住房公积金，工会经费和职工教育经费，短期带薪缺勤，短期利润分享计划，非货币性福利以及其他短期薪酬。

（1）职工工资、奖金、津贴和补贴。

①职工工资。

计时工资：按照职工实际工作时间计算的工资额。

计件工资：是按照工人生产的合格品的数量（或作业量）和预先规定的计件单价，来计算报酬的一种工资形式。

②奖金：支付给职工的超额劳动报酬和增收节支的劳动报酬。

③津贴和补贴。

津贴是指企业为了补偿职工在特殊的劳动条件和工作环境下的额外劳动消耗和生活费额外支出的一种辅助性工资，比如高温津贴、特殊工种岗位津贴等。

补贴是指为了保证职工工资水平不受物价等因素的影响而支付给职工的一种辅助性工资，比如价格补贴、电价补贴等。

（2）职工福利费。

包括职工医疗费、因公负伤赴外地就医路费；职工生活困难补助；医疗机构人员的工资、医务经费；职工食堂、浴室、理发室、幼儿园人员的工资。

（3）社会保险费和住房公积金。

这里的社会保险费指医疗保险费、工伤保险费、生育保险费等社会保险费，企业缴纳的养老保险、失业保险等社会保险费实质上是向职工提供了离职后福利，《企业会计准则第9号——职工薪酬》将这两种社会保险费调整到离职后福利中。

（4）工会经费和职工教育经费。

建立工会组织的企业，按每月全部职工工资总额的2%向工会拨交经费，工会经费主要用于为职工服务和工会活动。职工教育经费计提后主要用于开展全体员工的教育培训，一般企业按照职工工资总额的2.5%提取职工教育经费。

（5）短期带薪缺勤。

带薪缺勤，是指企业支付工资或提供补偿的职工缺勤，包括年休假、病假、短期伤残、婚假、产假、丧假、探亲假等。

带薪缺勤分为累积带薪缺勤和非累积带薪缺勤。累积带薪缺勤，是指带薪缺勤权利可以结转下期的带薪缺勤，本期尚未用完的带薪缺勤权利可以在未来期间使用。非累积带薪缺勤，是指带薪缺勤权利不能结转下期的带薪缺勤，本期尚未用完的带薪缺勤权利将予以取消，且职工离开企业时也无权获得现金支付。

（6）短期利润分享计划。

利润分享计划，是指因职工提供服务而与职工达成的基于利润或其他经营成果提供薪酬的协议。

（7）非货币性福利。

（8）其他短期薪酬。

2. 离职后福利

离职后福利，是指企业为获得职工提供的服务而在职工退休或与企业解除劳动关系后，提供的各种形式的报酬和福利，短期薪酬和辞退福利除外。

离职后福利计划分为设定提存计划和设定受益计划。离职后福利计划，是指企业与职工就离职后福利达成的协议，或者企业为向职工提供离职后福利制定的规章或办法等。其中，设定提存计划，是指向独立的基金缴存固定费用后，企业不再承担进一步支付义务的离职后福利计划；设定受益计划，是指除设定提存计划以外的离职后福利计划。企业缴纳的养老保险、失业保险、企业年金等实质上向职工提供了离职后福利，属于设定提存计划。

3. 辞退福利

辞退福利，是指企业在职工劳动合同到期之前解除与职工的劳动关系，或者为鼓励职工自愿接受裁减而给予职工的补偿。

4. 其他长期职工福利

其他长期职工福利，是指除短期薪酬、离职后福利、辞退福利之外所有的职工薪酬，包括长期带薪缺勤、长期残疾福利、长期利润分享计划等。

二、职工薪酬的计量

（一）职工薪酬的计量标准

1. 货币性职工薪酬

（1）国家规定了计提基础和计提比例的，应当按照国家规定的标准计提。比如，应向社会保险经办机构等缴纳的医疗保险费、养老保险费、失业保险费、工伤保险费、生育保险费等社会保险费，应向住房公积金管理机构缴存的住房公积金，以及工会经费和职工教育经费等，应当在职工为其提供服务的会计期间，根据工资总额的一定比例计算确定。

（2）国家没有规定计提基础和计提比例的，企业应当根据历史经验数据和实际情况，合理预计当期应付职工薪酬。

2. 非货币性职工薪酬

（1）企业以自产产品或外购商品作为非货币性福利发放给职工的，应当根据受益对象，按照该产品或商品的公允价值，计入相关资产成本或当期损益，同时确认职工薪酬。

（2）将企业拥有的住房等资产无偿提供给职工使用的，应当根据受益对象，将该住房每期应计提的折旧计入相关资产成本或费用，同时确认应付职工薪酬。租赁住房等资产提供给职工无偿使用的，应当根据受益对象，将每期应付的租金计入相关资产成本或费用，并确认应付职工薪酬。难以认定受益对象的非货币性职工薪酬，直接计入管理费用和应付职工薪酬。

（二）职工工资的计算

1. 工资计算的原始依据

（1）工资卡，工资卡主要记录职工的工资级别和工资标准，反映每个职工的基本情况。

（2）考勤记录，考勤记录是登记出勤和缺勤时间及其情况的原始记录，是计算计时工资的主要依据，也是计算计件工资的依据之一。

（3）工时记录，是登记产品生产工人或生产小组在出勤时间内工作时数及其情况的原始记录。

（4）产量记录，是登记产品生产工人或生产小组在出勤时间内完成产品的数量、质量和耗用工时的原始记录。

（5）工资单（又称工资结算单、工资表、工资计算表等）是据以向每个职工发放工资和津贴的原始记录。

（6）工资汇总表，是据以提供企业各部门工资类别并作为发放工资、进行工资分配资料的原始记录。

在上述六项原始记录中，前四项是工资核算的主要原始记录，也是编制工资单的主要依据；工资单是前四项原始记录的货币表现，是工资发放的原始依据；工资汇总表是根据工资单汇总编制的，是编制工资发放记账凭证和工资分配记账凭证的重要依据。

2. 应付工资的计算

应付职工工资是计算实发工资的基础。企业计算出应付工资以后，再减去各种代扣款项，即为实发工资。应付工资的计算公式为：

应付工资 = 计时工资 + 计件工资 + 经常性奖金 + 工资性津贴

实发工资 = 应付工资 - 各项代扣款项

3. 代扣款项的计算

（1）三险一金（个人承担部分的计算比例）如表9－1所示。

表9－1　三险一金（个人承担部分的计算比例）

类别	计算公式
养老保险费	工资×8%
医疗保险费	工资×2%
失业保险费	工资×1%
住房公积金	工资×8%

（2）个人所得税（见表9－2）。

应纳个人所得税 = 全月应纳税所得额 × 税率 - 速算扣除数

全月应纳税所得额 =（应发工资 - 三险一金）- 3 500

表9－2　个人所得税代扣款项的计算

级数	全月应纳税所得额（含税级距）	全月应纳税所得额（不含税级距）	税率/%	速算扣除数
1	不超过1 500元	不超过1 455元的	3	0
2	超过1 500元至4 500元的部分	超过1 455元至4 155元的部分	10	105
3	超过4 500元至9 000元的部分	超过4 155元至7 755元的部分	20	555
4	超过9 000元至35 000元的部分	超过7 755元至27 255元的部分	25	1 005
5	超过35 000元至55 000元的部分	超过27 255元至41 255元的部分	30	2 755
6	超过55 000元至80 000元的部分	超过41 255元至57 505元的部分	35	5 505
7	超过80 000元的部分	超过57 505元的部分	45	13 505

（3）以职工薪酬为基数进行计提的，计提种类和计提比例（见表9－3）。

表9－3　以职工薪酬为基数进行计提的，计提种类和计提比例

类别	计算公式
养老保险费	工资×20%
医疗保险费	工资×8%
失业保险费	工资×2%

续表

类别	计算公式
住房公积金	工资×8%
工会经费	工资×2%
职工教育经费	工资×2.5%
工伤保险费	工资×1%
生育保险费	工资×0.6%

各地计提比例略有不同，表9－3为辽宁省的计提比例。

三、职工薪酬的核算

（一）账户设置

企业为了核算职工薪酬，应当设置“应付职工薪酬”总账账户，进行总账核算，可按“工资、职工福利、社会保险费、住房公积金、工会经费、职工教育经费、非货币性福利、辞退福利、股份支付”等二级科目进行明细核算，“应付职工薪酬”账户贷方登记分配计入有关成本费用项目的职工薪酬金额，借方登记实际发放职工薪酬金额，余额在贷方，反映企业应付未付的职工薪酬金额。

（二）确认原则

1. 短期薪酬确认的相关规定

（1）企业应当在职工为其提供服务的会计期间，根据职工提供服务情况和工资标准等计算应计入职工薪酬的工资总额，并按照受益对象分别计入当期损益或资产成本。

（2）企业发生的职工福利费，应当在实际发生时根据实际发生额计入当期损益或相关资产成本。职工福利费为非货币性福利的，应当按照公允价值计量。

（3）企业为职工缴纳的医疗保险费、工伤保险费、生育保险费等社会保险费和住房公积金，以及按规定提取的工会经费和职工教育经费，应当在职工为其提供服务的会计期间，根据规定的计提基础和计提比例计算确定相应的职工薪酬金额，并确认相应负债，计入当期损益或相关资产成本。

（4）企业应当在职工提供服务从而增加了其未来享有的带薪缺勤权利时，确认与累积带薪缺勤相关的职工薪酬，并以累积未行使权利而增加的预期支付金额计量。企业应当在职工实际发生缺勤的会计期间确认与非累积带薪缺勤相关的职工薪酬。

（5）利润分享计划。

利润分享计划同时满足下列条件的，企业应当确认相关的应付职工薪酬：

①企业因过去事项导致现在具有支付职工薪酬的法定义务或推定义务；

②因利润分享计划所产生的应付职工薪酬金额能够可靠估计。

职工只有在企业工作一段特定期间才能分享利润的，企业在计量利润分享计划产生的应付职工薪酬时，应当反映职工因离职而无法享受利润分享计划福利的可能性。

2. 离职后福利的确认原则

企业应当在职工为其提供服务的会计期间，将根据设定提存计划计算的应缴存金额确认为负债，并计入当期损益或相关资产成本。

3. 辞退福利的确认原则

企业向职工提供辞退福利的，应确认辞退福利产生的职工薪酬，并计入当期损益。

企业向职工提供辞退福利的，应当在下列两者孰早日确认辞退福利产生的职工薪酬，并计入当期损益：

（1）企业不能单方面撤回因解除劳动关系计划或裁减建议所提供的辞退福利时；

（2）企业确认与涉及支付辞退福利的重组相关的成本或费用时。

企业应当按照辞退计划条款的规定，合理预计并确认辞退福利产生的应付职工薪酬。辞退福利预期在其确认的年度报告期结束后十二个月内完全支付的，应当适用短期薪酬的相关规定；辞退福利预期在年度报告期结束后十二个月内不能完全支付的，应当适用其他长期职工福利的有关规定。

4. 其他长期职工福利的确认原则

企业向职工提供的其他长期职工福利，符合设定提存计划条件的，应当按照设定提存计划的有关规定进行会计处理。企业向职工提供的其他长期职工福利，符合设定受益计划条件的，企业应当按照设定受益计划的有关规定，确认和计量其他长期职工福利净负债或净资产。在报告期末，企业应当将其他长期职工福利产生的职工薪酬成本确认为下列组成部分：

（1）服务成本。

（2）其他长期职工福利净负债或净资产的利息净额。

（3）重新计量其他长期职工福利净负债或净资产所产生的变动。

为了简化相关会计处理，上述项目的总净额应计入当期损益或相关资产成本。

（三）账务处理

1. 支付薪酬的账务处理

企业按照有关规定向职工支付工资、奖金、津贴等，借记“应付职工薪酬”账户，贷记“银行存款”“库存现金”等账户。

2. 分配职工薪酬的账务处理

企业应当根据职工提供服务的受益对象，对发生的职工薪酬分别以下情况进行处理：

（1）生产部门人员的职工薪酬，借记“生产成本”“制造费用”“劳务成本”账户，贷记“应付职工薪酬”账户。

（2）管理部门人员的职工薪酬，借记“管理费用”账户，贷记“应付职工薪酬”账户。

（3）销售人员的职工薪酬，借记“销售费用”账户，贷记“应付职工薪酬”账户。

（4）应由在建工程、研发支出负担的职工薪酬，借记“在建工程”“研发支出”账户，贷记“应付职工薪酬”账户。

3. 代扣应由职工个人承担的保险和公积金的账务处理

根据会计准则，对于个人承担的社会保险费部分，由企业代扣，借记“应付职工薪酬”账户，贷记“其他应付款——社会保险费（养老、医疗、失业保险）”账户。同理，对于个人承担的住房公积金，应借记“应付职工薪酬——短期薪酬”科目，贷记“其他应付款——住房公积金”账户。

4. 单位承担的保险和公积金的账务处理

单位承担社会保险费部分按照受益计划的有关规定，借记“管理费用、销售费用、研发支出、制造费用、生产成本、劳务成本、在建工程”等账户，贷记“应付职工薪酬——

社会保险费”账户。同理，对于单位承担住房公积金部分，应借记有关成本费用账户，贷记“应付职工薪酬——住房公积金”账户。

5. 实际缴纳社会保险费和住房公积金的账务处理

应区分个人承担部分和企业承担部分进行处理。单位承担部分上缴时，应借记“应付职工薪酬——社会保险费”“应付职工薪酬——住房公积金”账户，贷记“银行存款”账户；个人承担部分上缴时，应借记“其他应付款——社会保险费（养老、医疗、失业保险）”“其他应付款——住房公积金”账户，贷记“银行存款”账户。

6. 企业代扣代缴个人所得税的账务处理

应通过“应交税费——应交个人所得税”账户（或“其他应付款——代扣个人所得税”账户），在提取应付薪金的同时，提取应代扣代缴的个人所得税，记入“应付职工薪酬”账户的借方和“应交税费——应交个人所得税”账户的贷方；税款实际解缴入库时，记入“应交税费——应交个人所得税”账户的借方和“银行存款”账户的贷方。

【例9－1】2016年2月20日甲公司分配本月工资费用：生产车间工人为400 000元，车间管理人员为50 000元，行政管理部门人员为100 000元，试制专利产品人员为150 000元。

借：生产成本——基本生产成本　　400 000
　　制造费用　　50 000
　　管理费用　　100 000
　　研发支出　　150 000
　　贷：应付职工薪酬——工资　　700 000

【例9－2】承【例9－1】，甲公司2016年2月28日发放工资，应发工资总额为700 000元，实发工资总额为535 000元，其中代扣应由职工个人负担的社会保险费共计100 000元（此金额为养老保险、医疗保险和失业保险的合计，可并入“社会保险费”中简便核算），代扣住房公积金60 000元，代扣个人所得税5 000元。

借：应付职工薪酬——工资　　700 000（应发工资数）
　　贷：其他应付款——社会保险费　　100 000
　　　　　　　　　——住房公积金　　60 000
　　　　应交税费——应交个人所得税　　5 000
　　　　银行存款　　535 000（实发工资数）

【例9－3】甲公司2016年3月10日确认应向社会保险机构缴纳“五险”118 000元，“一金”16 000元，共计134 000元，其中，应计入基本生产车间生产成本89 600元，应计入制造费用19 600元，应计入管理费用20 160元，应计入销售费用4 640元。

借：生产成本　　89 600
　　制造费用　　19 600
　　管理费用　　20 160
　　销售费用　　4 640
　贷：应付职工薪酬——社会保险费　　118 000
　　　应付职工薪酬——住房公积金　　16 000

【例9－4】承【例9－2】【例9－3】，3月11日以银行存款支付代扣个人部分社会保险费 100 000 元和住房公积金 60 000 元；支付代扣个人所得税 5 000 元；支付单位负担社会保险费 118 000 元和住房公积金 16 000 元，合计 299 000 元。

借：其他应付款——社会保险费	100 000	
——住房公积金	60 000	
应交税费——应交个人所得税	5 000	
应付职工薪酬——社会保险费	118 000	
应付职工薪酬——住房公积金	16 000	
贷：银行存款		299 000

第二节 其他职工薪酬业务

一、其他职工薪酬的范围

其他职工薪酬包括职工福利费、工会经费和职工教育经费、非货币性福利、因解除与职工的劳动关系给予的补偿、其他与获得职工提供的服务相关的支出。

二、其他职工薪酬的核算

其他职工薪酬的核算，应设置“应付职工薪酬”一级科目，在其下根据薪酬类别如福利费、离职后福利、辞退福利、带薪休假费用等设置二级科目，如“辞退福利”“职工福利费”“工会经费”“职工教育经费”“解除职工劳动关系补偿”“非货币性福利”等二级科目。

（一）职工福利费、工会经费和职工教育经费的核算

1. 职工福利费的核算

（1）职工福利费的范围。

职工福利费是指企业通过举办集体福利设施、设立各种补贴、提供服务等形式，为职工改善和提高生活质量所提供的物质帮助。职工福利包括集体福利和个人福利两部分，以集体福利为主，对于非独立法人和非营利性的职工医院、浴室、食堂餐饮等发生的费用均可在福利费中列支。个人福利主要是为个别职工的特殊生活困难提供必要的货币补贴，直接支付给困难者，如职工生活困难补助等。值得注意的是，下列费用不属于职工福利费的开支范围：退休职工的费用，被辞退职工的补偿金，职工劳动保护费，职工在病假、生育假、探亲假期间领取到的补助，职工的学习费，职工的伙食补助费（包括职工在企业的午餐补助和出差期间的伙食补助）等。

（2）职工福利费的会计核算。

企业通过“应付职工薪酬——职工福利费”账户，归集核算发生的职工福利费支出。福利费通常据实列支，也可以先提后用，本书采取先提后用的方式。

计提福利费时，按照“谁受益谁负担”的原则，借记“生产成本（为生产产品服务）”“管理费用（管理部门人员）”“销售费用（销售部门人员）”“在建工程（在建工程人员）”“研发支出（开发人员）”账户，贷记“应付职工薪酬——职工福利费”账户。

实际支出福利费时，借记“应付职工薪酬——职工福利费”账户，贷记“银行存款”

或“库存现金”账户。

《企业所得税法实施条例》第四十条规定，企业发生的职工福利费支出，不超过工资薪金总额14%的部分，准予扣除，不属于财政部规定的企业计提比例的部分，其会计处理应遵循财政部的有关规定。因此，职工福利费在会计处理上没有规定计提比例，企业可以根据实际情况采用先提取后使用的方法，但提取比例由企业根据自身实际情况合理确定。当期实际发生金额大于预计金额的，应当补提应付职工薪酬；当期实际发生金额小于预计金额的，应当冲回多提的应付职工薪酬。

【例9－5】某企业某月按工资总额的一定比例计提职工福利费如下：直接生产人员为3 000元，车间管理人员为500元，办公室人员为600元，销售人员为1000元。账务处理如下：

借：生产成本	3 000	
制造费用	500	
管理费用	600	
销售费用	1 000	
贷：应付职工薪酬——职工福利费		5 100

2. 工会经费的核算

工会经费，是指工会依法取得并开展正常活动所需的费用。工会经费的主要来源是工会会员缴纳的会费和按每月全部职工工资总额的2%向工会拨交的经费这两项，其中2%工会经费是经费的最主要来源，也是本节研究的内容。

企业每月应按全部职工实际工资总额的2%向本企业工会拨交工会经费。计提工会经费时，按照“谁受益谁负担”的原则借记“管理费用”等成本费用类账户，贷记“应付职工薪酬——工会经费”账户。拨付工会经费时，根据工会开具的专用收据，借记“应付职工薪酬——工会经费”账户，贷记“银行存款”等账户。

3. 职工教育经费的核算

职工教育经费是指企业按工资总额的一定比例提取用于职工教育事业的一项费用，是企业为职工学习先进技术和提高文化水平而支付的费用。职工教育经费按照工资总额的2.5%计提。

企业按照比例计提职工教育经费时，按照“谁受益谁负担”的原则借记“管理费用”等成本费用类账户，贷记“应付职工薪酬——职工教育经费”账户。发生职工教育经费支出时，借记“应付职工薪酬——职工教育经费”账户，贷记“银行存款”等账户。

【例9－6】某公司2015年5月份工资总额为50万元，公司规定职工福利费、工会经费和职工教育经费的计提比例分别为14%、2%和2.5%。2015年6月份，该公司支付本公司食堂补助费30 000元；报销职工教育费用5 000元；该公司将计提的工会经费全额拨付给本公司工会。

（1）5月末计提三项费用，编制会计分录如下：

借：管理费用	92 500	
贷：应付职工薪酬——职工福利费		70 000
——工会经费		10 000
——职工教育经费		12 500

（2）6月份支付食堂补助，编制会计分录如下：

借：应付职工薪酬——职工福利费 30 000

贷：银行存款 30 000

（3）6月初将工会经费拨付给工会，根据工会开具的专用收据，编制会计分录如下：

借：应付职工薪酬——工会经费 10 000

贷：银行存款 10 000

（4）6月份报销职工教育费用，编制会计分录如下：

借：应付职工薪酬——职工教育经费 5 000

贷：库存现金 5 000

（二）非货币性福利的核算

非货币性福利是指企业以非货币性资产支付给职工的薪酬，主要包括企业以自产产品或外购商品发放给职工作为福利、将企业拥有的资产无偿提供给职工使用、为职工无偿提供医疗保健服务等。为了反映非货币性福利的支付与分配情况，应在“应付职工薪酬”科目下设置“非货币性福利”明细科目。

1. 自产产品用作福利的核算

按照企业会计准则要求，企业以其生产的产品作为非货币性福利提供给职工的，应当按照该产品的公允价值和相关税费，计量应计入资产成本或者当期费用的职工薪酬金额，并确认为销售商品收入，其销售成本的结转和相关税费的处理，与正常商品销售相同。

企业将自产的产品无偿发放给职工或给予员工一定优惠，根据产品售价或优惠额度及税费，确认发放时，借记“管理费用”等成本费用账户，贷记“应付职工薪酬——非货币性福利”账户。实际发放产品所有权转移时，借记“应付职工薪酬——非货币性福利”账户，贷记“主营业务收入”和“应交税费——应交增值税（销项税额）”账户，同时还应结转自产产品的成本，借记“主营业务成本”账户，贷记“库存商品”账户。

【例9－7】某公司为一家生产笔记本电脑的企业，共有职工200名。2017年月，公司以其生产的成本为5 000元的笔记本电脑作为春节福利发放给公司每名职工。该型号液晶笔记本电脑的市场售价为每台7 000元，该公司适用的增值税率为17%；假定200名职工中有170名为直接参加生产的职工，30名为总部管理人员。作出账务处理。

200台笔记本电脑的公允价值为200×7 000＝1 400 000元，应交销项税额为1 400 000×17%＝238 000元，价税合计1 638 000元。该批笔记本电脑的成本为200×5 000＝1 000 000元。

（1）确定发放福利时，计入相应的成本费用：

借：管理费用 245 700

生产成本 1 392 300

贷：应付职工薪酬——非货币性福利 1 638 000

（2）实际发放笔记本电脑时：

借：应付职工薪酬——非货币性福利 1 638 000

贷：主营业务收入 1 400 000

应交税费——应交增值税（销项税额） 238 000

同时结转成本：

借：主营业务成本 1 000 000

贷：库存商品　　1 000 000

2. 以外购商品作为福利的核算

以外购商品作为非货币性福利提供给职工的，应当按照该商品的公允价值和相关税费，计量应计入成本费用的职工薪酬金额，与自产产品用作福利不同的是，无须结转成本。

【例9-8】乙企业决定外购跑步机作为春节福利发放给每位员工，该企业共有员工500人，其中管理人员50人，营销人员40人，其余为生产工人。外购的跑步机每台买价7 000元，取得的增值税专用发票注明价款共350万元，进项税额59.5万元，价税合计409.5万元。作出账务处理。

(1) 确定发放福利时，计入相应的成本费用：

借：管理费用　　409 500

　　生产成本　　3 357 900

　　销售费用　　327 600

　　贷：应付职工薪酬——非货币性福利　　4 095 000

(2) 取得发票并支付款项：

借：应付职工薪酬——非货币性福利　　4 095 000

　　贷：银行存款　　4 095 000

3. 服务性福利的核算

企业为职工提供属于服务性的非货币性福利时，应该以公允价值为基础计量（固定资产折旧以固定资产账面价值计提），同时考虑涉及的税金；每期分配应付职工薪酬时，应该按照提供给职工的服务的公允价值和相关税费、每期应计提的折旧、应付的租金等计量，并合理区分受益对象。

【例9-9】乙公司为不同等级员工提供以下福利：

(1) 乙公司为总部部门经理级别以上职工每人提供一辆某品牌汽车免费使用。该公司总部共有部门经理级别以上职工15名，假定每辆该品牌汽车每月计提折旧1 000元。

(2) 为新入职的生产工人中的重点单身员工提供免费公寓居住权，该公寓为乙公司租入的，租金为每月10 000元。

试分别作出账务处理。

(1) 乙企业免费提供汽车使用权时：

借：应付职工薪酬——非货币性福利　　15 000

　　贷：累计折旧　　15 000

分配应付职工薪酬时：

借：管理费用　　15 000

　　贷：应付职工薪酬——非货币性福利　　15 000

(2) 乙企业免费提供公寓居住权时：

借：生产成本　　10 000

　　贷：应付职工薪酬——非货币性福利　　10 000

分配应付职工薪酬时：

借：应付职工薪酬——非货币性福利　　10 000

　　贷：其他应付款　　10 000

（三）辞退员工补偿款的核算

1. 辞退福利的确认

辞退福利是指因解除与职工的劳动关系而给予的补偿，是指企业在职工劳动合同尚未到期前解除与职工的劳动关系，或者为鼓励职工自愿接受裁减而提出补偿建议的计划中给予职工的经济补偿。

企业在职工劳动合同到期之前解除与职工的劳动关系，或者为鼓励职工自愿接受裁减而提出给予补偿的建议，同时满足下列条件的，应当确认因解除与职工的劳动关系给予补偿而产生的预计负债，同时计入当期损益（管理费用）：

（1）企业已经制定正式的解除劳动关系计划或提出自愿裁减建议，并即将实施；

（2）企业不能单方面撤回解除劳动关系计划或裁减建议。

2. 辞退福利的会计核算

企业制定辞退员工计划时，借记“管理费用”账户，贷记“应付职工薪酬——辞退福利”账户；实际支付补偿款时，借记“应付职工薪酬——辞退福利”账户，贷记“银行存款”等账户。如果补偿款项超过一年支付，企业应当选择恰当的折现率，以折现后的金额计量应计入当期管理费用的辞退福利金额，该项金额与实际应支付的辞退福利款项之间的差额，作为未确认融资费用，在以后各期实际支付辞退福利款项时，计入财务费用。应付辞退福利款金额与其折现后金额相差不大的，也可以不予折现。

【例9－10】某房地产公司2014年10月份为应对市场低迷，制定了解除劳动关系计划，并于11月份开始实施，按照该计划预计支付补偿款100万元。该计划在2014年12月份顺利完成，补偿款全部支付。

（1）2014年10月份，编制会计分录如下：

借：管理费用　　1 000 000

　　贷：应付职工薪酬——辞退福利　　1 000 000

（2）2014年12月，编制会计分录如下：

借：应付职工薪酬——辞退福利　　1 000 000

　　贷：银行存款　　1 000 000

本章小结

业务内容	账务处理
工资及离职后福利的确认或分配	借：生产成本 　　制造费用 　　管理费用 　　销售费用 　　在建工程 　　贷：应付职工薪酬——工资 　　　　　　　　　——离职后福利

续表

<table>
<tr><th colspan="3">业务内容</th><th>账务处理</th></tr>
<tr><td rowspan="6">短期薪酬发放或支付</td><td colspan="2">发放职工工资</td><td>借：应付职工薪酬——工资
　　贷：其他应付款——社会保险费
　　　　　　　　——住房公积金
　　　　应交税费——应交个人所得税
　　　　银行存款（库存现金）</td></tr>
<tr><td colspan="2">发放福利费</td><td>借：应付职工薪酬——职工福利费
　　贷：库存现金（银行存款）</td></tr>
<tr><td colspan="2">缴纳社会保险费、住房公积金给相关部门</td><td>借：应付职工薪酬——医疗保险费（生育保险费、工伤保险费）
　　　　　　　　——住房公积金
　　　　　　　　——养老保险费（失业保险费）
　　其他应付款——医疗保险费（生育保险费、工伤保险费）
　　其他应付款——住房公积金
　　贷：银行存款</td></tr>
<tr><td colspan="2">支付工会经费、职工教育经费</td><td>借：应付职工薪酬——工会经费
　　　　　　　　——职工教育经费
　　贷：银行存款</td></tr>
<tr><td rowspan="2">发生非货币性福利</td><td>发放自产产品</td><td>借：应付职工薪酬——职工福利费
　　贷：主营业务收入
　　　　应交税费——应交增值税（销项税额）
借：主营业务成本
　　贷：库存商品</td></tr>
<tr><td>为职工提供住房</td><td>借：应付职工薪酬——职工福利费
　　贷：累计折旧　　【提供企业自有住房】
　　　　银行存款　　【租赁房屋】</td></tr>
<tr><td rowspan="2">辞退福利</td><td colspan="2">确认</td><td>借：管理费用
　　贷：应付职工薪酬——辞退福利</td></tr>
<tr><td colspan="2">支付</td><td>借：应付职工薪酬——辞退福利
　　贷：库存现金（银行存款）</td></tr>
</table>

第九章教学目标、重点、难点＋习题及答案

第十章

资金业务核算

企业的资金业务包括对外投资业务和筹资业务，对外投资是企业在其本身经营的主要业务以外，以现金、实物、无形资产方式，或者以购买股票、债券等方式向境内外的其他单位进行投资，以期在未来获得投资收益的经济行为。筹资业务是指企业为了满足其经营活动、投资活动、资本结构调整等需要，运用一定的筹资方式，筹措和获取所需资金的经济行为。

第一节　投资业务核算

企业对外投资主要有两种方式，分别是债权投资和股权投资。债权投资是指企业通过购买债券等方式进行的投资，这种投资方式使企业成为被投资单位的债权人。股权投资是指企业通过购买股票等方式进行的投资，这种投资方式使企业拥有被投资单位的股权。企业对外投资业务包括交易性金融资产、持有至到期投资、可供出售金融资产和长期股权投资业务。

一、交易性金融资产

（一）金融资产概述

1. 金融资产的含义

金融资产是一切可以在有组织的金融市场上进行交易、具有现实价值和未来估价的金融工具的总称。金融资产的最大特征是能够在市场交易中为其所有者提供即期或远期的货币收入流量。

2. 金融资产的分类

金融资产属于企业资产的重要组成部分，有广义和狭义之分。广义的金融资产是指资产负债表中除了实物资产和无形资产之外的资产，是以价值形态存在的资产，包括库存现金、应收账款、应收票据、贷款、其他应收款、应收利息、债权投资、股权投资、基金投资、衍生金融资产等。狭义的金融资产是指《企业会计准则第 22 号——金融工具确认和计量》中所规范的金融资产，包括以下几类：

（1）以公允价值计量且其变动计入当期损益的金融资产，可以分为交易性金融资产和直接指定为以公允价值计量且其变动计入当期损益的金融资产。

（2）持有至到期投资，是指到期日固定、回收金额固定或可确定，且企业有明确意图和能力持有至到期的非衍生金融资产。

（3）贷款和应收款项，是指在活跃市场中没有报价、回收金额固定或可确定的非衍生金融资产。通常情况下，一般企业因销售商品或提供劳务形成的应收款项、商业银行发放的贷款等，由于在活跃的市场上没有报价、回收金额固定或可确定，从而可以划分为此类。

（4）可供出售的金融资产，是指初始确认时即被指定为可供出售的非衍生金融资产，以及没有划分为持有至到期投资、贷款和应收款项、以公允价值计量且其变动计入当期损益的金融资产。

企业应当结合自身业务特点和风险管理要求，对取得的金融资产进行正确的分类，分类一经确定，不得随意变更。

（二）交易性金融资产概述

1. 交易性金融资产的含义

交易性金融资产是指企业为了近期内出售而持有的金融资产，例如，企业以赚取差价为目的从二级市场购入的股票、债券和基金等。

2. 交易性金融资产的特点

交易性金融资产具有以下特点：（1）变现能力强；（2）持有的目的通常是利用闲置资金获利；（3）持有期限较短。

3. 交易性金融资产的确认条件

金融资产满足下列条件之一的，应当划分为交易性金融资产：

（1）取得该金融资产的目的，主要是近期内出售或回购。比如以赚取差价为目的从二级市场购入的股票、债券、基金等。

（2）属于进行集中管理的可辨认金融工具组合的一部分，且有客观证据表明企业近期采用短期获利方式对该组合进行管理。如基金公司购入的一批股票，目的是短期获利，该组合股票应作为交易性金融资产。

（3）属于金融衍生工具。金融衍生工具是在债券、股票等传统金融工具的基础上衍生和派生的，以杠杆和信用交易为特征的金融工具，常见的有期货合约、期权合约。如国债期货、远期合同、股指期货等。

期货是与现货相对，是现在进行买卖，但是在未来进行交收或交割的标的物，这个标的物可以是某种商品，如农产品，也可以是金融工具。交收期货的时间可以是一个月以后，甚至一年之后。买卖期货的合同或者协议称为期货合约。

期权是一种选择权，是指一种能在未来某特定时间以特定价格买入或卖出一定数量的某种特定商品的权利。它是在期货的基础上产生的一种金融工具，给予买方购买或出售标的资产的权利。

（三）交易性金融资产核算

1. 账户设置

为了核算交易性金融资产的取得、收取现金股利或利息、处置等业务，企业应设置“交易性金融资产”“公允价值变动损益”“投资收益”等账户。

（1）“交易性金融资产”账户。

该账户属于资产类账户，用于核算企业为交易目的所持有的债券投资、股票投资、基金投资等交易性金融资产的公允价值。借方登记交易性金融资产的取得成本、资产负债表日其公允价值高于账面余额的差额；贷方登记资产负债表日其公允价值低于账面余额的差额，以及企业出售交易性金融资产时结转的成本和公允价值变动损益。期末余额在借方，反映企业交易性金融资产的公允价值。该账户可按交易性金融资产的类别和品种，分别设置“成本”“公允价值变动”进行明细核算。

（2）“公允价值变动损益”账户。

该账户属于损益类账户，用于核算企业交易性金融资产等公允价值变动形成的应计入当期损益的利得或损失。借方登记资产负债表日企业持有的交易性金融资产等的公允价值低于账面余额的差额，贷方登记资产负债表日企业持有的交易性金融资产等的公允价值高于账面余额的差额。期末，应将该账户的余额转入“本年利润”账户，结转后该账户无余额。

（3）“投资收益”账户。

该账户属于损益类账户，用于核算企业对外投资所发生的损益。借方登记在持有交易性金融资产等投资资产期间发生的投资损失，以及企业在对外投资活动中发生的交易费用等，贷方登记在持有交易性金融资产等投资资产期间取得的投资收益以及处置交易性金融资产等投资资产实现的投资收益。期末，应将该账户余额转入“本年利润”账户，结转后该账户无余额。

（4）“应收股利”账户。

该账户属于资产类账户，用于核算企业应收取的现金股利和应收取其他单位分配的利润。借方登记交易性金融资产持有期间被投资单位宣告发放的现金股利，贷方登记企业实际收到现金股利或利润金额。期末余额在借方，反映企业尚未收回的现金股利或利润。该账户可按被投资单位进行明细核算。

（5）“应收利息”账户。

该账户属于资产类账户，用于核算企业交易性金融资产等应收取的利息。借方登记应收取的利息金额，贷方登记实际收到的利息金额。期末余额在借方，反映企业尚未收回的利息金额。

2. 账务处理

交易性金融资产的账务处理主要包括交易性金融资产取得、投资收益、期末计量和处置四个方面。

（1）交易性金融资产取得。

企业取得交易性金融资产，应按该金融资产取得的公允价值作为初始计量金额。取得交易性金融资产所支付的价款中，含有已经宣告但尚未发放的现金股利或已到付息期但尚未领取的债券利息，应单独确认为应收项目。

企业取得交易性金融资产所发生的交易费用，应当在发生时计入当期损益。交易费用是指可直接归属于购买、发行或处置金融工具新增的外部费用，包括支付给代理机构、咨询公司、券商的手续费和佣金及其他必要支出。支付的交易手续费、佣金等属于“直接收费金融服务”，一般纳税人支付交易手续费能取得增值税专用发票的，进项税额可以抵扣。

企业取得交易性金融资产时，按其公允价值，借记“交易性金融资产——成本”账户，按已宣告但尚未发放的现金股利或已到付息期但尚未领取的债券利息，借记“应收利息”或“应收股利”账户，按发生的交易费用，借记“投资收益”账户，按实际支付的金额，贷记“银行存款”或“其他货币资金——存出投资款”账户。

【例10－1】 2017年1月3日，辽宁旭日有限责任公司从二级市场上以银行存款

1 050 000元（含已到付息期但尚未领取的利息 50 000 元）购入泰阳公司发行的债券，另发生交易费用 20 000 元。该债券面值 1 000 000 元，票面年利率为 5%，每年付息一次，旭日公司将其作为交易性金融资产。

旭日公司账务处理如下：

借：交易性金融资产——成本　　1 000 000
　　应收利息　　50 000
　　投资收益　　20 000
　　贷：银行存款　　1 070 000

（2）交易性金融资产投资收益。

①收到投资收益。

企业收到被投资单位分配的现金股利和利息时，借记“应收股利”或“应收利息”账户，贷记“银行存款”或“其他货币资金——存出投资款”等账户。

【例 10－2】承【例 10－1】，2017 年 3 月 20 日，旭日公司收到泰阳公司支付的利息 50 000元。

旭日公司账务处理如下：

借：银行存款　　50 000
　　贷：应收利息　　50 000

②确认投资收益。

企业持有交易性金融资产期间，对于被投资单位宣告发放的现金股利，或企业在资产负债表日按分期付息、一次还本债券投资的票面利率计算的利息，借记“应收股利”或“应收利息”账户，贷记“投资收益”账户。

【例 10－3】承【例 10－2】，2017 年 12 月 31 日，旭日公司计提泰阳公司债券利息 50 000元。

旭日公司账务处理如下：

借：应收利息　　50 000
　　贷：投资收益　　50 000

（3）交易性金融资产期末计量。

资产负债表日，交易性金融资产的公允价值高于其账面余额的差额，借记“交易性金融资产——公允价值变动”账户，贷记“公允价值变动损益”账户；若资产负债表日公允价值低于其账面余额，则作相反分录。

【例 10－4】承【例 10－3】，2017 年 12 月 31 日，该债券公允价值为 1 180 000 元。

旭日公司账务处理如下：

借：交易性金融资产——公允价值变动　　180 000
　　贷：公允价值变动损益　　180 000

（4）交易性金融资产处置。

企业出售所持有的交易性金融资产时，应按实际收到的金额，借记“银行存款”或“其他货币资金”账户，按该交易性金融资产的账面余额，贷记“交易性金融资产”账户，同时，将原计入该交易性金融资产的公允价值变动损益转出，借记或贷记“公允价值变动损益”账户，按其差额贷记或借记“投资收益”账户。

【例10－5】 承【例10－4】，2018年7月5日，旭日公司将上述泰阳公司债券全部出售，出售所得价款1 300 000元，已存入银行。

旭日公司账务处理如下：

借：银行存款　　1 300 000
　　公允价值变动损益　　180 000
　　贷：交易性金融资产——成本　　1 000 000
　　　　　　　　　　　——公允价值变动　　180 000
　　　　投资收益　　300 000

企业转让债券、上市公司股票应按照金融商品转让税目缴纳增值税。企业转让非上市企业未公开发行股票，其股权不属于有价证券，不属于增值税征税范围。金融商品转让按规定以盈亏相抵后的余额作为销售额确认增值税销项税额。金融商品实际转让月末，如产生转让收益，则按应纳税额借记“投资收益”等账户，贷记“应交税费——转让金融商品应交增值税”账户；如产生转让损失，则按可结转下月抵扣税额，借记“应交税费——转让金融商品应交增值税”账户，贷记“投资收益”等账户。年末，“应交税费——转让金融商品应交增值税”账户如有借方余额，则借记“投资收益”等账户，贷记“应交税费——转让金融商品应交增值税”账户。

企业缴纳增值税时，应借记“应交税费——转让金融商品应交增值税”账户，贷记“银行存款”账户。

【例10－6】 辽宁旭日有限责任公司2017年有关交易性金融资产的资料如下：

（1）3月1日，以银行存款购入远航公司股票50 000股，并准备随时变现，每股买价16元（含已宣告但尚未发放的现金股利20 000元），同时支付相关手续费4 000元，不考虑相关税费。

（2）4月30日，收到远航公司宣告发放的现金股利20 000元。

（3）6月30日，远航公司股票市价为每股16.4元。

（4）7月18日，公司以1 000 000元将持有的远航公司股票全部售出。

旭日公司账务处理如下：

（1）借：交易性金融资产——成本　　780 000
　　　　应收股利　　20 000
　　　　投资收益　　4 000
　　　　贷：银行存款　　804 000

（2）借：银行存款　　20 000
　　　　贷：应收股利　　20 000

（3）借：交易性金融资产——公允价值变动　　40 000
　　　　贷：公允价值变动损益　　40 000

（4）借：银行存款　　1 000 000
　　　　公允价值变动损益　　40 000
　　　　贷：交易性金融资产——成本　　780 000
　　　　　　　　　　　　　——公允价值变动　　40 000
　　　　　　投资收益　　220 000

二、持有至到期投资

（一）持有至到期投资概述

1. 持有至到期投资的含义

持有至到期投资是指到期日固定、回收金额固定或可确定，且企业有明确意图和能力持有至到期的非衍生金融资产。通常情况下，能够划分为持有至到期投资的金融资产，主要是指债权性投资，比如企业持有的、在活跃市场上有公开报价的国债、企业债券、金融债券等。持有至到期投资通常具有长期性质，但期限较短（1 年以内）的债券投资，符合持有至到期投资条件的，也可划分为持有至到期投资。

2. 持有至到期投资的确认条件

同时满足下列三个条件的非衍生金融资产，才能确认为持有至到期投资：

（1）到期日固定、回收金额固定或可确定。是指相关合同明确了投资者在确定的期间内获得或应收取现金流量（如投资利息或本金等）的金额和时间。

（2）有明确意图持有至到期。投资者在取得投资时意图就是明确的，除非遇到一些企业所不能控制、预期不会重复发生且难以合理预计的独立事件，否则将持有至到期。

（3）有能力持有至到期。是指企业有足够的财务资源，并不受外部因素影响将投资持有至到期。

企业应当于每个资产负债表日，对持有至到期投资的意图和能力进行评价。发生变化的，如企业将持有至到期投资的国债、企业债券、金融债券等在到期前予以处置或者重分类的，通常表明企业违背了将投资持有至到期的最初意图，则应当将其重分类为可供出售金融资产进行处理。

（二）持有至到期投资核算

1. 账户设置

为了核算持有至到期投资的取得、收取利息、减值以及处置等业务，企业应设置“持有至到期投资”“投资收益”“持有至到期投资减值准备”等账户。

（1）“持有至到期投资”账户。

该账户属于资产类账户，用于核算企业持有至到期投资的摊余成本。该账户应当按照持有至到期投资的类别和品种，分别“成本”“应计利息”“利息调整”等进行明细核算。其中：

①“成本”明细账户，借方登记取得持有至到期投资的面值，贷方登记处置持有至到期投资的面值。

②“应计利息”明细账户，借方登记到期一次还本付息的债券在资产负债表日按面值和票面利率计算的应收利息，到期收回时记入贷方。

③“利息调整”明细账户，核算取得持有至到期投资时初始确认金额与面值的差额，以及资产负债表日计算确定的摊销额。

（2）“持有至到期投资减值准备”账户。

该账户属于“持有至到期投资”账户的备抵账户，用来核算企业持有至到期投资的减值准备，贷方登记资产负债表日计提的持有至到期投资减值准备，借方登记已计提减值准备的持有至到期投资价值以后又恢复，在原已计提的减值准备金额内恢复增加的金额。期末贷方余额反映企业已经计提但尚未转销的持有至到期投资的减值准备，该账户可按持有至到期投资的类别和品种进行明细核算。

2. 账务处理

持有至到期投资的账务处理主要包括持有至到期投资取得、投资收益、减值和处置四个方面。

（1）持有至到期投资取得。

企业取得持有至到期投资应当按照公允价值计量，取得时所发生的交易费用计入持有至到期投资的初始确认金额。企业取得持有至到期投资支付的价款中包含已到付息期但尚未领取的债券利息，应当单独确认为应收项目，不构成持有至到期投资的初始确认金额。

企业取得持有至到期投资时，应当按照该债券的面值，借记“持有至到期投资——成本”账户，按照支付的价款中包含的已到付息期但尚未领取的利息，借记“应收利息”账户（分期付息到期还本债券）或“持有至到期投资——应计利息”账户（到期一次还本付息债券），按实际支付的金额，贷记“银行存款”账户或“其他货币资金——存出投资款”账户，按照其差额，借记或贷记“持有至到期投资——利息调整”账户。

（2）持有至到期投资收益。

①持有至到期投资利息计算。

资产负债表日，企业应采用实际利率法按摊余成本对持有至到期投资进行后续计量。实际利率法是指按照金融资产或金融负债的实际利率计算其摊余成本及各期利息收入或利息费用的方法。企业在初始确认以摊余成本计量的金融资产时，就应当计算确定实际利率，并在相关金融资产预期存续期间或适用的更短期间内保持不变。摊余成本是指该金融资产的初始确认金额经下列调整后的结果：一是扣除已偿还的本金；二是加上或减去采用实际利率法将该初始确认金额与到期金额之间的差额进行摊销形成的累计摊销额；三是扣除已发生的减值损失。用计算公式表示如下：

期末摊余成本＝期初摊余成本＋投资收益－应收利息－已收回的本金－已发生的减值损失

投资收益(利息收入)＝期初摊余成本×实际利率×期限

应收利息(票面利息)＝债券面值×票面利率×期限

②持有至到期投资投资收益账务处理。

在资产负债表日，应按票面利率计算确定的应收未收的利息，借记“应收利息”账户或“持有至到期投资——应计利息”账户，按持有至到期投资摊余成本和实际利率计算确定的利息收入，贷记“投资收益”账户，按其差额，贷记或借记“持有至到期投资——利息调整”账户。

（3）持有至到期投资减值。

企业应当在资产负债表日对持有至到期投资的账面价值进行检查，有客观证据表明该持有至到期投资发生减值的，应当将该持有至到期投资的账面价值减记至预计未来现金流量现值，减记的金额确认为资产减值损失，计入当期损益。

资产负债表日，持有至到期投资发生减值的，按应减记的金额，借记“资产减值损失——计提的持有至到期投资减值准备”账户，贷记“持有至到期投资减值准备”账户；已计提减值准备的持有至到期投资价值又得以恢复，且客观上与确认该损失后发生的事项有关（如债务人的信用评级已提高等），应在原计提的减值准备金额内予以转回，计入当期损益。但是，该转回后的账面价值不应当超过假定不计提减值准备情况下该金融资产在转回日的摊余成本。企业按恢复增加的金额借记“持有至到期投资减值准备”账户，贷记“资产减值损失——计提的持有至到期投资减值准备”账户。

（4）持有至到期投资处置。

出售持有至到期投资，应按实际收到的金额，借记“银行存款”“其他货币资金——存出投资款”账户，按其账面余额，贷记“持有至到期投资——成本”“持有至到期投资——应计利息”等账户，贷记或借记“持有至到期投资——利息调整”账户，按其差额，贷记或借记“投资收益”账户。已计提减值准备的，还应同时结转减值准备。

【例 10-7】2017 年 1 月 4 日，辽宁旭日有限责任公司以银行存款支付 920 000 元（含交易手续费 20 000 元）购入东方公司 3 年期债券，面值为 1 000 000 元，票面利率为 3%，实际利率为 5.99%，按年支付利息，本金到期支付。旭日公司将其划分为持有至到期投资。不考虑税费、减值损失等因素。

旭日公司的账务处理如下：

（1）2017 年 1 月 4 日购入债券时：

借：持有至到期投资——成本　　1 000 000

　　贷：银行存款　　920 000

　　　　持有至到期投资——利息调整　　80 000

（2）计算各期利息和投资收益如表 10-1 所示：

表 10-1　应收利息和投资收益计算表

日期	应收利息 ①=面值×票面利率 3%	投资收益 ②=上期④×实际利率 5.99%	利息调整 ③=②-①	期末摊余成本 ④=上一期④+③
2017.01.04				920 000
2017.12.31	30 000	55 108	25 108	945 108
2018.12.31	30 000	56 612	26 612	971 720
2019.12.31	30 000	58 280	28 280	1 000 000
合计	90 000	170 000	80 000	

注：1. 投资收益计算结果四舍五入保留整数位。
2. 2019 年 12 月 31 日利息调整金额 =1 000 000 -971 720 =28 280（元），数据为调整尾差所得。
3. 2019 年 12 月 31 日投资收益金额 =30 000 +28 280 =58 280（元）

（3）2017 年 12 月 31 日，确认应收利息和投资收益时：

借：应收利息　　30 000

　　持有至到期投资——利息调整　　25 108

　　贷：投资收益　　55 108

2017 年 12 月 31 日，收到债券利息时：

借：银行存款　　30 000

　　贷：应收利息　　30 000

（4）2018 年 12 月 31 日，确认应收利息和投资收益时：

借：应收利息　　30 000

持有至到期投资——利息调整　　26 612
　　贷：投资收益　　56 612

2018 年 12 月 31 日，收到债券利息时：

借：银行存款　　30 000
　　贷：应收利息　　30 000

(5) 2019 年 12 月 31 日，确认应收利息和投资收益时：

借：应收利息　　30 000
　　持有至到期投资——利息调整　　28 280
　　贷：投资收益　　58 280

2019 年 12 月 31 日，收到债券利息和本金时：

借：银行存款　　1 030 000
　　贷：持有至到期投资——成本　　1 000 000
　　　　应收利息　　30 000

三、可供出售金融资产

（一）可供出售金融资产概述

可供出售金融资产是指初始确认时即被指定为可供出售的非衍生金融资产，以及没有划分为持有至到期投资、贷款和应收款项、以公允价值计量且其变动计入当期损益的金融资产。

通常情况下，划分为可供出售金融资产应当在活跃的市场上有报价，因此，企业从二级市场上购入的、有报价的债券投资、股票投资、基金投资等，没有划分为以公允价值计量且其变动计入当期损益的金融资产或持有至到期投资等金融资产的，可以划分为可供出售金融资产。

（二）可供出售金融资产核算

1. 账户设置

为了核算可供出售金融资产的取得、现金股利或利息的收取、处置等业务，企业应设置“可供出售金融资产”“投资收益”“可供出售金融资产减值准备”“其他综合收益”等账户。

(1)“可供出售金融资产”账户。

该账户属于资产类账户，用于核算企业可供出售的股票投资、债券投资等金融资产的公允价值，包括划分为可供出售的股权投资、债券投资等金融资产。期末余额在借方，反映企业持有的可供出售金融资产的公允价值。该账户按可供出售金融资产的类别和种类，分别按“成本”“利息调整”“应计利息”“公允价值变动”等进行明细核算。

①“成本”明细账户，借方登记可供出售金融资产取得时的公允价值和交易费用之和，或债券面值；贷方登记出售的可供出售金融资产的账面余额。

②“利息调整”明细账户，借方登记取得时的债券溢价和计息时摊销的债券折价，贷方登记取得时的债券折价和计息时摊销的债券溢价。

③“应计利息”明细账户，借方登记到期一次还本付息债券的应计利息收入，贷方登记出售到期一次还本付息的可供出售债券结转的债券利息。

④“公允价值变动”明细账户，借方登记资产负债表日公允价值高于账面价值的差额，

贷方登记资产负债表日公允价值低于账面价值的差额。

（2）“可供出售金融资产减值准备”账户。

该账户属于“可供出售金融资产”账户的备抵账户，用来核算企业可供出售金融资产的减值准备，贷方登记资产负债表日计提的可供出售金融资产减值准备金额，借方登记已计提减值准备的可供出售金融资产价值以后又恢复，在原已计提的减值准备金额内恢复增加的金额。期末贷方余额反映企业已经计提但尚未转销的可供出售金融资产的减值准备，该账户可按可供出售金融资产的类别和品种进行明细核算。

（3）“其他综合收益”账户。

该账户属于所有者权益类账户，用于核算可供出售金融资产公允价值变动形成的未计入当期损益的利得或损失。借方登记资产负债表日企业持有的可供出售金融资产的公允价值低于账面余额的差额，贷方登记资产负债表日企业持有的可供出售金融资产的公允价值高于账面余额的差额。

2. 账务处理

可供出售金融资产的账务处理主要包括可供出售金融资产取得、投资收益、期末计量、减值和处置五个方面。

（1）可供出售金融资产取得。

①企业取得的可供出售金融资产为股票投资的，应按其公允价值与交易费用之和作为初始入账金额，借记“可供出售金融资产——成本”账户，按支付的价款中包含的已宣告但尚未发放的现金股利，借记“应收股利”账户，按实际支付的金额，贷记“银行存款”或“其他货币资金——存出投资款”账户。

②企业取得的可供出售金融资产为债券投资的，应按债券的面值，借记“可供出售金融资产——成本”账户，按支付价款中包含的已到付息期但尚未领取的利息，借记“应收利息”账户，按实际支付的金额，贷记“银行存款”或“其他货币资金——存出投资款”账户，按其差额，借记或贷记“可供出售金融资产——利息调整”账户。

（2）可供出售金融资产持有期间投资收益。

①企业取得的可供出售金融资产为股票投资的，被投资单位宣告发放现金股利时，按相应金额，借记“应收股利”账户，贷记“投资收益”账户。

②企业取得的可供出售金融资产为债券投资的，应当按可供出售债券的摊余成本和实际利率计算确定利息收入，计入当期损益。

资产负债表日，应按票面利率计算确定应收未收利息，借记“应收利息”账户（分期付息一次还本债券）或“可供出售金融资产——应计利息”账户（一次还本付息债券），按可供出售金融资产摊余成本和实际利率计算确定利息收入，贷记“投资收益”账户，按其差额，借记或贷记“可供出售金融资产——利息调整”账户。

（3）可供出售金融资产期末计量。

在资产负债表日，可供出售金融资产应当以公允价值计量，且公允价值变动计入其他综合收益。当可供出售金融资产公允价值高于账面余额，企业应当按其差额，借记“可供出售金融资产——公允价值变动”账户，贷记“其他综合收益”账户；在资产负债表日可供出售金融资产公允价值低于账面余额，企业应当按其差额，作相反的账务处理。

（4）可供出售金融资产减值。

在资产负债表日，企业应当对可供出售金融资产进行检查，有客观证据表明可供出售金融资产有减值迹象，应确认减值损失。企业确定可供出售金融资产发生减值的，按应减记的金额，借记“资产减值损失”账户，按应从所有者权益中转出原计入其他综合收益的累计损失金额，贷记“其他综合收益”账户，按其差额，贷记“可供出售金融资产——公允价值变动”账户或“可供出售金融资产减值准备”账户。

对于已确认减值损失的可供出售金融资产，在随后的会计期间公允价值已上升且客观上与确认原减值损失事项有关的，应按原确认的减值损失，借记“可供出售金融资产——公允价值变动”账户或“可供出售金融资产减值准备”账户，贷记“资产减值损失”账户；但可供出售金融资产为股票等权益工具投资的（不含在活跃市场上没有报价、公允价值不能可靠计量的权益工具投资），借记“可供出售金融资产——公允价值变动”账户或“可供出售金融资产减值准备”账户，贷记“其他综合收益”账户。

（5）可供出售金融资产处置。

企业出售所持有的可供出售金融资产，应按实际收到的金额，借记“银行存款”或“其他货币资金”账户，按该可供出售金融资产的账面余额，贷记“可供出售金融资产（成本、公允价值变动、应计利息）”账户，贷记或借记“可供出售金融资产——利息调整”账户，按应从所有者权益中转出的公允价值累计变动额，借记或贷记“其他综合收益”账户，按其差额，贷记或借记“投资收益”账户。

【例10－8】2016年6月1日，辽宁旭日有限责任公司从证券公司以每股20.5元（含已宣告发放但尚未领取的现金股利0.5元）的价格购入南方公司（上市公司）发行的股票1 000 000股，占南方公司有表决权股份的4%，对南方公司无重大影响，旭日公司将该股票划分为可供出售金融资产。另以银行存款支付交易手续费20 000元，不考虑相关税费。其他资料如下：

（1）2016年6月20日，旭日公司收到该公司发放的上年现金股利500 000元。

（2）2016年12月31日，该股票的市场价格为每股22元。

（3）2017年5月10日，南方公司宣告发放现金股利1 000 000元。

（4）2017年6月20日，旭日公司收到该公司发放的上年现金股利40 000元。

（5）2017年12月20日，旭日公司将该股票全部出售，取得款项24 000 000元。

旭日公司的账务处理如下：

（1）2016年6月1日，购入股票时：

借：可供出售金融资产——成本　　20 020 000
　　应收股利　　500 000
　　贷：银行存款　　20 520 000

（2）2016年6月20日，收到现金股利时：

借：银行存款　　500 000
　　贷：应收股利　　500 000

（3）2016年12月31日，确认股票公允价值变动时：

借：可供出售金融资产——公允价值变动　　1 980 000
　　贷：其他综合收益　　1 980 000

（4）2017年5月10日，南方公司宣告发放现金股利时：

借：应收股利　　40 000
　　贷：投资收益　　40 000

(5) 2017 年 6 月 20 日，收到现金股利时：

借：银行存款　　40 000
　　贷：应收股利　　40 000

(6) 2017 年 12 月 20 日，出售股票时：

借：银行存款　　24 000 000
　　其他综合收益　　1 980 000
　　贷：可供出售金融资产——成本　　20 020 000
　　　　　　　　　　　——公允价值变动　　1 980 000
　　　　投资收益　　3 980 000

【例 10-9】 2017 年 1 月 1 日，辽宁旭日有限公司支付价款 1 028 100 元（含交易手续费 2 400 元）购入环宇公司发行的 3 年期公司债券，该公司债券的票面金额为 1 000 000 元，票面利率为 4%，实际利率为 3.27%，利息每年年末支付，本金到期支付。旭日公司将该公司债券划分为可供出售金融资产。2017 年 12 月 31 日，该债券的市场价格为 1 010 000 元。2018 年 1 月 20 日，旭日公司将该债券全部出售，取得款项 1 100 000 元。

旭日公司的账务处理如下：

(1) 2017 年 1 月 1 日，购入债券时：

借：可供出售金融资产——成本　　1 000 000
　　　　　　　　　　——利息调整　　28 100
　　贷：银行存款　　1 028 100

(2) 2017 年 12 月 31 日，确认债券利息：

应收利息 = 1 000 000 × 4% = 40 000（元）

利息收入 = 1 028 100 × 3.27% = 33 619（元）

溢价摊销额 = 40 000 − 33 619 = 6 381（元）

借：应收利息　　40 000
　　贷：投资收益　　33 619
　　　　可供出售金融资产——利息调整　　6 381

(3) 2017 年 12 月 31 日，收到债券利息时：

借：银行存款　　40 000
　　贷：应收利息　　40 000

(4) 2017 年 12 月 31 日，确认公允价值变动时：

年末摊余成本 = 1 028 100 + 33 619 − 40 000 = 1 021 719（元）

借：其他综合收益　　11 719
　　贷：可供出售金融资产——公允价值变动　　11 719

(5) 2018 年 1 月 20 日，出售债券时：

借：银行存款　　1 100 000
　　可供出售金融资产——公允价值变动　　11 719
　　贷：可供出售金融资产——成本　　1 000 000

——利息调整 21 719

其他综合收益 11 719

投资收益 78 281

四、长期股权投资

（一）长期股权投资概述

1. 长期股权投资的含义

长期股权投资是指投资方对被投资单位实施控制、重大影响的权益性投资，以及对其合营企业的权益性投资。

2. 长期股权投资的内容

（1）投资企业能够对被投资单位实施控制的权益性投资。

控制是指有权决定一个企业的财务和经营政策，并能据以从该企业的经营活动中获取利益。企业能够对被投资单位实施控制的，被投资单位为本企业的子公司。通常当投资企业直接拥有被投资单位50%以上的表决权资本，或虽然直接拥有被投资单位50%或以下的表决权资本，但具有实质控制权时，也认为投资企业能够控制被投资单位。

（2）投资企业与其他合营方一同对被投资单位实施共同控制的权益性投资。

共同控制是指按合同约定对某项经济活动所共有的控制，共同控制的实质是通过合同约定建立起来的、合营各方对合营企业共有的控制。投资企业与其他方对被投资单位实施共同控制的，被投资单位为本企业的合营企业。合营与联营等投资方式的不同点在于，合营企业的合营各方均受到合营合同的限制和约束。一般在合营企业设立时，合营各方在投资合同或协议中约定在所设立合营企业的重要财务和生产经营决策制定过程中，必须由合营各方均同意才能通过。

（3）投资企业对被投资单位具有重大影响的权益性投资。

重大影响是指对一个企业的财务和经营政策有参与决策的权力，但并不决定这些政策。企业能够对被投资单位施加重大影响的，被投资单位为本企业的联营企业。当投资企业直接拥有或通过子公司间接拥有被投资单位20%以上但低于50%的表决权股份时，一般认为对被投资单位具有重大影响。

3. 长期股权投资的核算方法

长期股权投资在持有期间，根据投资企业对被投资单位的影响程度及是否存在活跃市场、公允价值能否可靠计量等进行划分，应当分别采用成本法或权益法进行核算。长期股权投资在持有期间，因各方面情况的变化，可能导致其核算需要由一种方法转换为另外的方法。成本法和权益法适用范围如表10－2所示。

表10－2 长期股权投资成本法和权益法适用范围

投资方和被投资方的关系	持股比例	被投资方称为	核算方法	是否纳入合并范围
控制	大于50%	子公司	成本法	子公司纳入合并范围
重大影响	20%～50%	联营公司	权益法	不纳入合并范围
共同控制	两方或多方对被投资方持股比例相同	合营公司	权益法	不纳入合并范围

（二）长期股权投资的成本法核算

1. 长期股权投资成本法概述

（1）长期股权投资成本法的含义。

长期股权投资成本法是指长期股权投资按投资成本计价核算的方法。在成本法下，取得长期股权投资时按其初始成本计价，在持有期间，除了投资企业追加投资或收回投资外，长期股权投资的账面价值一般应当保持不变。被投资单位宣告分派的现金股利或利润，应当确认为当期投资收益。

（2）长期股权投资成本法的适用范围。

企业能够对被投资单位实施控制的长期股权投资，即企业对子公司的长期股权投资，应采用成本法核算。

2. 成本法下长期股权投资核算

（1）账户设置。

对采用成本法核算的长期股权投资，企业应设置“长期股权投资”“应收股利”“投资收益”“长期股权投资减值准备”等账户。

成本法下，为了核算长期股权投资增减变动及结余情况，企业应设置“长期股权投资”账户，用于核算企业持有的采用成本法核算的长期股权投资。该账户属于资产类账户，借方登记长期股权投资的初始成本及增加额，贷方登记长期股权投资的转让及减少额；期末借方余额，反映企业持有的长期股权投资的价值。该账户可按被投资单位设置明细科目进行核算。

企业应设置“长期股权投资减值准备”账户，用于核算企业长期股权投资的减值准备。该账户属于资产类的备抵账户，贷方登记企业计提的长期股权投资减值准备，借方登记处置长期股权投资时结转已计提的长期股权投资减值准备；期末余额在贷方，反映已计提但尚未转销的长期股权投资减值准备。该账户可按被投资单位设置明细科目进行核算。

（2）账务处理。

成本法下，长期股权投资的账务处理主要包括长期股权投资初始计量、后续计量和处置三个方面。

①长期股权投资初始计量。

长期股权投资可以通过企业合并和非企业合并形式取得。企业合并是指将两个或者两个以上单独的企业合并形成一个报告主体的交易或事项。按合并方式分为控股合并、吸收合并和新设合并；按是否在同一控制下，分为同一控制下的企业合并和非同一控制下的企业合并。除企业合并形成长期股权投资外，企业还可以通过支付现金、发行权益性证券、非货币性资产交换、债券重组等企业合并以外的其他方式取得。

企业以支付现金方式取得的长期股权投资，应当按照实际支付的购买价款作为初始投资成本，包括与取得长期股权投资直接相关的费用、税金及其他必要支出。但所支付价款中包含的被投资单位已宣告但尚未发放的现金股利或利润应作为应收项目核算，不构成取得长期股权投资的成本。支付的交易手续费、佣金等属于“直接收费金融服务”，一般纳税人支付交易手续费能取得增值税专用发票的，进项税额可以抵扣。

投资企业以支付现金取得长期股权投资时，按照实际支付的价款及与取得长期股权投资直接相关的手续费、佣金等，作为长期股权投资的初始投资成本，借记“长期股权投资”

账户，按已宣告但尚未发放的现金股利或利润，借记“应收股利”账户，按实际支付的金额，贷记“银行存款”或“其他货币资金——存出投资款”等账户。

【例 10－10】2017 年 1 月 5 日，辽宁旭日有限责任公司自公开市场中买入安达公司 60% 的股份，实际支付价款 61 000 000 元，价款中含有 1 000 000 元已宣告但尚未发放的现金股利。另外，在购买过程中支付手续费等相关费用 2 000 000 元。

旭日公司的账务处理如下：

借：长期股权投资　　62 000 000

　　应收股利——安达公司　　1 000 000

　　贷：银行存款　　63 000 000

②长期股权投资后续计量。

a. 被投资单位宣告分派现金股利或利润。

成本法下，被投资单位宣告分派现金股利或利润时，企业按持股比例计算所获得的利润或现金股利确认为当期收益，借记“应收股利”账户，贷记“投资收益”账户。

根据《国家税务总局关于全面推开营业税改征增值税试点的通知》（财税〔2016〕36 号）规定：以货币资金投资收取的固定利润或者保底利润，按照贷款服务缴纳增值税。因此，投资入股分红属于上述情况的需要按贷款服务缴纳增值税，比如优先股或者其他约定固定利润或保底利润的股利需要缴纳增值税，否则不需要缴纳。

【例 10－11】承接【例 10－10】，2018 年 2 月 10 日，安达公司宣告分配 2017 年实现的净利润，分配现金股利 3 000 000 元。

旭日公司的账务处理如下：

借：应收股利——安达公司　　1 800 000

　　贷：投资收益　　1 800 000

b. 收到现金股利。

企业收到被投资企业发放的现金股利时，借记“银行存款”，贷记“应收股利”。

【例 10－12】承接【例 10－11】，2018 年 2 月 20 日，旭日公司收到现金股利1 800 000元。

旭日公司的账务处理如下：

借：银行存款　　1 800 000

　　贷：应收股利——安达公司　　1 800 000

c. 长期股权投资减值。

投资企业应当关注长期股权投资的账面价值是否大于享有被投资单位所有者权益账面价值的份额，如果发现长期股权投资的可收回金额低于其账面价值，表明长期股权投资存在减值迹象，应当按照相关准则的规定计提减值准备。可收回金额根据长期股权投资的公允价值减去处置费用后的净额与长期股权投资预计未来现金流量的现值两者之间较高者确定。

企业按应减计的金额，借记“资产减值损失——计提的长期股权投资减值准备”账户，贷记“长期股权投资减值准备”账户。长期股权投资减值准备一经确认，在以后会计期间不得转回。但遇到出售等处置时，“长期股权投资减值准备”可以转销。

【例 10－13】承接【例 10－10】2018 年度安达公司发生巨额亏损，2018 年 12 月 31 日，旭日公司对安达公司的投资的可收回金额为 60 000 000 元。

旭日公司的账务处理如下：

借：资产减值损失——计提的长期股权投资减值准备　　2 000 000

　　贷：长期股权投资减值准备　　2 000 000

③长期股权投资处置。

企业将所持有的对被投资单位的股权全部或部分对外出售时，应相应结转与所售股权相对应的长期股权投资的账面价值，出售所得价款与处置长期股权投资账面价值之间的差额，应确认为处置损益。

企业处置长期股权投资时，应按实际收到的金额，借记“银行存款”等账户，按其账面余额，贷记“长期股权投资”账户；按尚未领取的现金股利或利润，贷记“应收股利”账户；已计提减值准备的，还应同时结转减值准备，借记“长期股权投资减值准备”账户。按其差额，贷记或借记“投资收益”账户。

企业转让上市公司股票应按照金融商品转让税目缴纳增值税。金融商品实际转让月末，如产生转让收益，则按应纳税额借记“投资收益”等账户，贷记“应交税费——转让金融商品应交增值税”账户；如产生转让损失，则按可结转下月抵扣税额，借记“应交税费——转让金融商品应交增值税”账户，贷记“投资收益”等账户。年末，“应交税费——转让金融商品应交增值税”账户如有借方余额，则借记“投资收益”等账户，贷记“应交税费——转让金融商品应交增值税”账户。缴纳转让金融商品应交增值税时，应借记“应交税费——转让金融商品应交增值税”账户，贷记“银行存款”账户。

企业转让非上市企业未公开发行股票，其股权不属于有价证券，不属于增值税征税范围。

【例 10－14】 承【例 10－13】，2019 年 1 月 5 日，旭日公司将持有的安达公司的全部股权转让给维信公司，收到股权转让款 63 000 000 元，长期股权投资的账面余额为 62 000 000 元，旭日公司对该长期股权投资已计提减值准备 2 000 000 元。

旭日公司的账务处理如下：

借：银行存款　　63 000 000

　　长期股权投资减值准备　　2 000 000

　　贷：长期股权投资　　62 000 000

　　　　投资收益　　3 000 000

（三）长期股权投资的权益法核算

1. 长期股权投资权益法概述

（1）长期股权投资权益法的含义。

长期股权投资权益法，是指投资以初始投资成本计量后，在投资持有期间根据投资企业享有被投资单位所有者权益份额的变动对投资的账面价值进行调整的方法。

（2）长期股权投资权益法的适用范围。

投资企业对被投资单位具有共同控制或重大影响的长期股权投资，即对合营企业投资及对联营企业投资，应当采用权益法核算。权益法核算的理念是将投资企业和被投资单位看成是一个整体，所以当被投资单位所有者权益发生变动时投资企业要相应地按照持股比例调整长期股权投资的账面价值。

2. 权益法下长期股权投资核算

（1）账户设置。

对采用权益法核算的长期股权投资，为了核算长期股权投资增减变动及结余情况，企业应设置“长期股权投资”“应收股利”“投资收益”“长期股权投资减值准备”等账户。在“长期股权投资”账户下，设置“成本”“损益调整”“其他综合收益”“其他权益变动”等明细账户。其中，“成本”明细账户，反映取得股权时确定的初始投资成本；“损益调整”明细账户，反映购入股权以后按照应享有或应分担的被投资单位实现的净损益的份额调整数；“其他综合收益”明细账户，反映购入股权以后按照被投资企业其他综合收益的变动，企业按照持股比例计算应享有或承担的部分；“其他权益变动”明细账户，反映购入股权以后按照被投资单位所有者权益的其他变动，企业按照持股比例计算应享有或承担的部分。

（2）账务处理。

权益法下，长期股权投资的账务处理主要包括长期股权投资初始计量、后续计量和处置三个方面。

①长期股权投资初始计量。

以现金方式取得的长期股权投资，应当按照实际支付的购买价款作为初始投资成本，包括与取得长期股权投资直接相关的费用、税金及其他必要支出。但所支付价款中包含的被投资单位已宣告但尚未发放的现金股利或利润应作为应收项目核算，不构成取得长期股权投资的成本。

投资企业对联营企业或合营企业进行投资以后，为了客观地反映投资企业在被投资单位所有者权益中享有的份额，应将初始投资成本与投资时享有被投资单位可辨认净资产公允价值份额进行比较，并分别情况进行处理。

a. 初始投资成本大于取得投资时应享有被投资单位可辨认净资产公允价值份额的，该部分差额从本质上讲是投资企业在取得投资过程中通过购买作价体现出的与所取得股权份额相对应的商誉及不符合确认条件的资产价值。因此，不应对长期股权投资的成本进行调整，而应按初始投资成本计价入账。

按照实际支付的价款及与取得长期股权投资直接相关的手续费、佣金等，作为长期股权投资的初始投资成本，借记“长期股权投资”账户，按已宣告但尚未发放的现金股利或利润，借记“应收股利”账户，按实际支付的金额，贷记“银行存款”或“其他货币资金——存出投资款”账户。

【例 10－15】 辽宁旭日有限责任公司于 2017 年 1 月 6 日取得永顺公司 30% 的股权，实际支付价款 30 000 000 元，取得投资时被投资单位所有者权益账面价值为 75 000 000 元，假定在永顺公司的董事会中，所有股东均以其持股比例行使表决权。旭日公司在取得对永顺公司的股权后，派人参与了永顺公司的生产经营决策。因能够对永顺公司的生产经营决策施加重大影响，旭日公司对该项投资采用权益法核算。假定不考虑其他相关税费。

旭日公司账务处理如下：

借：长期股权投资——永顺公司——成本　　　　30 000 000

　　贷：银行存款　　　　30 000 000

长期股权投资的成本 30 000 000 元大于取得投资时应享有永顺公司可辨认净资产公允价值的份额 22 500 000 元（75 000 000 × 30%），不对其初始投资成本进行调整。

b. 初始投资成本小于取得投资时应享有被投资单位可辨认净资产公允价值份额的，两者之间的差额体现为双方在交易作价过程中转让方的让步，该部分经济利益流入应作为收益处理，计入取得投资当期的营业外收入，同时调整增加长期股权投资的账面价值。

按照实际支付的价款及与取得长期股权投资直接相关的手续费、佣金等，作为长期股权投资的初始投资成本，借记"长期股权投资"账户，按已宣告但尚未发放的现金股利或利润，借记"应收股利"账户，按实际支付的金额，贷记"银行存款"或"其他货币资金——存出投资款"账户，按其差额，贷记"营业外收入"账户。

【例 10－16】辽宁旭日有限责任公司于 2017 年 1 月 6 日取得永顺公司 30% 的股权，实际支付价款 30 000 000 元，取得投资时被投资单位所有者权益账面价值为 120 000 000 元，假定在永顺公司的董事会中，所有股东均以其持股比例行使表决权。旭日公司在取得对永顺公司的股权后，派人参与了永顺公司的生产经营决策。因能够对永顺公司的生产经营决策施加重大影响，旭日公司对该项投资采用权益法核算。假定不考虑其他相关税费。

旭日公司的账务处理如下：

借：长期股权投资——永顺公司——成本	36 000 000	
贷：银行存款		30 000 000
营业外收入		6 000 000

②长期股权投资后续计量。

a. 持有期间被投资单位实现净损益。

企业取得长期股权投资后，应当按照应享有或应分担的被投资单位实现的净损益的份额确认投资收益，同时调整长期股权投资的账面价值。

当被投资单位实现净利润时，按照持股比例计算应享有的份额，借记"长期股权投资——损益调整"账户，贷记"投资收益"账户。

当被投资单位发生净亏损时，按照持股比例计算应分担的份额，作相反会计分录。借记"投资收益"账户，贷记"长期股权投资——损益调整"账户。但应当以长期股权投资的账面价值以及其他实质上构成对被投资单位净投资的长期权益减记至零为限，投资企业负有承担额外损失义务的除外。如果还存在未确认的亏损，则应在备查簿中登记。被投资单位以后实现净利润的，投资企业在其收益分享额弥补未确认的亏损分担额后，恢复确认收益分享额。

【例 10－17】承接【例 10－15】，2017 年永顺公司实现净利润 10 000 000 元。

2017 年 12 月 31 日旭日公司的账务处理如下：

借：长期股权投资——损益调整	3 000 000	
贷：投资收益		3 000 000

b. 被投资单位宣告发放现金股利或利润。

投资企业按照被投资单位宣告分派的利润或现金股利计算应享有的部分，相应减少长期股权投资的账面价值，借记"应收股利"账户，贷记"长期股权投资——损益调整"账户。

【例 10－18】承接【例 10－15】，2018 年 1 月 10 日，永顺公司宣告分派现金股利 5 000 000元。2 月 10 日，旭日公司收到现金股利并存入银行。

（1）2018 年 1 月 10 日，永顺公司宣告分派现金股利时：

借：应收股利	1 500 000	
贷：长期股权投资——损益调整		1 500 000

（2）2018 年 2 月 10 日，收到现金股利时：

借：银行存款　　　　1 500 000
　　贷：应收股利　　　　1 500 000

c. 持有期间被投资单位其他综合收益变动。

投资企业取得长期股权投资后，被投资单位其他综合收益变动时，在持股比例不变的情况下，按照持股比例计算应享有的份额或应分担的份额，增加或减少长期股权投资的账面价值，同时确认为其他综合收益变动，即借记或贷记“长期股权投资——其他综合收益变动”账户，贷记或借记“其他综合收益”账户。

【例 10－19】承接【例 10－15】，2017 年 12 月 31 日，永顺公司因持有的可供出售金融资产公允价值的变动计入其他综合收益的金额为 600 000 元。

旭日公司账务处理如下：

借：长期股权投资——永顺公司——其他综合收益　　　　180 000
　　贷：其他综合收益　　　　180 000

d. 持有期间被投资单位其他所有者权益变动。

投资企业取得长期股权投资后，被投资单位除净损益、其他综合收益和利润分配以外其他因素导致的所有者权益变动，在持股比例不变的情况下，按照持股比例计算应享有的份额或应分担的份额，增加或减少长期股权投资的账面价值，同时确认为资本公积（其他资本公积），即借记或贷记“长期股权投资——其他权益变动”账户，贷记或借记“资本公积——其他资本公积”账户。

【例 10－20】承接【例 10－15】，2017 年 12 月 31 日，永顺公司资本公积增加 1 000 000 元。

旭日公司账务处理如下：

借：长期股权投资——永顺公司——其他权益变动　　　　300 000
　　贷：资本公积——其他资本公积　　　　300 000

e. 长期股权投资减值。

企业按应减计的金额，借记“资产减值损失——计提的长期股权投资减值准备”账户，贷记“长期股权投资减值准备”账户。

【例 10－21】承接【例 10－20】，2018 年永顺公司发生巨额亏损，2018 年年末旭日公司对永顺公司的投资预计可收回金额为 30 000 000 元，长期股权投资的账面价值为 31 980 000 元。

旭日公司的账务处理如下：

借：资产减值损失　　　　1 980 000
　　贷：长期股权投资准备　　　　1 980 000

③长期股权投资处置。

企业处置长期股权投资时，应按实际收到的金额，借记“银行存款”或“其他货币资金——存出投资款”账户，按其账面余额，贷记“长期股权投资”账户；按尚未领取的现金股利或利润，贷记“应收股利”账户；已计提减值准备的，还应同时结转减值准备，借记“长期股权投资减值准备”账户；结转原计入其他综合收益、资本公积的金额，借记或贷记“其他综合收益”“资本公积——其他资本公积”账户；按其差额，贷记或借记“投资收益”账户。

【例 10－22】承接【例 10－21】，2019 年 1 月 25 日，旭日公司将持有的永顺公司的全部股权转让给盛达公司，收到股权转让款 38 000 000 元。长期股权投资的账面价值为 30 000 000元，其中成本 30 000 000 元，损益调整 1 500 000 万元，其他综合收益 180 000

元，其他权益变动 300 000 元，减值准备 1 980 000 元。

借：银行存款　　38 000 000
　　长期股权投资减值准备　　1 980 000
　　其他综合收益　　180 000
　　资本公积——其他资本公积　　300 000
　　贷：长期股权投资——投资成本　　30 000 000
　　　　　　　　　　——损益调整　　1 500 000
　　　　　　　　　　——其他综合收益　　180 000
　　　　　　　　　　——其他权益变动　　300 000
　　　　投资收益　　8 480 000

第二节　筹资业务核算

企业开展经营活动，必须要有充足的资金作保证，这就需要通过一定的渠道筹集资金。企业对外筹资，按出资者所拥有权益的不同可分为债务性筹资和权益性筹资。债务性筹资是企业通过向银行借款、发行债券等方式筹集资金，到期要归还本金和利息，财务风险比较大，但付出的资金成本较低。权益性筹资是企业通过吸收直接投资、发行股票等方式从企业的所有者中筹集生产经营所需资金。这部分资金即为所有者投入的资本，这种方式财务风险小，但付出的资金成本相对较高。企业筹资业务包括长短期借款、应付债券、实收资本和资本公积业务。

一、借款

（一）短期借款

1. 短期借款概述

短期借款是指企业向银行或其他金融机构等借入的偿还期限在 1 年以内（含一年）的各种借款。短期借款一般是企业为了满足正常生产经营所需资金或者是为了抵偿某项债务而借入的。

2. 短期借款核算

（1）账户设置。

为了核算短期借款的取得和到期偿还等业务，企业应设置“短期借款”账户。该账户属于负债类账户，贷方登记企业取得的短期借款本金数额，借方登记企业偿还的短期借款本金数额；期末余额在贷方，反映企业尚未偿还的借款本金数额。该账户按债权人的名称设置明细账户，并按借款种类、贷款人和币种进行明细核算。

（2）账务处理。

短期借款的账务处理主要包括短期借款的取得、借款利息的计提、支付利息和偿还短期借款四个方面。

①取得短期借款。

企业从银行或其他金融机构取得短期借款时，按借款金额，借记“银行存款”账户，贷记“短期借款”账户。

②计提借款利息。

企业因短期借款而发生的利息属于筹资费用，应作为当期损益记入“财务费用”账户。在实务工作中，银行一般于每季度末收取短期借款利息，因此，企业的短期借款利息一般采用月末预提的方式进行核算。企业应当在月末按照计算确定的短期借款利息费用，借记“财务费用”账户，贷记“应付利息”账户。

③支付利息。

企业实际支付利息时，根据已预提的利息，借记“应付利息”账户，根据应计利息，借记“财务费用”账户，根据应付利息总额，贷记“银行存款”账户。

④偿还短期借款。

企业在短期借款到期偿还本金时，应借记“短期借款”账户，贷记“银行存款”账户。

【例 10－23】 2017 年 1 月 1 日，辽宁旭日有限责任公司从银行借入 100 000 元，年利率为 6%，期限为 6 个月的短期借款。根据与银行签署的借款协议，该项借款的本金到期后一次偿还，利息分月预提，按季支付。

旭日公司的账务处理如下：

（1）2017 年 1 月 1 日，取得短期借款时：

借：银行存款	100 000	
贷：短期借款		100 000

（2）2017 年 1 月 31 日，计提利息时：

借：财务费用	500	
贷：应付利息		500

2017 年 2 月 28 日计提 2 月份利息费用的处理与 1 月份相同。

（3）2017 年 3 月份支付第一季度银行借款利息时：

借：财务费用	500	
应付利息	1 000	
贷：银行存款		1 500

第二季度的会计处理同上。

（4）2017 年 7 月 1 日，到期归还银行借款本金时：

借：短期借款	100 000	
贷：银行存款		100 000

（二）长期借款

1. 长期借款概述

长期借款是指企业向银行或其他金融机构借入的期限在 1 年以上（不含 1 年）的各项借款。长期借款是企业获得负债资金的主要筹资方式，一般用于固定资产的购建、改扩建工程等方面。

按照付息方式与本金的偿还方式，可将长期借款分为分期付息到期还本长期借款、到期一次还本付息长期借款、分期偿还本息长期借款；按所借币种不同，可分为人民币长期借款和外币长期借款。

企业向银行或金融机构借入长期借款，必须按照银行规定的程序进行办理，即经过申请、审批、签订合同和划拨款项四个步骤，按照实际收到的金额入账。在借款的使用期间，按期偿付本金和利息。

2. 长期借款核算

(1) 账户设置。

为了核算长期借款的取得、计息和到期偿还等业务，企业应设置“长期借款”账户。该账户属负债类账户，贷方登记企业向银行或其他金融机构借入的长期借款的本金和利息，借方登记偿还的本金和利息；期末贷方余额，反映企业尚未偿还的长期借款。该账户可按贷款单位和贷款种类设置明细账户，分别“本金”“利息调整”等进行明细核算。

(2) 账务处理。

长期借款的账务处理主要包括长期借款的取得、计提借款利息、支付利息和偿还长期借款四个方面。

①取得长期借款。

企业借入长期借款，应按实际收到的金额，借记“银行存款”账户，贷记“长期借款——本金”账户，按其差额，借记“长期借款——利息调整”账户。利息调整是指合同利率与实际利率不同造成的利息差。

②计提利息费用。

长期借款利息费用应当在资产负债表日，按照实际利率法计算确定，实际利率与合同利率差异较小的，也可以采用合同利率计算确定利息费用。

长期借款的利息费用应当按照借款费用准则进行处理，属于筹建期的计入管理费用；属于生产经营期间的计入财务费用；如果长期借款用于购建固定资产等符合资本化条件的资产，在资产尚未达到预定可使用状态前，所发生的应当资本化的利息支出，计入在建工程、制造费用或研发支出，按规定不予资本化的利息支出计入财务费用；资产达到预定可使用状态后所发生的利息支出计入财务费用。

企业计提利息时，借记“在建工程”“制造费用”“财务费用”“研发支出”等账户，分期付息、一次还本的借款按合同利率计算确定的应付未付利息，贷记“应付利息”账户（到期一次还本付息的借款按合同利率计算确定的应付未付利息，贷记“长期借款——应计利息”账户），按其差额，贷记“长期借款——利息调整”账户。

③支付利息。

企业实际支付利息时，根据已预提的利息，借记“应付利息”账户，根据应计利息，借记“财务费用”“在建工程”“制造费用”“研发支出”等账户，根据应付利息总额，贷记“银行存款”账户。

④偿还长期借款。

企业偿还长期借款本金时，借记“长期借款——本金”账户，贷记“银行存款”账户，按归还的利息，借记“应付利息”或“长期借款——应计利息”账户，贷记“银行存款”账户。

【例 10-24】 2015 年 1 月 1 日，辽宁旭日有限责任公司为建造厂房向银行借入期限为 3 年的长期借款 5 000 000 元，款项已存入银行。借款利率按市场利率确定为 6%，每年年底支付利息，期满后一次还清本金。2015 年 1 月 2 日，以银行存款 5 000 000 元向工程承包单位支付工程价款。该厂房于 2016 年 6 月底交付使用，并办理竣工决算手续。

旭日公司的账务处理如下：

(1) 2015 年 1 月 1 日，取得借款时：

借：银行存款　　5 000 000

贷：长期借款——本金 5 000 000

(2) 2015 年 1 月 2 日，支付工程款时：

借：在建工程 5 000 000

贷：银行存款 5 000 000

(3) 2015 年 12 月 31 日，计提 2015 年利息费用时：

2015 年应计利息 =5 000 000 ×6% =300 000（元）

借：在建工程 300 000

贷：应付利息 300 000

(4) 2015 年 12 月 31 日，支付利息时：

借：应付利息 300 000

贷：银行存款 300 000

(5) 2016 年 6 月 30 日，厂房达到预定可使用状态时：

应予资本化的利息金额 =5 000 000 ×6% ×6/12 =150 000（元）

借：在建工程 150 000

贷：应付利息 150 000

借：固定资产 5 450 000

贷：在建工程 5 450 000

(6) 2016 年 12 月 31 日，计提 2016 年 7 ~ 12 月的利息费用时：

应予费用化的利息金额 =5 000 000 ×6% ×6/12 =150 000（元）

借：财务费用 150 000

贷：应付利息 150 000

(7) 2016 年 12 月 31 日，支付利息时：

借：应付利息 300 000

贷：银行存款 300 000

(8) 2017 年 12 月 31 日，计提利息费用时：

借：财务费用 300 000

贷：应付利息 300 000

(9) 2017 年 12 月 31 日，支付利息费用时：

借：应付利息 300 000

贷：银行存款 300 000

(10) 2018 年 1 月 1 日，到期偿还本金时：

借：长期借款——本金 5 000 000

贷：银行存款 5 000 000

二、应付债券

（一）应付债券概述

1. 应付债券的含义

应付债券是指企业为筹措长期资金依法定程序对外发行，约定在一定期限还本付息的有价证券。企业发行的一年期以上的债券，构成了一项非流动负债。

企业通过发行债券取得资金是以将来履行归还购买债券者的本金和利息的义务作为保证的。企业应当设置“企业债券备查簿”，详细登记每一笔企业债券的票面金额、债券票面利率、还本付息期限与方式、发行总额、发行日期和编号、委托代销单位、转换股份等资料。企业债券到期清算时，应当在备查簿内逐笔注销。

2. 债券发行方式

企业债券的发行价格一般取决于债券的票面金额、票面利率、发行时的市场利率以及债券期限的长短等因素。市场利率是指由资金市场上供求关系决定的利率。由于企业发行债券时票面利率可能等于市场利率，也可能高于或低于市场利率，因此，企业发行债券时可采用三种不同的发行方式。

（1）面值发行。

当债券的票面利率等于发行时的市场利率时，企业可按票面价格发行，称为面值发行。在这种情况下，债券购买者现在为取得债券所付出的金额与预期未来收回本金及收取各期利息的金额的现值是相等的。

（2）溢价发行。

当债券的票面利率高于发行时的市场利率时，企业可按超过债券面值的价格发行，称为溢价发行。债券发行价格高出债券面值的部分称为债券溢价。债券购买者因溢价多付出的价款，可以从以后各期多得利息收入获得补偿；而发行企业因溢价发行多得的收入是为以后各期多付利息而事先得到的补偿。

（3）折价发行。

当债券的票面利率低于市场利率时，企业可按低于债券面值的价格发行，称为折价发行。债券发行价格低于债券面值的部分称为债券折价。债券购买者因折价少付出的价款，是对以后各期少得利息收入的预先补偿；而发行企业因折价发行少得的收入，是为以后各期少付利息而事先付出的代价。

（二）应付债券核算

1. 账户设置

为了核算应付债券的发行、计提利息、还本付息等业务，企业应设置“应付债券”账户。该账户属于负债类账户，贷方登记应付债券的面值、应付债券的应计利息、应付债券溢价、应付债券折价的摊销；借方登记归还债券的本金和利息、应付债券折价、应付债券溢价的摊销；期末余额在贷方，反映企业尚未偿还的债券本息。该账户可按“面值”“利息调整”“应计利息”等进行明细核算。

（1）“应付债券——面值”账户。

该账户用于核算企业发行债券的面值的增减变动情况，贷方登记应付债券的面值，借方登记债券本金的偿还或者转销金额；期末余额在贷方，反映企业尚未偿还的本金。

（2）“应付债券——利息调整”账户。

该账户是“应付债券——面值”的调整账户，用于核算企业发行债券实际收到的金额与债券面值的差额。其借方登记债券发行时产生的债券折价或债权溢价的摊销，贷方登记债券发行时的债券溢价或债券折价的摊销。期末余额在借方或贷方，反映企业尚未摊销的差额。

（3）“应付债券——应计利息”账户。

该账户用于核算到期一次还本付息债券，在资产负债表日按票面利率确定的应付利息。

借方登记企业实际支付的利息，贷方登记企业计提的应付未付利息；期末余额在贷方，反映企业尚未支付的利息。

2. 账务处理

应付债券的账务处理主要包括债券发行、债券利息计提、债券利息支付和债券偿还四个方面。

（1）发行债券。

对于企业发行债券直接产生的发行费用扣除发行期间冻结资金所产生的利息收入，应当作为“利息调整”的一部分计入债券的初始确认金额，在债券存续期间于计提利息时摊销，并按借款费用的处理原则予以资本化或费用化。企业发行债券时，按实际收到的款项，借记“银行存款”“库存现金”等账户，按债券票面价值，贷记“应付债券——面值”账户，按其差额，贷记或借记“应付债券——利息调整”账户。

（2）计提债券利息。

债券发行后发行企业应按债券面值和票面利率，按期计提利息。按照权责发生制原则，债券利息一般按年预提。

①按面值发行的债券，在期末计提债券利息时，按其票面利率确定的应付未付利息，借记“在建工程”“制造费用”“财务费用”“研发支出”等账户，贷记“应付利息”或“应付债券——应计利息”账户。

②溢价或折价发行的债券，其债券发行价格与债权面值总额的差额即利息调整，应当在债券存续期间分期摊销。摊销方法采用实际利率法，当实际利率与合同约定的名义利率差异不大时，也可以采用合同约定的名义利率计算确定利息费用。

实际利率法是指根据实际利率计算确定各期实际应负担的利息费用，依此计算溢价或折价的摊销额。实际利率，是指将应付债券在债券期间的未来现金流量，折现为该债券当前账面价值所使用的利率。计算公式如下：

票面利息＝面值×票面利率

当期实际利息费用＝摊余成本（债券当期期初账面价值）×实际利率

溢价发行时：溢价摊销额＝票面利息－当期实际利息费用

当期债券摊余成本＝上期债券摊余成本－溢价摊销额

折价发行时：折价摊销额＝当期实际利息费用－票面利息

当期债券摊余成本＝上期债券摊余成本＋折价摊销额

资产负债表日，对于分期付息、一次还本的债券，企业应按应付债券的摊余成本和实际利率计算确定的债券利息费用，借记“在建工程”“制造费用”“财务费用”“研发支出”等账户，按票面利率计算确定的应付未付利息，贷记“应付利息”账户，按其差额，借记或贷记“应付债券——利息调整”账户。

对于一次还本付息的债券，企业应按应付债券的摊余成本和实际利率计算确定的债券利息费用，借记“在建工程”“制造费用”“财务费用”“研发支出”等账户，按票面利率计算确定的应付未付利息，贷记“应付债券——应计利息”账户，按其差额，借记或贷记“应付债券——利息调整”账户。

（3）支付债券利息。

对于分期付息、一次还本的债券，应在约定的时间支付利息。每期支付债券利息时，借记"应付利息"账户，贷记"银行存款"账户。

（4）偿还债券。

对于采用一次还本付息方式的，企业应于债券到期支付债券本息时，借记"应付债券——面值、应计利息"账户，贷记"银行存款"账户；对于采用一次还本、分期付息方式的，企业应于债券到期偿还本金并支付最后一期利息时，借记"应付债券——面值""应付利息"等账户，贷记"银行存款"账户。

【例 10－25】 2013 年 1 月 1 日，辽宁旭日有限责任公司发行为期 5 年，票面年利率为 6%，每年付息一次，到期一次还本的债券，债券面值为 1 000 000 元。发行时的市场利率也为 6%，债券按面值发行，款项全部存入银行。

旭日公司的账务处理如下：

（1）2013 年 1 月 1 日发行债券时：

借：银行存款　　1 000 000

　贷：应付债券——面值　　1 000 000

（2）2013 年 12 月 31 日计提利息：

借：财务费用　　60 000

　贷：应付利息　　60 000

（3）2014 年 1 月 1 日支付利息：

借：应付利息　　60 000

　贷：银行存款　　60 000

2014 年、2015 年、2016 年、2017 年的账务处理同上。

（4）2018 年 1 月 1 日到期还本付息：

借：应付债券——面值　　1 000 000

　应付利息　　60 000

　贷：银行存款　　1 060 000

【例 10－26】 2013 年 1 月 1 日，辽宁旭日有限责任公司发行为期 5 年，票面年利率为 6%，每年付息一次，到期一次还本的债券，债券面值为 1 000 000 元。发行时的市场利率为 4%，该债券的发行价格为 1 089 808 元，所得款项已存入银行。

旭日公司的账务处理如下：

（1）2013 年 1 月 1 日发行债券时：

借：银行存款　　1 089 808

　贷：应付债券——面值　　1 000 000

　　应付债券——利息调整　　89 808

（2）每年计提利息如表 10－3 所示。

表 10－3　债券利息费用计算表

时间	应付利息 （债券面值 ×6%）	利息费用 （摊余成本 ×4%）	折价摊销 （应付利息－利息费用）	期末摊余成本 （上期摊余成本－本期摊销折价）
2013. 01. 01				1 089 808
2013. 12. 31	60 000	43 592	16 408	1 073 400

续表

时间	应付利息 （债券面值 ×6%）	利息费用 （摊余成本 ×4%）	折价摊销 （应付利息 − 利息费用）	期末摊余成本 （上期摊余成本 − 本期摊销折价）
2014. 12. 31	60 000	42 936	17 064	1 056 336
2015. 12. 31	60 000	42 253	17 747	1 038 590
2016. 12. 31	60 000	41 544	18 456	1 020 133
2017. 12. 31	60 000	39 867	20 133	1 000 000
合计	300 000	210 192	89 808	

2013 年 12 月 31 日计提利息：

借：财务费用　　43 592

　　应付债券——利息调整　　16 408

　　贷：应付利息　　60 000

2014 年 1 月 1 日支付利息：

借：应付利息　　60 000

　　贷：银行存款　　60 000

2014 年 12 月 31 日计提利息：

借：财务费用　　42 936

　　应付债券——利息调整　　17 064

　　贷：应付利息　　60 000

2015 年 1 月 1 日支付利息：

借：应付利息　　60 000

　　贷：银行存款　　60 000

2015 年 12 月 31 日计提利息：

借：财务费用　　42 253

　　应付债券——利息调整　　17 747

　　贷：应付利息　　60 000

2016 年 1 月 1 日支付利息：

借：应付利息　　60 000

　　贷：银行存款　　60 000

2016 年 12 月 31 日计提利息：

借：财务费用　　41 544

　　应付债券——利息调整　　18 456

　　贷：应付利息　　60 000

2017 年 1 月 1 日支付利息：

借：应付利息　　60 000

　　贷：银行存款　　60 000

2017 年 12 月 31 日计提利息：

借：财务费用 39 867

应付债券——利息调整 20 133

贷：应付利息 60 000

（3）2018 年 1 月 1 日支付本金及利息：

借：应付债券——面值 1 000 000

应付利息 60 000

贷：银行存款 1 060 000

三、权益资金

通过权益性筹资可以获得所有者投入的资本，一般不用还本，因而称之为企业的自有资金或权益资金。

（一）实收资本

1. 实收资本概述

实收资本是指企业所有者按照企业章程或合同、协议的约定，实际投入企业的资本。实收资本是指投资者作为资本投入企业的各种财产，是企业进行生产经营活动的必要物质基础。所有者向企业投入的资本，在一般情况下无须偿还，可以长期周转使用。实收资本的构成比例是企业据以向投资者进行利润或股利分配的主要依据。我国实行的是注册资本制度，要求企业的实收资本与其注册资本相一致。

根据《中华人民共和国公司法》的规定，股东可以用货币出资，也可以用实物、知识产权、土地使用权等可以用货币估价并可以依法转让的非货币财产作价出资；但是，法律、行政法规规定不得作为出资的财产除外。对作为出资的非货币财产应当评估作价，核实财产，不得高估或者低估作价。

2. 一般企业投入资本核算

（1）账户设置。

为了核算投资者投入资本的增减变动情况，真实地反映所有者投入企业资本的状况，除股份有限公司以外，其他各类企业应设置“实收资本”账户，该账户属于所有者权益类账户，贷方登记企业实际收到的投资者的出资额和由资本公积、盈余公积转增的资本额，借方登记企业按照法定程序报经批准减少的资本数额；期末余额在贷方，反映企业实际拥有的资本额。该账户可按投资者进行明细核算。

（2）账务处理。

企业收到投资者投入企业的资本后，应根据有关原始凭证（如投资清单、银行通知单等），分别不同的出资方式进行账务处理。

①接受货币资产投资。

企业收到投资者以货币资产（现金、银行存款）方式投入的资本金时，应按实际收到的金额，借记“库存现金”“银行存款”账户，以投资方在被投资企业所占的份额，贷记“实收资本”账户，按其差额，贷记“资本公积——资本溢价”账户。

②接受非货币资产投资。

企业接受非货币资产投资时，应按照投资合同或协议约定价值确定非货币资产的价值和在注册资本中应享有的份额。对于投资合同或协议约定的价值超过其在注册资本中所占份额的部分，作为资本溢价，计入资本公积。企业收到以实物资产投资的，应在办理实物资产转移手续时，借记“固定资产”“原材料”等账户，以无形资产投资的，应在按照合同、协议或公司章程规定移交有关凭证时，借记“无形资产”账户，按投入资本在企业注册资本的所占份额，贷记“实收资本”账户，按其差额，贷记“资本公积——资本溢价”账户，涉及增值税的，还应进行相应的账务处理。

【例10－27】2013年1月1日，永和公司、安阳公司、裕隆公司共同投资设立辽宁旭日有限责任公司，注册资本10 000 000元。其中：永和公司认缴5 000 000元，占注册资本的50%，出资方式为货币3 000 000元和非专利技术一项，投资合同约定该非专利技术价值为2 000 000元；安阳公司认缴3 000 000元，占注册资本30%，出资方式为原材料，投资合同约定该批原材料价值为2 800 000元，增值税进项税额为476 000元。裕隆公司认缴20 00 000元，占注册资本20%，出资方式为一台不需要安装的机器设备，合同约定该机器设备的价值为2 000 000元，增值税进项税额为340 000元。安阳公司和裕隆公司均已开具增值税专用发票。假设上述合同约定的价值与公允价值相符，进项税额均允许抵扣，不考虑其他因素。

旭日公司的账务处理如下：

借：银行存款	3 000 000	
无形资产——非专利技术	2 000 000	
原材料	2 800 000	
固定资产	2 000 000	
应交税费——应交增值税（进项税额）	816 000	
贷：实收资本——永和公司		5 000 000
——安阳公司		3 000 000
——裕隆公司		2 000 000
资本公积——资本溢价		616 000

3. 股份有限公司股本核算

股份有限公司是指企业全部注册资本由等额股份构成，并通过发行股票筹集资本，股东以其所持有的股份对公司承担有限责任，公司以其全部资产对公司债务承担责任的企业法人。

股份有限公司通过向社会公众广泛发行股票筹集资本，在股票发行价格中，溢价发行或者等价发行都是允许的，但是不允许折价发行。股份有限公司在核定的股本总额范围内发行股票时，应在实际收到现金资产时进行账务处理。

（1）账户设置。

为了核算股东投入的资本，股份有限公司应设置“股本”账户。该账户属于所有者权益类账户，贷方登记股份有限公司发行股票的面值，借方登记按照法定程序报经批准减少注册资本而冲减的股票面值；期末贷方余额，反映企业发行在外的股票的总面值。该账户可分别按普通股和优先股进行明细核算。

（2）账务处理。

股份有限公司发行股票并收到投资者投入的货币资金时，按实际收到的金额，借记“银行存款”等账户，按股票面值和核定的股份总额的乘积计算的金额，贷记“股本”账户，按其差额，贷记“资本公积——股本溢价”账户。

上市公司为发行权益性证券发生的承销费、保荐费、上网发行费、招股说明书印刷费、申报会计师费、律师费、评估费等与发行权益性证券直接相关的新增外部用，应自所发行权益性证券的发行收入中扣减，在权益性证券发行有溢价的情况下，自溢价收入中扣除，在权益性证券发行无溢价或溢价金额不足以扣减的情况下，应当冲减盈余公积和未分配利润；发行权益性证券过程中发行的广告费、路演及财经公关费、上市酒会费等其他费用应在发生时计入当期损益。

【例10－28】2014年9月1日，远达公司委托证券公司代理发行普通股20 000 000股，每股面值1元，发行价格为2元/股。证券公司按发行收入的2%收取手续费，并直接从发行收入中扣除。

远达公司的账务处理如下：

借：银行存款	39 200 000	
贷：股本		20 000 000
资本公积——股本溢价		19 200 000

4. 权益资本变动核算

（1）企业增资。

企业有三种增资的渠道，分别是投资者追加投资、资本公积转增资本和盈余公积转增资本。

①投资者追加投资。

企业在接受投资者追加投资时，按实际收到的金额，借记“银行存款”等账户，按投资者在注册资本中所占份额贷记“实收资本”账户，投资额大于其在注册资本中所占比例计算的数额部分，记入“资本公积——资本（股本）溢价”账户。

【例10－29】2014年1月1日，辽宁旭日有限公司为扩大生产经营，增加注册资本1 000 000元，永和公司、安阳公司、裕隆公司按照原出资比例分别追加投资500 000元、300 000元、200 000元。旭日公司如期收到追加的现金投资。

旭日公司的账务处理如下：

借：银行存款	1 000 000	
贷：实收资本——永和公司		500 000
——安阳公司		300 000
——裕隆公司		200 000

②资本公积转增资本。

企业用资本公积转增资本，按转增资本前的实收资本结构比例，将资本公积转增资本的数额记入“实收资本”账户下各所有者的投资明细账户，相应增加各所有者对企业的投资。借记“资本公积”账户，贷记“实收资本”账户。

【例10－30】2015年12月10日，因扩大经营规模，经批准，辽宁旭日有限责任公司按原出资比例将资本公积500 000元转增资本。

旭日公司的账务处理如下：

借：资本公积	500 000	
贷：实收资本——永和公司		250 000

——安阳公司 150 000

——裕隆公司 100 000

③盈余公积转增资本。

企业采用盈余公积转增资本时，应按转增的资本金额确认实收资本，同时，应按原投资者各自出资比例计算确定各投资者相应增加的出资额。借记“盈余公积”账户，贷记“实收资本”账户。

【例10－31】2016年12月20日，因扩大经营规模，经批准，辽宁旭日有限责任公司按原出资比例将盈余公积400 000元转增资本。

旭日公司的账务处理如下：

借：盈余公积 400 000

　　贷：实收资本——永和公司 200 000

　　　　　　　　——安阳公司 120 000

　　　　　　　　——裕隆公司 80 000

（2）企业减资。

一般情况下，企业的实收资本（或股本）应相对固定不变，投资者在企业存续期间内，按照有关法律规定不能抽回资本（或股本）。但在企业发生缩小经营规模、资本过剩或发生重大亏损而短期内又无力弥补等特殊情况时，企业须减少注册资本。

①一般企业减资。

股份有限公司以外的企业减资，一般要发还投资款，经公司登记机关批准后，按投资者各自投资的比例发还投资款时，借记“实收资本”账户，贷记“银行存款”等账户。

【例10－32】某企业因生产经营规模缩小，经批准减少注册资本500 000元，已办妥相关手续，以银行存款发还所有者投资款500 000元。

借：实收资本 500 000

　　贷：银行存款 500 000

②股份有限公司减资。

股份有限公司减少股本应按法定程序报经批准，采用收购本公司股票方式减资的，应设置“库存股”账户，核算公司收购的尚未转让或注销的本公司股份金额。股份有限公司应按股票面值和注销股数计算的股票面值总额冲减股本，借记“股本”账户，按注销库存股的账面余额，贷记“库存股”账户，按其差额借记“资本公积——股本溢价”账户，股本溢价不足冲减的，应依次冲减“盈余公积”“利润分配——未分配利润”等账户。如果购回股票支付的价款低于面值总额，应按股票面值总额借记“股本”账户，按所注销库存股的账面余额，贷记“库存股”账户，按其差额贷记“资本公积——股本溢价”账户。

【例10－33】2016年12月31日，远达公司以每股24元的价格收购本公司股票1 000 000股，股票面值1元。资本公积（股本溢价）账面余额为19 200 000元，盈余公积账面余额为5 000 000元。

远达公司的账务处理如下：

（1）回购本公司股票时：

借：库存股 24 000 000

　　贷：银行存款 24 000 000

（2）注销本公司股票时：

借：股本　　1 000 000
　　资本公积——股本溢价　　19 200 000
　　盈余公积　　3 800 000
　　贷：库存股　　24 000 000

（二）资本公积

1. 资本公积概述

（1）资本公积的含义。

资本公积是指企业收到投资者的超出其在企业注册资本所占份额的投资，以及直接计入所有者权益的利得和损失等。

资本公积尽管属于投入资本范畴，但它与实收资本又有所不同，实收资本一般是投资者投入的、为谋求价值增值的原始投资，而且属于法定资本，在金额上有比较严格的限制；资本公积在金额上则并没有严格的限制，而且在来源上也相对比较多样，它可以来源于投资者的额外投入，也可以来源于其他项目。

（2）资本公积的构成。

资本公积包括资本溢价（股本溢价）和直接计入所有者权益的利得和损失等。

其中，资本溢价是企业收到投资者投入的超出其在企业实收资本中按其投资比例所占份额的投资数额。股本溢价是指股份有限公司溢价发行股票时收到的款项超过股票面值总额的数额。

直接计入所有者权益的利得和损失是指不应计入当期损益、会导致所有者权益发生变动、与所有者投入资本或向所有者分配利润无关的利得或损失。如企业的长期股权投资采用权益法核算时，因被投资单位除净损益以外所有者权益的其他变动，投资企业按应享有份额而增加或减少的资本公积。

2. 资本公积核算

（1）账户设置。

为了核算资本公积的增减变动情况，企业应设置“资本公积”账户，该账户属于所有者权益类账户，贷方登记资本公积的增加金额，包括因投资者资本溢价（或股本溢价）和其他原因而增加的资本，借方登记资本公积的减少金额；期末余额在贷方，反映企业资本公积的结余金额。该账户应当分别“资本溢价（股本溢价）”“其他资本公积”进行明细核算。

（2）账务处理。

资本公积的账务处理包括资本公积增加和资本公积减少两个方面。

①资本公积增加。

a. 资本溢价。

资本溢价是指投资者的实际出资额超出其在企业注册资本中所占份额的金额。除股份有限公司外的其他企业，在企业创立时，投资者认缴的出资额与注册资本一致，一般不会产生资本溢价。但在企业有新的投资者加入时，为了维护原有投资者的权益，新加入投资者的出资额，并不一定全部作为实收资本处理。这是因为，企业创建时的资金投入和企业已走向经营正轨时期的资金投入，即使在数量上相等，但其盈利能力却不一致；企业在正常生产经营后，其资本利润率通常都要高于企业初创阶段，另外，企业可能有一定的内部积累，如从净利润中提取的盈余公积、未分配利润等，新投资者加入企业后，与原投资者一样有权参与原有留存收益的分配，所以，只有新加入投资者的出资额大于实收资本，才能维护原投资者的已有权益，投资者多交的这部分就形成了资本溢价。

企业收到新加入投资者的投资时，应按实际收到的金额，借记“银行存款”“原材料”“固定资产”“无形资产”等账户，以投资方在被投资企业所占的份额，贷记“实收资本”账户，按其差额，贷记“资本公积——资本溢价”账户。

【例 10－34】 盛安公司为扩大生产规模，准备吸收新的投资者，使注册资本达到 20 000 000元。远航公司愿意出资 5 000 000 元而拥有该公司 20% 的股份。2017 年 1 月 10 日，盛安公司接到银行入账通知，收到远航公司的投资款。

盛安公司的账务处理如下：

借：银行存款　　5 000 000
　　贷：实收资本——远航公司　　4 000 000
　　　　资本公积——资本溢价　　1 000 000

b. 股本溢价。

股本溢价是指股份有限公司溢价发行股票时实际收到的股款超出股票面值的金额。与其他类型的企业不同，股份有限公司在成立时可能溢价发行股票，因而在成立之初，就可能会产生股本溢价。在溢价发行股票的情况下，按实际收到投资者投入货币资金的金额，借记“银行存款”等账户，按股票面值和核定的股份总额的乘积计算的金额；贷记“股本”账户，按扣除发行费用后的溢价收入，贷记“资本公积——股本溢价”账户。

【例 10－35】 安达股份公司发行普通股 6 000 000 万股，每股面值 1 元，每股发行价格 2 元，证券公司按发行收入的 10% 收取手续费，从发行收入中扣除。公司已将收到的股款存入银行。

安达公司的账务处理如下：

借：银行存款　　10 800 000
　　贷：股本　　6 000 000
　　　　资本公积——股本溢价　　4 800 000

c. 其他资本公积。

其他资本公积是指除资本溢价（或股本溢价）项目以外所形成的资本公积，主要是直接计入所有者权益的利得和损失。直接计入所有者权益的利得和损失主要由以下交易或事项引起：采用权益法核算的长期股权投资、以权益结算的股份支付。

企业长期股权投资采用权益法核算的，在持股比例不变的情况下，被投资单位除净损益以外所有者权益的其他变动增加时，企业按持股比例计算应享有的份额，借记“长期股权投资——其他权益变动”账户，贷记“资本公积——其他资本公积”账户。在处置采用权益法核算的长期股权投资时，还应按转销与该笔投资相关的其他资本公积，贷记“资本公积——其他资本公积”账户，借记“投资收益”账户。

以权益结算的股份支付换取职工或其他方提供服务的，应按照确定的金额，借记“管理费用”等账户，贷记“资本公积——其他资本公积”账户。

②资本公积减少。

经股东大会或类似机构决议，用资本公积转增资本时，应冲减资本公积，同时按照转增前实收资本（或股本）的结构或比例，将转增的金额记入“实收资本”（或股本）账户下各所有者的明细分类账户。

企业长期股权投资采用权益法核算的，在持股比例不变的情况下，被投资单位除净损益以外所有者权益的其他变动减少时，企业按持股比例计算应享有的份额，借记“资本公积——其他资本公积”账户，贷记“长期股权投资——其他权益变动”账户。

以权益结算的股份支付，在行权日应按实际行权的权益工具计算确定的金额，借记“资本公积——其他资本公积”账户，按计入实收资本或股本的金额，贷记“实收资本”或“股本”账户，按其差额，贷记“资本公积——资本溢价或股本溢价”账户。

本章小结

一、投资业务

<table>
<tr><th colspan="3">业务内容</th><th>账务处理</th></tr>
<tr><td rowspan="6">交易性金融资产</td><td colspan="2">取得</td><td>借：交易性金融资产——成本 【公允价值】
应收利息 【已到付息期尚未领取的债券利息】
应收股利 【已宣告尚未发放的现金股利】
投资收益 【交易费用】
贷：银行存款（其他货币资金） 【实际支付金额】</td></tr>
<tr><td rowspan="2">投资收益</td><td>确认</td><td>借：应收股利 【被投资单位宣告发放的股利】
应收利息 【债券应收利息】
贷：投资收益</td></tr>
<tr><td>收到</td><td>借：银行存款（其他货币资金）
贷：应收股利
应收利息</td></tr>
<tr><td rowspan="2">期末计量</td><td>公允价值上升</td><td>借：交易性金融资产——公允价值变动
贷：公允价值变动损益</td></tr>
<tr><td>公允价值下降</td><td>借：公允价值变动损益
贷：交易性金融资产——公允价值变动</td></tr>
<tr><td colspan="2">处置</td><td>借：银行存款（其他货币资金）
公允价值变动损益 【或在贷方】
贷：交易性金融资产——成本
——公允价值变动 【或在借方】
贷记或借记：投资收益</td></tr>
</table>

续表

业务内容				账务处理
持有至到期投资	取得			借：持有至到期投资——成本 【面值】 应收利息 【已到付息期尚未领取的债券利息】 贷：银行存款（其他货币资金） 【实际支付金额】 借记或贷记：持有至到期投资——利息调整 【差额】
	投资收益	确认		借：持有至到期投资——应计利息 【一次还本付息】 应收利息 【分期付息一次还本】 贷：投资收益 贷记或借记：持有至到期投资——利息调整
		收到（分期付息）		借：银行存款（其他货币资金） 贷：应收利息
	减值			借：资产减值损失 贷：持有至到期投资减值准备
	处置			借：银行存款（其他货币资金） 持有至到期投资减值准备 借记或贷记：持有至到期投资——利息调整 贷：持有至到期投资——成本 ——应计利息 贷记或借记：投资收益
可供出售金融资产	取得	股票		借：可供出售金融资产——成本 应收股利 贷：银行存款（其他货币资金）
		债券		借：可供出售金融资产——成本 应收利息 贷：银行存款（其他货币资金） 借记或贷记：持有至到期投资——利息调整 【差额】
	投资收益	确认	股票	借：应收股利 贷：投资收益
			债券	借：应收利息【分期付息一次还本】 可供出售金融资产——应计利息 【一次还本付息】 贷：投资收益 贷记或借记：持有至到期投资——利息调整
		收到	股票	借：银行存款（其他货币资金） 贷：应收股利
			债券（分期付息）	借：银行存款（其他货币资金） 贷：应收利息
	期末计量	公允价值上升		借：可供出售金融资产——公允价值变动 贷：其他综合收益
		公允价值下降		借：其他综合收益 贷：可供出售金融资产——公允价值变动

续表

业务内容				账务处理
可供出售金融资产	减值			借：资产减值损失 　贷：其他综合收益 　　可供出售金融资产——公允价值变动
	处置	股票		借：银行存款（其他货币资金） 　其他综合收益　【或在贷方】 　贷：可供出售金融资产——成本 　　——公允价值变动　【或在借方】 　投资收益
		债券		借：银行存款（其他货币资金） 　贷：可供出售金融资产——成本 　　——应计利息 借记或贷记：持有至到期投资——利息调整 贷记或借记：投资收益　【差额】
长期股权投资	成本法	初始计量		借：长期股权投资 　应收股利 　贷：银行存款（其他货币资金）
		后续计量	宣告分派股利	借：应收股利 　贷：投资收益
			收到现金股利	借：银行存款（其他货币资金） 　贷：应收股利
		减值		借：资产减值损失 　贷：长期股权投资减值准备
		处置		借：银行存款（其他货币资金） 　长期股权投资减值准备 　贷：长期股权投资 　　投资收益
	权益法	初始计量	投资成本大于应享有份额	借：长期股权投资——成本　【实际购买价款（含手续费）】 　应收股利　【已宣告尚未发放的现金股利】 　贷：银行存款（其他货币资金）　【实际支付金额】
			投资成本小于应享有份额	借：长期股权投资——成本　【应享有份额】 　应收股利　【已宣告尚未发放的现金股利】 　贷：银行存款　【实际支付金额】 　　营业外收入　【差额】

续表

业务内容				账务处理
长期股权投资	权益法	后续计量	确认投资损益	借：长期股权投资——损益调整 　贷：投资收益 （被投资单位亏损作相反分录）
			现金股利	借：应收股利 　贷：长期股权投资——损益调整
				借：银行存款 　贷：应收股利
			被投资单位其他综合收益变动	借：长期股权投资——其他综合收益变动 　贷：其他综合收益 （被投资单位其他综合收益减少作相反分录）
			被投资单位其他权益变动	借：长期股权投资——其他权益变动 　贷：资本公积——其他资本公积 （被投资单位其他权益减少作相反分录）
		减值		借：资产减值损失 　贷：长期股权投资减值准备
		处置		借：银行存款 　长期股权投资减值准备 　其他综合收益【或在贷方】 　资本公积——其他资本公积【或在贷方】 　贷：长期股权投资——投资成本 　　——损益调整【或在借方】 　　——其他综合收益【或在借方】 　　——其他权益变动【或在借方】 　　投资收益

二、筹资业务

（一）债务筹资

业务内容		账务处理
短期借款	取得	借：银行存款 　贷：短期借款
	计提利息	借：财务费用 　贷：应付利息
	支付利息	借：应付利息【已计提利息】 　财务费用【应计提利息】 　贷：银行存款
	到期偿还本金	借：短期借款 　贷：银行存款

续表

业务内容			账务处理
长期借款	取得长期借款		借：银行存款 【实际收到金额】 长期借款——利息调整 【差额】 贷：长期借款——本金 【借款本金】
长期借款	计提利息		借：管理费用 【筹建期间发生】 在建工程 【购建固定资产符合资本化条件】 制造费用 【生产产品符合资本化条件】 研发支出 【开发无形资产符合资本化条件】 财务费用 【生产经营期间不符合资本化条件】 贷：应付利息 【分期付息】 长期借款——应计利息 【到期一次还本付息】 长期借款——利息调整
长期借款	支付利息（分期付息）		借：应付利息 贷：银行存款
长期借款	归还长期借款		借：长期借款——本金 【偿还金额】 应付利息 【分期归还的已计利息】 长期借款——应计利息 【到期一次还本付息的已计利息】 贷：银行存款
应付债券	发行债券	平价发行	借：银行存款 贷：应付债券——面值
应付债券	发行债券	折价发行	借：银行存款 【实际收到金额】 应付债券——利息调整 【折价金额】 贷：应付债券——面值 【票面金额】
应付债券	发行债券	溢价发行	借：银行存款 【实际收到金额】 贷：应付债券——面值 【票面金额】 应付债券——利息调整 【溢价金额】
应付债券	计提利息	平价发行	借：财务费用（在建工程等） 贷：应付利息（应付债券——应计利息）
应付债券	计提利息	折价发行	借：财务费用（在建工程等） 【摊余成本×实际利率】 贷：应付利息（应付债券——应计利息）【票面金额×票面利率】 应付债券——利息调整 【折价摊销额】
应付债券	计提利息	溢价发行	借：财务费用（在建工程等） 【摊余成本×实际利率】 应付债券——利息调整 【溢价摊销额】 贷：应付利息（应付债券——应计利息）【票面金额×票面利率】
应付债券	支付利息（分期付息）		借：应付利息 贷：银行存款
应付债券	偿还债券		借：应付债券——面值 应付利息（应付债券——应计利息） 贷：银行存款

（二）权益筹资

<table>
<tr><td rowspan="9">实收资本（股本）</td><td rowspan="2">一般企业接受投资</td><td>接受货币资产投资</td><td>借：银行存款　【实收金额】
　贷：实收资本（股本）　【投资者占注册资本份额】
　　资本公积——资本溢价　【差额】</td></tr>
<tr><td>接受非货币资产投资</td><td>借：原材料（固定资产/无形资产）　【合同约定价值】
　应交税费——应交增值税（进项税额 ）
　贷：实收资本　【投资者享有的份额】
　　资本公积——资本溢价　【超过享有的份额部分】</td></tr>
<tr><td colspan="2">股份公司发行股票</td><td>借：银行存款
　贷：股本
　　资本公积——股本溢价</td></tr>
<tr><td rowspan="3">权益资本增加</td><td>投资者追加投资</td><td>借：银行存款
　贷：实收资本（股本）
　　资本公积——资本溢价（股本溢价）</td></tr>
<tr><td>资本公积转增资本</td><td>借：资本公积
　贷：实收资本（股本）</td></tr>
<tr><td>盈余公积转增资本</td><td>借：盈余公积
　贷：实收资本（股本）</td></tr>
<tr><td rowspan="3">权益资本减少</td><td>一般企业减资</td><td>借：实收资本
　贷：银行存款</td></tr>
<tr><td rowspan="2">股份公司减资</td><td>借：库存股　【回购金额】
　贷：银行存款</td></tr>
<tr><td>借：股本　【股票面值】
　资本公积——股本溢价　【差额】
　盈余公积（利润分配——未分配利润）
　贷：库存股　【回购金额】</td></tr>
<tr><td rowspan="4">资本公积</td><td rowspan="2">资本公积增加</td><td>资本（股本）溢价</td><td>借：银行存款
　贷：实收资本
　　资本公积——资本溢价（股本溢价）</td></tr>
<tr><td>采用权益法核算长期股权投资</td><td>借：长期股权投资—其他权益变动
　贷：资本公积—其他资本公积</td></tr>
<tr><td rowspan="2">资本公积减少</td><td>采用权益法核算长期股权投资</td><td>借：资本公积——其他资本公积
　贷：长期股权投资—其他权益变动</td></tr>
<tr><td>资本公积转增资本</td><td>借：资本公积
　贷：实收资本</td></tr>
</table>

第十章教学目标、重点、难点 + 习题及答案

第十一章

收入核算

第一节　销售商品收入

一、收入概述

（一）收入的含义

收入是指企业在日常活动中形成的、会导致所有者权益增加的、与所有者投入资本无关的经济利益的总流入。日常活动是指企业为完成其经营目标所从事的经常性活动，以及与之相关的其他活动。

（二）收入的特征

1. 收入是企业在日常活动中形成的经济利益的总流入

企业经济利益的总流入包括日常活动产生的和非日常活动产生的。只有产生于企业的日常活动，属于企业主要的、经常性的收益才能作为收入核算。如工业企业销售产品、商贸企业销售商品、咨询公司提供咨询服务等，由此形成的经济利益的总流入构成收入。工业企业对外出售不需用的原材料、对外转让无形资产使用权等活动，虽不属于企业的经常性活动，但属于企业为完成其经营目标所从事的与经常性活动相关的活动，由此形成的经济利益的总流入也构成收入。

2. 收入会导致企业所有者权益的增加

收入可能表现为企业资产的增加，如收入实现时增加银行存款、应收账款，也可能表现为负债的减少，如收入实现时减少预收账款等，或者两者兼而有之，如销售实现时，销售商品的货款，部分冲减预收账款，部分增加银行存款等。根据会计恒等式可以推导出“所有者权益＝资产－负债”，所以，收入一定能增加企业的所有者权益。

3. 收入与所有者投入资本无关

所有者投入资本主要是为谋求企业资产的剩余权益，由此形成的经济利益的总流入不构成收入，而应确认为企业所有者权益的组成部分。

（三）收入的分类

1. 按企业从事日常活动的性质不同分类

按企业从事日常活动的性质不同，可以将收入分为销售商品收入、提供劳务收入和让渡资产使用权收入。

（1）销售商品收入。销售商品收入是指企业通过销售商品实现的收入。这里的商品包括企业为销售而生产的产品和为转售而购进的商品。企业销售的其他存货，如原材料、包装物等也视同商品。

（2）提供劳务收入。提供劳务收入是指企业通过提供劳务实现的收入，如企业提供旅游、运输、饮食、广告、咨询、代理、培训、产品安装等劳务所实现的收入。

（3）让渡资产使用权收入。让渡资产使用权收入是指企业通过让渡资产使用权实现的收入。让渡资产使用权收入包括利息收入和使用费收入。利息收入主要是指金融企业对外贷款形成的利息收入以及同业之间发生往来形成的利息收入等。使用费收入主要是指企业转让无形资产（如商标权、专利权、专营权、版权）等资产的使用权形成的使用费收入。企业对外出租固定资产收取的租金、进行债权投资收取的利息、进行股权投资取得的现金股利等，也构成让渡资产使用权收入。

2. 按企业经营业务的主次不同分类

按企业经营业务的主次不同，可将收入分为主营业务收入和其他业务收入。

（1）主营业务收入。主营业务收入是指企业为完成其经营目标所从事的经常性活动实现的收入。主营业务收入一般占企业总收入的比重较大，对企业的经济效益产生较大影响。不同行业企业的主营业务收入包括的内容不同，工业企业的主营业务收入主要包括销售商品、销售自制半成品、提供工业性劳务等收入，商贸企业的主营业务收入主要包括销售商品取得的收入，咨询公司的主营业务收入主要包括提供咨询服务实现的收入，安装公司的主营业务收入主要包括提供安装服务实现的收入。

（2）其他业务收入。其他业务收入是指企业为完成其经营目标所从事的与经常性活动相关的活动实现的收入。其他业务收入属于企业日常活动中次要交易实现的收入，一般占企业总收入的比重较小。不同行业企业的其他业务收入所包括的内容不同，比如，工业企业的其他业务收入主要包括对外销售材料、对外出租包装物或固定资产、对外转让无形资产使用权、对外进行权益性投资（取得现金股利）或债权性投资（取得利息）、提供非工业性劳务等实现的收入。

二、销售商品收入概述

（一）销售商品收入的确认

销售商品收入同时满足下列条件的，才能予以确认：

（1）企业已将商品所有权上的主要风险和报酬转移给购货方。风险是指商品可能发生减值或毁损等形成的损失，报酬是指商品价值增值或通过使用商品等产生的经济效益。

判断企业是否已将商品所有权上的主要风险和报酬转移给购货方，应当关注交易的实质，并结合所有权凭证的转移进行判断。如果与商品所有权有关的任何损失均不需要销货方承担，与商品所有权有关的任何经济利益也不归销货方所有，就意味着商品所有权上的主要风险和报酬已转移给了购货方。通常情况下，转移商品所有权凭证并交付实物后，商品所有权上的所有风险和报酬随之转移，如大多数商品零售、预收款销售商品等。

（2）企业既没有保留通常与所有权相联系的继续管理权，也没有对已售出的商品实施控制。企业售出商品后，如果仍然保留与所有权相联系的继续管理权，或是对已售出的商品实施控制，则不能确认相应的销售收入，如销售的同时订立回购协议的交易。但如果企业所保留的管理权是与所有权无关的，则不影响企业对该项收入的确认。

（3）收入的金额能够可靠地计量。收入的金额是否能够可靠地计量，是确认收入的基本前提。通常情况下，企业在销售商品时商品销售价格已经确定。但是销售商品过程中由于某些不确定因素的影响，也有可能存在商品销售价格发生变动的情况，则新的商品销售价格未确定前通常不应确认销售商品收入。

（4）相关的经济利益很可能流入企业。企业在销售商品的交易中，与交易相关的经济利益是指销售商品的价款。通常情况下，企业售出的商品符合合同或协议规定的要求，并已将发票账单交付买方，买方也承诺付款，即表明销售商品的价款能够收回。

（5）相关的已发生或将发生的成本能够可靠地计量。根据收入和费用配比原则，与同一项销售有关的收入和费用应在同一会计期间予以确认，即企业应在确认收入的同时或同一会计期间结转相关的成本。因此如果成本不能可靠地计量，相关的收入就不能确认。

通常情况下，销售商品相关的已发生的或将发生的成本能够合理地估计，如库存商品的成本、商品的运输费用等。如果库存商品是本企业生产的，其生产成本能够可靠计量；如果库存商品是外购的，购买成本能够可靠地计量。有时销售商品相关的或将发生的成本不能够合理地估计，此时企业不应确认收入，已收到的价款应确认为负债。

（二）销售商品收入的计量

销售商品收入的计量，即入账金额的确定。企业销售商品满足收入确认条件时，应当按照从购货方已收或应收的合同或协议价款的公允价值确定销售商品收入金额，但已收或应收的合同或协议价款不公允的除外。此外，企业在确定商品销售收入时，不考虑各种预计可能发生的现金折扣、销售折让。现金折扣在实际发生时计入当期的财务费用，销售折让在实际发生时冲减当期销售收入。商品销售收入不包括企业为第三方或客户代收的款项。

三、销售商品收入核算

（一）账户设置

为了核算销售商品的收入及成本情况，企业应设置“主营业务收入”和“主营业务成本”账户。

1. “主营业务收入”账户

该账户属于损益类账户，用于核算企业确认的销售商品、提供劳务等主营业务收入。贷方登记企业已实现的商品销售收入或提供劳务实现的收入，借方登记销货退回、销售折让对销售收入的冲减额，期末应将该账户余额转至“本年利润”账户贷方，结转后该账户应无余额。该账户可按主营业务的种类进行明细核算。

2. “主营业务成本”账户

该账户属于损益类账户，用于核算企业在销售商品、提供劳务等日常活动中发生的实际成本。借方登记售出商品或提供劳务的成本，贷方登记销售退回商品或劳务的成本，期末将该账户余额转至“本年利润”账户的借方，结转后该账户应无余额。该账户可按主营业务的种类进行明细核算。

（二）账务处理

1. 一般销售商品业务

对于符合收入确认条件的销售，应及时确认收入并结转相关销售成本。通常情况下，交款提货销售商品时，在开出发票账单收到货款时确认收入；销售商品采用托收承付方式的，在办妥托收手续时确认收入。

确认销售商品收入时，应按实际收到或应收的金额，借记“银行存款”“应收账款”“应收票据”等账户，按确定的销售收入金额，贷记“主营业务收入”等账户，按增值税专用发票上注明的增值税税额，贷记“应交税费——应交增值税（销项税额）”账户；同时在月末，按销售商品的实际成本，借记“主营业务成本”账户，贷记“库存商品”等账户。

【例 11－1】2017 年 1 月 10 日，辽宁旭日有限责任公司向海天公司销售甲产品一批，开出的增值税专用发票上注明的销售价格为 200 000 元，增值税税额为 34 000 元。该批产品的成本为 150 000 元。已收到海天公司交来的转账支票一张，填写“进账单”送存银行。

旭日公司的账务处理如下：

（1）确认销售商品收入时：

借：银行存款	234 000	
贷：主营业务收入		200 000
应交税费——应交增值税（销项税额）		34 000

（2）结转成本时：

借：主营业务成本	150 000	
贷：库存商品		150 000

2. 不符合收入确认条件的销售商品业务

如果企业销售商品不符合销售商品收入的确认条件，则不应确认收入。为了单独反映已经发出但尚未确认销售收入的商品成本，企业应增设“发出商品”账户，该账户属于资产类账户，核算一般销售方式下已经发出但尚未确认销售收入的商品成本。

【例 11－2】2017 年 2 月 4 日，辽宁旭日有限责任公司销售给顺达公司乙产品一批，开出的增值税专用发票上注明的销售价格为 300 000 元，增值税额为 51 000 元，该批产品成本为 200 000 元，货款采用托收承付方式结算。旭日公司在销售时已知顺达公司资金周转发生暂时困难，但为了减少存货积压，同时也为了维持与顺达公司长期以来建立的商业关系，旭日公司仍将产品发出并办妥托收手续。假定旭日公司销售该批产品的纳税义务已经发生，不考虑其他因素。5 月 20 日，旭日公司得知顺达公司经营情况出现好转，顺达公司已承诺近期付款。

旭日公司的账务处理如下：

（1）2 月 4 日发出商品时：

借：发出商品	200 000	
贷：库存商品		200 000

同时，将增值税专用发票上注明的增值税税额转入应收账款：

借：应收账款——顺达公司	51 000	
贷：应交税费——应交增值税（销项税额）		51 000

（2）5 月 20 日顺达公司承诺付款时：

借：应收账款——顺达公司　　300 000

　　贷：主营业务收入　　300 000

借：主营业务成本　　200 000

　　贷：发出商品　　200 000

3. 涉及商业折扣和现金折扣的销售商品业务

企业销售商业出现商品折扣、现金折扣等情况时，应当分别不同情况进行处理。

（1）商业折扣。

商业折扣是指企业为促进商品销售而在商品标价上给予的价格扣除。商业折扣在销售时即已发生，并不构成最终成交价格，因此，销售商品收入的金额不包括商业折扣，应按扣除商业折扣后之后的净额入账。

（2）现金折扣。

现金折扣是指债权人为鼓励债务人在规定的期限内付款而向债务人提供的债务扣除。现金折扣发生在销售商品之后，其是否发生以及发生多少要视买方的付款期限而定，由于在确认销售商品收入时还不能确定相关的现金折扣，因此在确认收入的金额时不考虑现金折扣因素，应按全额确认销售收入，现金折扣在实际发生时计入当期财务费用。

【例 11－3】2017 年 2 月 20 日，辽宁旭日有限责任公司销售给东方公司甲产品 1 000 箱，每箱产品的标价为 180 元（不含增值税），成本为 100 元/箱，增值税税率为 17%。规定的现金折扣为 2/10、1/20、n/30。甲产品已发出，东方公司于 2 月 26 日付款。假定计算现金折扣时不考虑增值税。

旭日公司的账务处理如下：

（1）2 月 20 日销售实现时：

借：应收账款——东方公司　　210 600

　　贷：主营业务收入　　180 000

　　　　应交税费——应交增值税（销项税额）　　30 600

借：主营业务成本　　100 000

　　贷：库存商品　　100 000

（2）2 月 26 日收到货款时：

借：银行存款　　207 000

　　财务费用　　3 600

　　贷：应收账款——东方公司　　210 600

4. 销售折让业务

销售折让是指企业因售出商品的质量不合格等原因而在售价上给予的减让。企业将商品销售给买方后，如买方发现商品在质量、规格等方面不符合要求，可能要求卖方在价格上给予一定的减让。

已确认销售收入的售出商品发生销售折让，且不属于资产负债表日后事项的，应在发生时冲减当期销售商品收入，如按规定允许扣减增值税税额的，还应冲减已确认的应交增值税销项税额。

【例 11－4】2017 年 3 月 6 日，辽宁旭日有限责任公司向天华公司销售乙产品一批，开出的增值税专用发票上注明的销售价格为 90 000 元，增值税税额为 15 300 元，成本为 75 000元，款项尚未收到。3 月 10 日，天华公司在验收过程中发现商品质量不合格，要求在价格上给予5%的折让，旭日公司同意并开出增值税红字发票。

旭日公司的账务处理如下：

（1）3 月 6 日销售实现时：

借：应收账款——天华公司	105 300	
贷：主营业务收入		90 000
应交税费——应交增值税（销项税额）		15 300
借：主营业务成本	75 000	
贷：库存商品		75 000

（2）3 月 10 日发生销售折让时：

借：主营业务收入	4 500	
应交税费——应交增值税（销项税额）	765	
贷：应收账款——天华公司		5 265

5. 销售退回业务

销售退回是指企业售出的商品由于质量、品种不符合要求等原因而发生的退货。企业应当分别不同情况处理。

（1）未确认收入的售出商品发生销售退回的，企业应按已记入“发出商品”账户的商品成本金额，借记“库存商品”账户，贷记“发出商品”账户。

（2）已确认收入的售出商品发生销售退回的，不论是当年销售的，还是以前年度销售的，一般均应冲减退回当月的销售商品收入，同时冲减当月销售商品成本。如该项销售退回允许扣减增值税税额，应同时调整“应交税费——应交增值税（销项税额）”账户的相应金额，如该项销售退回已发生现金折扣，应同时调整相关财务费用的金额。

【例 11－5】 2017 年 3 月 5 日，辽宁旭日有限责任公司向鸿业公司销售丙产品一批，开出的增值税专用发票上注明的销售价格为 60 000 元，增值税税额为 10 200 元，成本为 50 000元。丙产品当日发出，收到对方转账支票一张，已送存银行。3 月 15 日，鸿业公司发现该批产品质量有问题，将该批产品全部退回，旭日公司将货款退给鸿业公司，并按规定开具了红字增值税专用发票。

旭日公司的账务处理如下：

（1）3 月 5 日销售实现时：

借：银行存款	70 200	
贷：主营业务收入		60 000
应交税费——应交增值税（销项税额）		10 200
借：主营业务成本	50 000	
贷：库存商品		50 000

（2）3 月 15 日销售退回时：

借：主营业务收入	60 000	
应交税费——应交增值税（销项税额）	10 200	
贷：银行存款		70 200

借：库存商品　　　　50 000
　　贷：主营业务成本　　　　50 000

6. 委托代销商品业务

委托代销业务是指委托方和受托方签订协议，委托方将商品交付给受托方，受托方代委托方销售商品，委托方按协议价收取所代销货款的销售方式。具体包括视同买断和收取手续费两种方式，二者在会计处理上有明显的不同。

委托代销商品业务的核算中，委托企业发出商品不能确认收入时，应通过“委托代销商品”账户进行核算。该账户属于资产类账户，核算委托方已经发出但尚未确认销售收入的商品成本。该账户借方登记发出代销商品的成本，贷记登记收到代销清单，结转已销商品的成本；期末借方余额反映委托代销已发出尚未售出的商品成本。该账户可按受托单位进行明细核算。

受托企业收到受托代销商品时，可通过“受托代销商品”“受托代销商品款”等账户对受托代销商品进行核算。“受托代销商品”账户属于资产类账户，核算受托方收到的受托代销商品成本。该账户借方登记收到的受托代销商品成本，贷方登记受托方销售商品后，结转的受托代销商品成本；期末借方余额反映受托代销商品成本。“受托代销商品款”账户属于负债类账户，核算代销商品时，受托方收到代销商品未结算的货款。该账户贷方登记收到代销商品未结算的货款，借方登记售出商品后结算的代销商品款；期末贷方余额反映尚未结算的代销商品款。

（1）视同买断方式。

视同买断即指委托方和受托方签订合同或协议，委托方按合同或协议收取代销的货款，实际售价由受托方自定，实际售价与合同或协议价之间的差额归受托方所有。

如果委托方和受托方之间的协议明确标明，受托方在取得代销商品后，无论是否能够卖出、是否获利，均与委托方无关，那么，在符合销售商品收入确认条件发出商品时，委托方应确认相关销售商品收入。

如果委托方和受托方之间的协议明确标明，将来受托方没有将商品售出时可以将商品退回给委托方，或受托方因代销商品出现亏损时可以要求委托方补偿，那么，委托方在交付商品时不确认收入，受托方也不作购进商品处理，受托方将商品销售后，按实际售价确认销售收入，并向委托方开具代销清单，委托方收到代销清单时，再确认本企业的销售收入。

在视同买断代销方式下，委托方将商品发出时，按库存商品的成本，借记“委托代销商品”账户，贷记“库存商品”账户。当委托方收到代销清单时，按照确认的收入贷记“主营业务收入”账户，按照应交的税额贷记“应交税费——应交增值税（销项税额）”账户。根据两者的合计金额借记“应收账款”账户。同时结转成本，借记“主营业务成本”账户，贷记“委托代销商品”账户。收到账款时，借记“银行存款”账户，贷记“应收账款”账户。

在视同买断代销方式下，受托方收到代销商品时按收到代销商品的价值，借记“受托代销商品”账户，贷记“受托代销商品款”账户。当受托方实际销售商品时，按照确认的收入，贷记“主营业务收入”账户，按照应交的税额贷记“应交税费——应交增值税（销项税额）”账户，根据两者的合计金额借记“银行存款”账户。同时结转受托代销商品的成本，借记“主营业务成本”账户，贷记“受托代销商品”账户。开出代销清单取得委托方增值税专用发票时，借记“受托代销商品款”“应交税费——应交增值税（进项税额）”，贷记“应付账款”账户或“银行存款”账户。

【例 11-6】2017 年 3 月 20 日，辽宁旭日有限责任公司委托长安公司销售甲产品 6 000 件，协议价为 200 元/件，成本为 120 元/件。代销协议约定，长安公司未售出的产品可以退回。长安公司按每件 260 元的价格销售。5 月 10 日，旭日公司收到长安公司代销清单，列明已销售代销产品 3 000 件，旭日公司同时开具增值税专用发票交付长安公司。5 月 20 日，旭日公司收到代销商品款。

旭日公司的账务处理如下：

（1）3 月 20 日将甲产品交付长安公司：

借：委托代销商品　720 000

　　贷：库存商品　720 000

（2）5 月 10 日收到代销清单时：

借：应收账款——长安公司　702 000

　　贷：主营业务收入　600 000

　　　　应交税费——应交增值税（销项税额）　102 000

借：主营业务成本　360 000

　　贷：委托代销商品　360 000

（3）5 月 20 日收到货款时：

借：银行存款　702 000

　　贷：应收账款——长安公司　702 000

长安公司的账务处理如下：

（1）3 月 20 日收到代销商品时：

借：受托代销商品　1 200 000

　　贷：受托代销商品款　1 200 000

（2）销售代销商品时：

借：银行存款　912 600

　　贷：主营业务收入　780 000

　　　　应交税费——应交增值税（销项税额）　132 600

借：主营业务成本　600 000

　　贷：受托代销商品　600 000

（3）5 月 10 日收到增值税专用发票时：

借：受托代销商品款　600 000

　　应交税费——应交增值税（进项税额）　102 000

　　贷：应付账款——旭日公司　702 000

（4）5 月 20 日支付货款时：

借：应付账款——旭日公司　702 000

　　贷：银行存款　702 000

（2）收取手续费方式。

收取手续费方式是指委托方和受托方签订合同或协议，受托方按照合同或协议规定的价格销售代销商品，委托方根据合同或协议约定向受托方计算支付代销手续费的代销方式。在这种代销方式下，委托方在发出商品时，通常不应确认销售商品收入，而应在收到受托方开出的代销清单时确认销售商品收入，同时将应支付的代销手续费记入销售费用；受托方应在代销商品销售后，按合同或协议约定的方法计算确定代销手续费，确认劳务收入。

在收取手续费方式下，委托方将商品发出时按库存商品的成本，借记“委托代销商品”账户，贷记“库存商品”账户。当委托方收到代销清单时，按照确认的收入，贷记“主营业务收入”账户，按照应交的税额，贷记“应交税费——应交增值税（销项税额）”账户，根据两者的合计金额借记“应收账款”账户。同时结转成本，借记“主营业务成本”账户，贷记“委托代销商品”账户。收到账款时，根据实际收款金额，借记“银行存款”账户，根据销售金额计算应支付给受托方的代销手续费金额，借记“销售费用”账户，贷记“应收账款”账户。

在收取手续费方式下，受托方收到代销商品时按收到代销商品的价值，借记“受托代销商品”账户，贷记“受托代销商品款”账户。当受托方实际销售商品时，按照销售商品的金额，贷记“应付账款”账户，按照应交的税额，贷记“应交税费——应交增值税（销项税额）”账户，根据两者的合计金额借记“银行存款”账户，同时结转代销商品价值，借记“受托代销商品款”账户，贷记“受托代销商品”账户。开出代销清单取得委托方增值税发票时，借记“应交税费——应交增值税（进项税额）”账户，贷记“应付账款”账户。支付货款并计算代销手续费时，根据应支付给委托方的代销商品款，借记“应付账款”账户，根据实际支付的金额，贷记“银行存款”账户，根据应收取的不含税的代销手续费，贷记“其他业务收入”账户，根据手续费收入应纳的增值税额，贷记“应交税费——应交增值税（销项税额）”账户。

【例 11－7】2017 年 4 月 4 日，辽宁旭日有限责任公司委托红星公司销售乙产品 5 000 件，协议价为 150 元/件，成本为 100 元/件。代销协议约定，旭日公司按售价的 10% 向红星公司支付代销手续费，红星公司未售出的产品可以退回。6 月 6 日，旭日公司收到红星公司代销清单，列明已销售代销产品的 3 000 件，旭日公司同时开具增值税专用发票交付红星公司。6 月 20 日，旭日公司收到代销商品款。

旭日公司的账务处理如下：

（1）4 月 4 日将乙产品交付红星公司时：

借：委托代销商品	500 000	
贷：库存商品		500 000

（2）6 月 6 日收到代销清单时：

借：应收账款——红星公司	526 500	
贷：主营业务收入		450 000
应交税费——应交增值税（销项税额）		76 500
借：主营业务成本	300 000	
贷：委托代销商品		300 000

（3）6 月 20 日收到代销商品款时：

借：银行存款	481 500	
销售费用	45 000	

贷：应收账款——红星公司　526 500

红星公司的账务处理如下：

(1) 4月4日收到代销商品时：

借：受托代销商品　750 000

贷：受托代销商品款　750 000

(2) 销售代销商品时：

借：银行存款　526 500

贷：应付账款——旭日公司　450 000

应交税费——应交增值税（销项税额）　76 500

借：受托代销商品款　450 000

贷：受托代销商品　450 000

(3) 6月6日收到增值税专用发票时：

借：应交税费——应交增值税（进项税额）　76 500

贷：应付账款——旭日公司　76 500

(4) 6月20日支付代销商品款时：

借：应付账款——旭日公司　526 500

贷：银行存款　481 500

其他业务收入　42 453

应交税费——应交增值税（销项税额）　2 547

7. 销售原材料业务

企业在日常活动中还可能发生对外销售不需用的原材料、随同商品对外销售单独计价的包装物等业务。企业销售原材料、包装物等存货也视同商品销售，其收入确认和计量原则比照商品销售。企业销售原材料、包装物等存货实现的收入作为其他业务收入处理，结转的相关成本作为其他业务成本处理。

企业销售原材料、包装物等存货实现的收入以及结转的相关成本，通过“其他业务收入”“其他业务成本”账户核算。

“其他业务收入”账户，属于损益类账户，核算企业除主营业务活动以外的其他经营活动实现的收入，包括销售材料、出租包装物、出租固定资产、出租无形资产等实现的收入。该账户贷方登记企业实现的各项其他业务收入，借方登记期末结转转入“本年利润”账户的其他业务收入，结转后该账户应无余额。

“其他业务成本”账户，属于损益类账户，核算企业除主营业务活动以外的其他经营活动所发生的成本，包括销售材料的成本、出租固定资产的折旧额、出租无形资产的摊销额、出租包装物的成本或摊销额。该账户借方登记企业结转或发生的其他业务成本，贷方登记期末结转转入“本年利润”账户的其他业务成本，结转后该账户应无余额。

【例11－8】 2017年2月27日，辽宁旭日有限责任公司销售给兴盛公司原材料一批，开出的增值税专用发票上注明的价款为80 000元，增值税额税额为13 600元，款项已由银行收妥，该批材料的实际成本为70 000元。

旭日公司的账务处理如下：

借：银行存款　936 000

贷：其他业务收入 80 000

应交税费——应交增值税（销项税额） 13 600

借：其他业务成本 70 000

贷：原材料 70 000

此外，对于预收款销售业务，企业通常应在发出商品时确认收入，在此之前预收的货款应确认为负债。对于商品需要安装和检验的销售业务，在购买方接受货物以及安装和检验完毕前，企业通常不应确认收入。如果安装程序比较简单或检验是为了最终确定合同或协议价格而必须进行的程序，企业可以在发出商品时确认收入。而对于附有销售退回条件的商品销售业务，企业根据以往经验能够合理估计退货可能性的，应在发出商品时，将估计不会发生退货的部分确认收入，估计可能发生退货的部分，不确认收入；如果企业不能合理的估计退货的可能性，则在售出商品的退货期满时确认收入。对于分期收款销售业务，符合实质性融资性质的，可在销售成立时一次确认销售收入，且以公允价值（分期收款总额的现值或商品采用一次性付款时的售价）确认收入金额，应收的合同或协议价款与公允价值之间的差额，作为未实现融资收益，在合同或协议期间，按照应收款项的摊余成本和实际利率计算确定的金额进行摊销，作为财务费用的抵减处理。

第二节 提供劳务收入

一、提供劳务收入的确认

企业提供劳务的种类很多，如旅游、运输、饮食、广告、咨询、代理、培训、产品安装等，劳务收入是企业收入的重要组成部分。有的劳务一次就能完成，且一般为现金交易，如饮食、理发、照相等；有的劳务需要花费较长一段时间才能完成，如安装、旅游、培训、远洋运输等。企业提供劳务收入的确认原则因劳务完成时间的不同而不同。

（一）在同一会计期间内开始并完成的劳务

对于一次就能完成的劳务，或在同一会计期间内开始并完成的劳务，应在提供劳务交易完成时确认收入，确认的金额通常为从接受劳务方已收或应收的合同或协议价款，确认原则可参照销售商品收入的确认原则。

（二）劳务的开始和完成分属不同的会计期间

跨期的劳务，按提供劳务交易的结果能否可靠估计分为能可靠估计和不能可靠估计两种情况。如果企业提供的劳务开始和完工分属于不同的期间，而且企业在资产负债表日提供劳务交易的结果能够可靠估计的，应当采用完工百分比法确认提供劳务收入。提供劳务交易结果不能可靠估计的，已经发生的劳务成本预计能够全部得到补偿的，按已经发生的劳务成本金额确认收入；已经发生的劳务成本预计只能部分得到补偿的，应按能够得到补偿的劳务成本金额确认收入；已经发生的劳务成本预计全部不能得到补偿的，不应确认收入。

二、提供劳务收入核算

（一）在同一会计期间内开始并完成的劳务

对于一次就能完成的劳务，企业应在提供劳务完成时确认收入及相关成本。企业应按所确认的收入金额，借记“应收账款”“银行存款”等账户，贷记“主营业务收入”（属于企业的主营业务）、“其他业务收入”（属于主营业务以外的其他经营业务）等账户；同时，按提供劳务所发生的相关支出，借记“主营业务成本”“其他业务成本”等账户，贷记“银行存款”“应付职工薪酬”等账户。

对于持续一段时间但在同一会计期间内开始并完成的劳务，企业应在为提供劳务发生相关支出时确认劳务成本，劳务完成时再确认劳务收入，并结转相关劳务成本。企业对外提供劳务发生的支出一般先通过“劳务成本”账户予以归集，借记“劳务成本”账户，贷记“银行存款”“应付职工薪酬”“原材料”等账户。劳务完成确认劳务收入时，按确定的收入金额，借记“应收账款”“银行存款”等账户，贷记“主营业务收入”“其他业务收入”等账户；同时，结转相关劳务成本，借记“主营业务成本”“其他业务成本”等账户，贷记“劳务成本”账户。

【例 11-9】 2017 年 3 月 1 日，光明公司接受一项设备安装任务，该安装任务可一次完成，合同总价款为 44 400 元，实际发生安装成本 25 000 元。完工时，收到了相应的合同款。假定安装业务属于光明公司的主营业务，增值税率为 11%。

光明公司的账务处理如下：

借：银行存款	44 400	
贷：主营业务收入		40 000
应交税费——应交增值税（销项税额）		4 400
借：主营业务成本	25 000	
贷：银行存款		25 000

【例 11-10】 2017 年 3 月 2 日，光明公司接受一项设备安装任务，合同总金额为 111 000元，20 日以银行存款支付相关费用 80 000 元。4 月 10 日，完成设备安装任务，收到相应的合同款。假定安装业务属于光明公司的主营业务，增值税率为 11%。

光明公司的账务处理如下：

（1）3 月 20 日支付有关费用时：

借：劳务成本	80 000	
贷：银行存款		80 000

（2）4 月 10 日确认收入时：

借：银行存款	111 000	
贷：主营业务收入		100 000
应交税费——应交增值税（销项税额）		1 100
借：主营业务成本	80 000	
贷：劳务成本		80 000

（二）劳务的开始和完成分属不同的会计期间

1. 提供劳务交易结果能够可靠地估计

（1）提供劳务交易结果能够可靠估计的条件。

①收入的金额能够可靠地计量。收入的金额能够可靠地计量，是指提供劳务收入的总额能够合理地估计。通常情况下，企业应当按照从接受劳务方已收或应收的合同或协议价款确定提供劳务收入总额。随着劳务的不断提供，可能会根据实际情况增加或减少已收或应收的

合同或协议价款，此时企业应及时调整提供劳务收入总额。

②相关的经济利益很可能流入企业。相关的经济利益很可能流入企业，是指提供劳务收入总额收回的可能性大于不能收回的可能性。企业在确定提供劳务收入总额能够收回时，应当结合接受劳务方的信誉、以前的经验以及双方就结算方式和期限达成的合同或协议条款等方面综合进行判断。通常情况下，企业提供的劳务符合合同或协议要求，接受劳务方承诺付款，就表明提供劳务收入总额收回的可能性大于不能收回的可能性。

③交易的完工进度能够可靠地确定。交易的完工进度能够可靠地确定是指交易的完工进度能够合理地估计。企业可以根据提供劳务的特点，选用下列方法确定交易的完工进度：

一是已完工作的测量。这是一种比较专业的测量方法，由专业测量师对已经提供的劳务进行测量，并按一定方法计算确定提供劳务交易的完工程度。

二是已经提供劳务占应提供劳务总量的比例。这种方法主要以劳务量为标准确定提供劳务交易的完工程度。

三是已经发生成本占估计总成本的比例。这种方法主要以成本为标准确定提供劳务交易的完工程度。只有反映已提供劳务的成本才能包括在已经发生的成本中，只有反映已提供或将提供劳务的成本才能包括在估计总成本中。

④交易中已发生和将要发生的成本能够可靠地计量。交易中已发生和将发生的成本能够可靠地计量，是指交易中已经发生和将要发生的成本能够合理地估计。企业应当建立完善的内部成本核算制度和有效的内部财务预算及报告制度，准确地提供每期发生的成本，并对完成剩余劳务将要发生的成本作出科学、合理地估计。同时应随着劳务的不断提供或外部情况的不断变化，随时对将要发生的成本进行修订。

（2）提供劳务交易结果能够可靠估计的账务处理。

如果企业提供的劳务开始和完工分属于不同的期间，而且企业在资产负债表日提供劳务交易的结果能够可靠估计，应当采用完工百分比法确认提供劳务收入。完工百分比法是指按照提供劳务交易的完工进度确认收入与费用的方法。企业应当在资产负债表日按照提供劳务收入总额乘以完工进度扣除以前会计期间累计已确认提供劳务收入后的金额，确认当期提供劳务收入；同时，按照提供劳务估计总成本乘以完工进度扣除以前会计期间累计已确认劳务成本后的金额，结转当期劳务成本。用计算公式表示如下：

劳务完工进度 = 实际发生的成本 ÷ 估计总成本

本期确认的劳务收入 = 劳务收入总额 × 完工进度 − 以前期间累计已确认的劳务收入

本期确认的劳务成本 = 劳务成本总额 × 完工进度 − 以前期间累计已确认的劳务成本

在采用完工百分比法确认提供劳务收入的情况下，企业应按计算确定的提供劳务收入金额，借记“应收账款”“银行存款”等账户，贷记“主营业务收入”或“其他业务收入”“应交税费——应交增值税（销项税额）”账户；发生劳务支出时，先通过“劳务成本”账户予以归集，借记“劳务成本”账户，贷记“银行存款”“应付职工薪酬”等账户；待确认为费用时，再结转劳务成本，借记“主营业务成本”或“其他业务成本”账户，贷记“劳务成本”账户。

【例 11－11】 2016 年 12 月 1 日，光明公司接受一项设备安装任务，安装期为 3 个月，合同总收入为 666 000 元（含税，税率 11%），至年底已预收安装费 480 000 元，实际发生安装费用 280 000 元（假定为安装人员薪酬），估计还会发生 120 000 元。该公司按照实际发生的成本占估计总成本的比例确定劳务的完工进度。

光明公司的账务处理如下：

实际发生的成本占估计总成本的比例 = 280 000 ÷ (280 000 + 120 000) = 70%

2016 年 12 月 31 日确认的提供劳务收入 = 666 000 × 70% − 0 = 466 200（元）

2016 年 12 月 31 日确认的提供劳务成本 = 400 000 × 70% − 0 = 280 000（元）

（1）实际发生劳务成本时：

借：劳务成本　280 000

　贷：应付职工薪酬　280 000

（2）预收劳务款时：

借：银行存款　480 000

　贷：预收账款　480 000

（3）2016 年 12 月 31 日确认提供劳务收入并结转劳务成本：

借：预收账款　466 200

　贷：主营业务收入　420 000

　　应交税费——应交增值税（销项税额）　46 200

借：主营业务成本　280 000

　贷：劳务成本　280 000

2. 提供劳务交易结果不能可靠估计

在资产负债表日提供劳务交易结果不能可靠估计的，即不能满足提供劳务交易结果能够可靠估计的任何一个条件时，企业不能采用完工百分比法确定提供劳务收入，应当分别以下情况处理：

（1）已经发生的劳务成本预计能够得到补偿的，应按已经发生的劳务成本金额确认提供劳务收入；同时，按相同的金额结转成本。在这种情况下，企业应按已发生的劳务成本金额，借记“应收账款”“预收账款”等账户，贷记“主营业务收入”“应交税费——应交增值税（销项税额）”账户；同时，借记“主营业务成本”账户，贷记“劳务成本”账户。

（2）已经发生的劳务成本预计只能部分得到补偿的，应按能够得到补偿的劳务成本金额确认收入，并按已经发生的劳务成本结转成本。在这种情况下，企业应按能够得到补偿的劳务成本金额，借记“应收账款”“预收账款”等账户，贷记“主营业务收入”“应交税费——应交增值税（销项税额）”账户；同时，按已经发生的劳务成本借记“主营业务成本”账户，贷记“劳务成本”账户。

（3）已经发生的劳务成本预计全部不能得到补偿的，不应确认收入，但应将发生的劳务成本确认为当期损失。在这种情况下，企业应按已经发生的劳务成本金额，借记“主营业务成本”账户，贷记“劳务成本”账户。

【例 11－12】 2016 年 12 月 25 日，维信公司接受中天公司委托，为其培训一批学员，培训期为 6 个月，2017 年 1 月 1 日开学。协议约定，中天公司应向维信公司支付培训费总额为 63 600 元（含税收入，税率 6%），分三次等额支付，第一次开学时支付，第二次 2017 年 3 月 1 日支付，第三次在培训结束时支付。2017 年 1 月 1 日，中天公司预付第一次培训费。至 2017 年 2 月 28 日，维信公司发生培训成本 30 000 元（假定全部为培训人员薪酬）。2017 年 3 月 1 日，维信公司得知中天公司经营发生困难，后两次培训费能否收回难以确定。

维信公司的账务处理如下：

（1）2017 年 1 月 1 日收到中天公司预付的培训费时：

借：银行存款　　21 200

　　贷：预收账款　　21 200

（2）实际发生培训费支出时：

借：劳务成本　　30 000

　　贷：应付职工薪酬　　30 000

（3）2017 年 2 月 28 日确认提供劳务收入并结转劳务成本：

借：预收账款　　21 200

　　贷：主营业务收入　　20 000

　　　　应交税费——应交增值税（销项税额）　　1 200

借：主营业务成本　　30 000

　　贷：劳务成本　　30 000

【例 11－13】2016 年 12 月 25 日，维信公司接受中天公司委托，为其培训一批学员，培训期为 6 个月，2017 年 1 月 1 日开学。协议约定，中天公司应向维信公司支付培训费总额为 63 600 元（含税收入，税率 6%），分三次等额支付，第一次 2 月底支付，第二次 4 月底支付，第三次在培训结束时支付。至 2017 年 2 月 28 日，维信公司发生培训成本 30 000 元（假定全为培训人员薪酬），这时维信公司得知中天公司经营发生困难，培训费能否收回难以确定。

维信公司的账务处理如下：

（1）实际发生培训费支出时：

借：劳务成本　　30 000

　　贷：应付职工薪酬　　30 000

（2）2017 年 2 月 28 日结转劳务成本：

借：主营业务成本　　30 000

　　贷：劳务成本　　30 000

第三节 让渡资产使用权收入

一、让渡资产使用权收入概述

（一）让渡资产使用权收入的含义

让渡资产使用权收入是企业收入的来源之一，主要包括利息收入和使用费收入。利息收入主要是指金融企业对外贷款形成的利息收入，以及同业之间发生往来的利息收入等；使用费收入主要是指企业转让无形资产（如商标权、专利权、专营权、软件、版权）等资产的使用权形成的使用费收入。企业对外出租资产收取的租金、进行债权投资收取的利息、进行股权投资取得的现金股利，也构成让渡资产使用权的使用费收入。

（二）让渡资产使用权收入的确认

让渡资产使用权同时满足下列条件的，才能予以确认：

1. 相关的经济利益很可能流入企业

企业在确定让渡资产使用权收入金额能否收回时，应当根据对方企业的信誉和生产经营情况、双方就结算方式和期限等达成的合同或协议条款等因素，进行综合判断。如果企业估计让渡资产使用权收入金额收回的可能性不大，就不应确认收入。

2. 收入的金额能够可靠地计量

当让渡资产使用权收入金额能够可靠地估计时，企业才能确认收入。如果让渡资产使用权收入的金额不能够合理地估计，则不应确认收入。

（三）让渡资产使用权收入的计量

对于符合确认条件的利息收入金额，按照他人使用本企业货币资金的时间和实际利率计算确定。

使用费收入金额，则按照有关合同或协议约定的收费时间和方法计算确定。不同的使用费收入，收费时间和方法各不相同。有一次性收取一笔固定金额的，如一次收取10年的场地使用费；有在合同或协议规定的有效期内分期等额收取的，如合同或协议规定在使用期内每期收取一笔固定的金额；也有分期不等额收取的，如合同或协议规定按资产使用方每期销售额的百分比收取使用费等。如果合同或协议规定一次性收取使用费，且不提供后续服务，应当视同销售该项资产一次性确认收入；提供后续服务的，应在合同或协议规定的有效期内分期确认收入。如果合同或协议规定分期收取使用费，应按合同或协议规定的收款时间和金额或规定的收费方法计算确定的金额分期确认收入。

二、让渡资产使用权收入核算

（一）利息收入

企业应在资产负债表日，按照他人使用本企业货币资金的时间和实际利率计算确定利息收入金额。按计算确定的利息收入金额，借记“应收利息”“银行存款”等账户，贷记“利息收入”“其他业务收入”等账户。

【例11－14】2017年1月1日，某商业银行向中兴公司发放一笔贷款200万元，期限为1年，年利率为5%，商业银行发放贷款时没有发生交易费用，该贷款合同利率与实际利率相同。假定该商业银行按季度确认利息收入，增值税税率为6%，不考虑其他因素。

商业银行的账务处理如下：

借：应收利息　　25 000

　　贷：利息收入　　23 585

　　　　应交税费——应交增值税（销项税额）　　1 415

（二）使用费收入

企业确认使用费收入时，借记“银行存款”“应收账款”等账户，贷记“主营业务收入”或“其他业务收入”“应交税费——应交增值税（销项税额）”账户；让渡资产计提摊销时，借记“其他业务成本”账户，贷记“累计摊销”账户。

【例11－15】2017年3月20日，蓝天公司向远航公司转让某软件的使用权，一次性收取使用费424 000元，蓝天公司不提供后续服务，款项已经收存银行，增值税税率为6%。

蓝天公司的账务处理如下：

借：银行存款　　424 000

贷：其他业务收入 400 000
　　应交税费——应交增值税（销项税额） 24 000

本章小结

一、销售商品收入

<table>
<tr><th colspan="3">业务内容</th><th>账务处理</th></tr>
<tr><td rowspan="2">一般销售商品</td><td colspan="2">确认收入</td><td>借：银行存款（应收账款、应收票据）
贷：主营业务收入
应交税费——应交增值税（销项税额）</td></tr>
<tr><td colspan="2">结转成本</td><td>借：主营业务成本
贷：库存商品</td></tr>
<tr><td rowspan="4">不符合收入确认条件的销售商品</td><td colspan="2" rowspan="2">发出商品</td><td>借：发出商品
贷：库存商品</td></tr>
<tr><td>借：应收账款
贷：应交税费——应交增值税（销项税额）</td></tr>
<tr><td rowspan="2">符合确认条件</td><td>确认收入</td><td>借：应收账款
贷：主营业务收入</td></tr>
<tr><td>结转成本</td><td>借：主营业务成本
贷：发出商品</td></tr>
<tr><td rowspan="3">现金折扣</td><td colspan="2">确认收入</td><td>借：应收账款
贷：主营业务收入
应交税费——应交增值税（销项税额）</td></tr>
<tr><td colspan="2">结转成本</td><td>借：主营业务成本
贷：库存商品</td></tr>
<tr><td colspan="2">收款</td><td>借：银行存款
财务费用
贷：应收账款</td></tr>
<tr><td colspan="3">销售折让</td><td>借：主营业务收入
应交税费——应交增值税（销项税额）
贷：银行存款（应收账款、应付账款）</td></tr>
<tr><td rowspan="3">销售退回</td><td colspan="2">未确认收入的售出商品退回</td><td>借：库存商品
贷：发出商品</td></tr>
<tr><td rowspan="2">已确认收入的售出商品退回</td><td>冲减收入</td><td>借：主营业务收入
应交税费—应交增值税（销项税额）
贷：银行存款（应付账款、应收账款）</td></tr>
<tr><td>冲减成本</td><td>借：库存商品
贷：主营业务成本</td></tr>
</table>

续表

业务内容				账务处理
委托代销	视同买断方式	委托方	将商品交付受托方	借：委托代销商品 贷：库存商品
			收到代销清单	借：应收账款——受托方 贷：主营业务收入 应交税费——应交增值税（销项税额）
				借：主营业务成本 贷：委托代销商品
			结算货款	借：银行存款 贷：应收账款——受托方
		受托方	收到代销商品	借：受托代销商品 贷：受托代销商品款
			销售商品	借：银行存款 贷：主营业务收入 应交税费——应交增值税（销项税额）
				借：主营业务成本 贷：受托代销商品
			收到委托方发票	借：受托代销商品款 应交税费——应交增值税（进项税额） 贷：应付账款——委托方
			结算货款	借：应付账款——委托方 贷：银行存款
	收取手续费方式	委托方	将商品交付受托方	借：委托代销商品 贷：库存商品
			收到代销清单	借：应收账款——受托方 贷：主营业务收入 应交税费——应交增值税（销项税额）
				借：主营业务成本 贷：委托代销商品
			结算货款	借：银行存款 销售费用 贷：应收账款——受托方

续表

<table>
<tr><th colspan="4">业务内容</th><th>账务处理</th></tr>
<tr><td rowspan="6">委托代销</td><td rowspan="6">收取
手续费
方式</td><td rowspan="6">受
托
方</td><td>收到代销商品</td><td>借：受托代销商品
　　贷：受托代销商品款</td></tr>
<tr><td rowspan="2">销售商品</td><td>借：银行存款
　　贷：应付账款——委托方
　　　　应交税费——应交增值税（销项税额）</td></tr>
<tr><td>借：受托代销商品款
　　贷：受托代销商品</td></tr>
<tr><td>收到委托方发票</td><td>借：应交税费——应交增值税（进项税额）
　　贷：应付账款——委托方</td></tr>
<tr><td>结算货款</td><td>借：应付账款——委托方
　　贷：银行存款
　　　　其他业务收入
　　　　应交税费——应交增值税（销项税额）</td></tr>
<tr><td colspan="0" style="display:none"></td></tr>
<tr><td rowspan="2">销售
原材料</td><td colspan="3">确认收入</td><td>借：银行存款
　　贷：其他业务收入
　　　　应交税费——应交增值税（销项税额）</td></tr>
<tr><td colspan="3">结转成本</td><td>借：其他业务成本
　　贷：原材料</td></tr>
</table>

二、提供劳务收入

<table>
<tr><th colspan="3">业务内容</th><th>账务处理</th></tr>
<tr><td rowspan="2">同一会计年度完工劳务</td><td colspan="2">确认收入</td><td>借：银行存款
　　贷：主营业务收入
　　　　应交税费——应交增值税（销项税额）</td></tr>
<tr><td colspan="2">结转成本</td><td>借：主营业务成本
　　贷：银行存款（应付职工薪酬）</td></tr>
<tr><td rowspan="4">跨年度劳务</td><td rowspan="4">交易结果
能够可靠
估计</td><td>发生劳务成本</td><td>借：劳务成本
　　贷：应付职工薪酬（银行存款）</td></tr>
<tr><td>预收劳务款</td><td>借：银行存款
　　贷：预收账款</td></tr>
<tr><td rowspan="2">确认劳务
收入和成本</td><td>借：预收账款
　　贷：主营业务收入
　　　　应交税费——应交增值税（销项税额）</td></tr>
<tr><td>借：主营业务成本
　　贷：劳务成本</td></tr>
</table>

续表

<table>
<tr><th colspan="3">业务内容</th><th>账务处理</th></tr>
<tr><td rowspan="5">跨年度劳务</td><td rowspan="5">交易结果不能可靠估计</td><td>已经发生的劳务成本预计能够得到补偿</td><td>借：应收账款（预收账款）
贷：主营业务收入</td></tr>
<tr><td rowspan="2">已经发生的劳务成本预计只能部分得到补偿</td><td>借：主营业务成本
贷：劳务成本</td></tr>
<tr><td>借：应收账款 【能够得到补偿金额】
贷：主营业务收入</td></tr>
<tr><td>已经发生的劳务成本预计不能得到补偿</td><td>借：主营业务成本
贷：劳务成本</td></tr>
<tr><td></td><td>借：主营业务成本
贷：劳务成本</td></tr>
</table>

三、让渡资产使用权收入

业务内容	账务处理
利息收入	借：应收利息（银行存款） 贷：利息收入（其他业务收入） 应交税费——应交增值税（销项税额）
使用费收入	借：应收账款（银行存款） 贷：其他业务收入 应交税费——应交增值税（销项税额）

第十一章教学目标、重点、难点＋习题及答案

第十二章

税费核算

第一节 费用核算

一、费用概述

（一）费用定义

1. 费用的含义

费用是指企业在日常活动中发生的、会导致所有者权益减少的、与向所有者分配利润无关的经济利益的总流出。

日常活动是指企业为完成其经营目标所从事的经常性活动以及与之相关的其他活动。工业企业制造并销售产品、商业企业购买并销售商品、咨询公司提供咨询服务、软件开发企业为客户开发软件、安装公司提供安装服务、租赁公司出租资产等均属于日常活动，日常活动中发生的经济利益的总流出构成费用；工业企业对外出售不需用的原材料结转的材料成本等，也构成费用。费用形成于企业日常活动的特征使其与产生于非日常活动的损失相区分。企业从事或发生的某些活动或事项也能导致经济利益流出企业，但不属于企业的日常活动。例如，企业处置固定资产、无形资产等非流动资产，因违约支付罚款，对外捐赠，因自然灾害等非常原因造成财产毁损等，这些活动或事项形成的经济利益的总流出属于企业的损失而不是费用。

2. 费用的表现形式

费用既可能表现为资产的减少，如减少银行存款、库存商品等，也可能表现为负债的增加，如增加应付职工薪酬、应交税费（应交营业税、消费税）等。根据“资产－负债＝所有者权益”的会计等式，费用一定会导致企业所有者权益减少。企业经营管理中的某些支出并不减少企业的所有者权益，也就不构成费用，例如，企业以银行存款偿还一项负债，只是一项资产和一项负债的等额减少，对所有者权益没有影响，因此，不构成企业的费用；向所有者分配利润或股利属于企业分配利润的内容，也不构成企业的费用。

3. 费用与成本、损失

（1）费用与成本既有联系又有区别。费用是指企业为销售商品、提供劳务等日常活动所发生的经济利益的流出；成本则是指企业为生产产品、提供劳务而发生的各种耗费，是按一定的产品或劳务对象所归集的费用，是对象化的费用。费用与一定的会计期间相联系，而与生产哪一种产品或提供哪一种劳务无关；而成本则与一定种类和数量的产品或某种劳务相联系，凡是为生产该产品或提供劳务而发生的费用均应计入成本，不管其发生在哪个会计期间。

（2）费用与损失存在区别。损失是企业生产经营过程中发生的非正常的支出或偶发的交易或事项而形成的经济利益流出。费用则是日常经营活动中所发生的正常耗费，可以与一定期间的销售收入相配比，从实现的收入中得到补偿。

（二）费用分类

1. 按范围分类

广义的费用是指企业在生产经营过程中的资产消耗或负债的承诺，包括企业各种费用和损失。狭义的费用仅指与当期营业收入直接配比的耗费。会计要素中所指的费用即为狭义的费用概念。

2. 按经济内容分类

（1）外购材料，指企业为进行生产而耗费的一切从外部购入的原材料、半成品、辅助材料、包装物、修理用备件和低值易耗品等。

（2）外购燃料，指企业为进行生产而耗用的一切从外部购进的各种燃料。

（3）外购动力，指企业为进行生产而耗用的一切从外部购进的各种动力。

（4）工资及职工福利费，指企业应计入生产费用的职工工资以及按照工资总额的一定比例提取的职工福利费。

（5）折旧费，指企业所拥有的或控制的固定资产按照适用情况计提的折旧费用。

（6）利息支出，指企业为筹集生产经营资金而发生的利息支出。

（7）税费，指企业应计入损益的各种税费。具体包括消费税、城市维护建设税、资源税、教育费附加及房产税、土地使用税、车船使用税、印花税。

（8）其他支出，指不属于以上各费用要素的费用支出。

3. 按经济用途分类

（1）经营费用。

经营费用是企业为完成其经营目标所从事的经常性活动以及与之相关的其他活动的经济利益的总流出。包括从事主要经营活动发生的主营业务成本，从事次要经营活动发生的其他业务成本，以及税金及附加等。企业的主营业务成本和其他业务成本是由当期已销产品的生产成本或已提供劳务成本转化来的。生产成本（或劳务成本）是指与生产产品有关的费用，是以产品为成本对象归集的费用，制造企业一般设置直接材料、燃料和动力、直接人工和制造费用等成本项目。直接材料是指构成产品实体的原材料以及有助于产品形成的主要材料和辅助材料。燃料和动力是指直接用于产品生产的燃料和动力。直接人工是指直接从事产品生产的工人的职工薪酬。制造费用是指企业为生产产品和提供劳务而发生的各项间接费用，包括企业生产部门（如生产车间）发生的水电费、固定资产折旧、无形资产摊销、管理人员的职工薪酬、劳动保护费、国家规定的有关环保费用、季节性和修理期间的停工损失等。

（2）期间费用。

期间费用指企业当期发生的直接计入当期损益的各项费用，包括企业为组织和管理生产经营活动等所发生的管理费用、筹集生产经营所需资金等所发生的财务费用，以及销售商品或提供劳务过程中所发生的销售费用。

二、费用的确认与计量

（一）费用的确认

费用的确认，就是要确定某项耗费或支出的性质、归属对象和归属期间。费用同时符合以下条件时应当予以确认：

（1）与费用相关的经济利益应当很可能流出企业；

（2）经济利益流出企业的结果会导致资产的减少或者负债的增加；

（3）经济利益的流出额能够可靠地计量。

（二）费用的计量

对于数额较小的耗费无须分配或虽数额较大但无法确定分配目标和标准，则可在其发生或支出的同时全部作为该期的费用，如差旅费、办公费等。

对于数额较大的耗费，需要合理地预计或分配费用。假如支付时一次计入当月费用，势必影响当月经营成果，所以应合理地预计或摊销，如固定资产大修理费、一次性支付的财产保险费等。

三、费用核算

（一）经营费用核算

1. 主营业务成本

主营业务成本是指企业从事销售商品、提供劳务等经常性活动所发生的成本。企业一般在确认销售商品、提供劳务等主营业务收入时，或在月末，将已销售商品、已提供劳务的成本转入主营业务成本。

企业应设置“主营业务成本”账户，用于核算企业因销售商品、提供劳务或让渡资产使用权等日常活动而发生的实际成本。该账户属损益类账户，并可按主营业务的种类进行明细核算。平时或月末，企业应根据本月销售各种商品、提供各种劳务等实际成本，计算应结转的主营业务成本，借记“主营业务成本”账户，贷记“库存商品”“劳务成本”等账户。期末，应将“主营业务成本”账户的余额转入“本年利润”账户，结转后该账户应无余额。

【例 12－1】2016 年 8 月甲公司主营业务成本计算单如表 12－1 所示。

表 12－1　主营业务成本计算单（月末一次加权平均法）

2016 年 8 月 31 日　　　　单位：元

产品名称	期初结存			本期完工入库		本期销售		
	数量	单位成本	总成本	数量	总成本	数量	单位成本	总成本
A 产品	2 100	100.00	210 000.00	2 400	280 600.00	3 400	109.022 2	370 675.56
B 产品	1 206	50.00	60 300.00	1 600	98 000.00	1 500	56.414 8	84 622.24

借：主营业务成本——A 产品　　370 675.56

　　　　　　　　——B 产品　　84 622.24

　贷：库存商品——A 产品　　370 675.56

——B 产品　　84 622. 24

2. 其他业务成本

其他业务成本是指企业确认的除主营业务活动以外的其他经营活动所发生的支出。包括：销售材料的成本、出租固定资产的折旧额、出租无形资产的摊销额、出租包装物的成本或摊销额，以及采用成本模式计量投资性房地产的，其投资性房地产计提的折旧额或摊销额等。

企业应设置“其他业务成本”账户，核算企业确认的除主营业务活动以外的其他经营活动所发生的支出。该账户属损益类账户，并可按业务种类进行明细核算。企业发生的其他业务成本，借记“其他业务成本”账户，贷记“原材料”“周转材料”“累计折旧”“累计摊销”“银行存款”等账户。期末，将“其他业务成本”账户余额转入“本年利润”账户时，应借记“本年利润”账户，贷记“其他业务成本”账户，期末结转后“其他业务成本”账户无余额。

3. 税金及附加

税金及附加是指企业经营活动应负担的相关税费，包括企业经营活动发生的消费税、城市维护建设税、资源税、教育费附加及房产税、土地使用税、车船使用税、印花税等相关税费。

企业应设置“税金及附加”账户，核算企业经营活动发生的相关税费，该账户属损益类账户。企业计提各项税费时，借记“税金及附加”账户，贷记“应交税费—应交消费税”“应交税费—应交城市维护建设税”“应交税费—应交教育费附加”“应交税费—应交资源税”等账户；期末应将“税金及附加”账户余额转入“本年利润”账户，结转后本账户无余额。

【例 12－2】 甲公司 2016 年 8 月取得应税消费品销售收入，需计提应交消费税20 000元。

借：税金及附加　　20 000

　　贷：应交税费—应交消费税　　20 000

（二）期间费用核算

1. 销售费用

销售费用是指企业在销售商品和材料、提供劳务的过程中发生的各种费用，包括保险费、包装费、展览费、广告费、商品维修费、预计产品质量保证损失、运输费、装卸费以及为销售本企业商品而专设的销售机构（含销售网点、售后服务网点等）的职工薪酬、业务费、折旧费等经营费用。企业发生的与专设销售机构相关的固定资产修理费用等后续支出也归属于销售费用。

为了核算和监督销售费用的发生和结转业务，企业应设置“销售费用”账户。该账户属于损益类账户，借方登记企业所发生的各项销售费用，贷方登记期末转入本年利润的销售费用，结转后该账户应无余额。该账户可按费用项目进行明细核算。

企业发生销售费用时，借记“销售费用”账户，贷记“库存现金”“银行存款”“应付职工薪酬”“累计折旧”等账户；期末，企业应借记“本年利润”账户，贷记“销售费用”账户。结转后该账户无余额。

【例 12－3】 甲公司 2016 年 8 月 10 日发生下列经济业务：（1）签发转账支票支付乙公司广告费 120 000 元。（2）以现金支付专设销售机构人员工资 15 900 元。

（1）借：销售费用　　120 000
　　　贷：银行存款　　120 000
（2）借：应付职工薪酬——工资　　15 900
　　　贷：库存现金　　15 900
　　借：销售费用　　15 900
　　　贷：应付职工薪酬——工资　　15 900

2. 管理费用

管理费用是指企业为组织和管理企业生产经营活动所发生的各项费用，包括公司在筹建期间内发生的开办费、董事会和行政管理部门在企业经营管理中发生的或者应由企业统一负担的公司经费（包括行政管理部门职工工资及福利费、物料消耗、低值易耗品摊销、办公费和差旅费等）、工会经费、董事会费（包括董事会成员津贴、会议费和差旅费等）、聘请中介机构费、咨询费（含顾问费）、诉讼费、技术转让费、研究费用、排污费等。

为了核算和监督企业为组织和管理企业生产经营所发生的管理费用，企业应设置“管理费用”账户。该账户属损益类账户，借方登记企业所发生的各项管理费用，贷方登记期末转入本年利润的管理费用，结转后该账户无余额，该账户可按费用项目进行明细核算。

企业发生管理费用时，借记“管理费用”账户，贷记“库存现金”“银行存款”“应付职工薪酬”“累计折旧”“累计摊销”“研发支出”“应交税费”等账户。期末，企业应借记“本年利润”账户，贷记“管理费用”账户。

【例 12-4】2016 年 8 月 20 日，甲公司发生下列经济业务：（1）以现金支付产品设计方案的咨询费 30 000 元；（2）以银行存款支付审计费 150 000 元。

（1）借：管理费用　　30 000
　　　贷：库存现金　　30 000
（2）借：管理费用　　150 000
　　　贷：银行存款　　150 000

3. 财务费用

财务费用是指企业为筹集生产经营所需资金等而发生的筹资费用，包括利息支出（减利息收入）、汇兑损益以及相关的手续费、企业发生的现金折扣或收到的现金折扣。

为了核算和监督企业为筹集生产经营所需资金等而发生的筹资费用，企业应设置“财务费用”账户。该账户属损益类账户，借方登记企业所发生的各项财务费用，贷方登记期末转入本年利润的财务费用，结转后该账户无余额。该账户可按费用项目进行明细核算。

企业发生财务费用时，借记“财务费用”账户，贷记“应付利息”“银行存款”“未确认融资费用”等账户。发生应冲减财务费用的利息收入、现金折扣等时，借记“银行存款”“应付账款”等账户，贷记“财务费用”账户。期末，企业应借记“本年利润”账户，贷记“财务费用”账户。

【例 12-5】2016 年 6 月 30 日，甲公司发生下列经济业务：（1）以银行存款支付银行承兑手续费 780 元；（2）接银行结息通知，本月存款利息收入 2 000 元。

（1）借：财务费用　　780
　　　贷：银行存款　　780
（2）借：银行存款　　2 000

贷：财务费用　　2 000

四、生产成本核算

（一）生产成本核算的一般程序

工业企业生产费用的发生过程，就是产品生产成本的形成过程。产品生产成本的核算过程就是各种要素按其经济用途进行分配和归集，最后计入本月各种产品生产成本，按成本项目反映完工产品和月末在产品成本的过程。产品成本核算的一般程序为：

（1）对生产经营费用进行审核和控制，确定费用是否应该开支，开支的费用是否应计入产品成本。

（2）将本月计入产品成本的各种要素费用，在各种产品之间按照成本项目进行归集，计算出各种产品成本。

（3）对于既有完工产品又有在产品的产品，将月初在产品生产费用与本月生产费用之和，在完工产品和月末在产品之间进行分配和归集，计算出完工产品成本。

（二）账户设置

（1）“生产成本”账户，属成本类账户，核算企业为进行工业性生产而发生的各项生产费用。借方登记企业发生的各项直接材料、直接人工和制造费用，贷方登记期末生产完工并已验收入库的工业产品、自制材料、自制工具等的实际成本，期末借方余额反映企业尚未加工完成的在产品成本。该账户可按基本生产成本和辅助生产成本进行明细核算。其中，基本生产成本应当分别按照基本生产车间和成本核算对象（产品的品种、类别、订单、批别、生产阶段等）设置明细账（或成本计算单），并按照规定的成本项目设置专栏。

（2）“制造费用”账户，属成本类账户，核算企业为进行工业性生产而发生的各项间接费用。借方登记企业发生的各项制造费用，贷方登记期末按一定的分配方法和分配标准分配结转到各成本计算对象的制造费用，除季节性的生产企业外，期末结转后该账户一般无余额。该账户可按不同的生产车间、部门和费用项目进行明细核算。

（三）账务处理

1. 生产成本的归集与分配

企业发生的各项生产费用，能确定由某一成本核算对象负担的，应当按照所对应的产品成本项目类别，直接计入某一成本核算对象的生产成本；由几个成本核算对象共同负担的，应当选择合理的分配标准分配计入。

对于发生的直接归属于特定成本核算对象的直接材料、直接人工等直接费用，直接计入生产成本。借记“生产成本”账户，贷记“银行存款”“原材料”“应付职工薪酬”等账户。

对于发生的无法直接判断其应归属的成本核算对象的间接费用，先在制造费用中归集，借记“制造费用”账户，贷记“银行存款”“原材料”“应付职工薪酬”“累计折旧”等账户。月度终了，再采用一定的方法在各成本核算对象之间进行分配，计入各成本核算对象的成本，借记“生产成本”账户，贷记“制造费用”账户。

【例 12-6】 甲公司是一家生产型企业，2016 年 10 月生产 A 产品领用成本为 20 000 元的原材料一批，同月生产车间以转账支票结算电费 10 000 元，请进行业务处理。

借：生产成本——A 产品　　20 000

　　贷：原材料　　20 000

借：制造费用　　10 000

　　贷：银行存款　　10 000

2. 生产费用在完工产品与在产品之间的分配

企业在生产过程中发生的生产费用，经过在各种产品之间进行分配和归集之后，应计入本月各种产品的成本，都已集中反映在“生产成本”账户及其所属各种产品成本明细账中。

有时有在产品时，为了计算产品成本，还需要加上期初在产品费用，本期生产费用与期初在产品费用之和称为全部生产费用，需要将全部生产费用在本期完工产品和期末在产品之间进行分配，计算出本月产成品成本。有两种情况：如果某种产品没有在产品，则全部生产费用均计入本期完工产品的成本，如果某种产品本月没有完工产品，则全部生产费用计入该种产品期末在产品成本；如果既有完工产品，又有在产品，那么该种产品全部生产费用需要采用适当的分配方法，在本月完工产品和期末在产品之间进行分配，分别计算出完工产品成本和月末在产品成本。

3. 完工产品成本的结转

在计算出当期完工产品成本后，对验收入库的产成品，应结转成本。结转本期完工产品成本时，借记“库存商品”等账户，贷记“生产成本”账户。

第二节　税费核算

企业在生产经营过程中经常发生税法所规定的纳税义务，如收入的形成、利润的实现、某些应税行为的发生、应税财产的增加等都需要缴纳相应的税费。但纳税义务的发生和完成并不是同步的，纳税是定期进行的，从纳税义务产生到完成总会形成一定的时间间隔，进而产生应交税费，即企业应交而未交的债务。目前，企业依法缴纳的各种税费主要有增值税、消费税、资源税、所得税、城市维护建设税、教育费附加等。

一、增值税

（一）增值税概述

1. 增值税的含义

增值税是对在我国境内销售货物或进口货物、提供应税劳务及销售服务、无形资产、不动产的增值额征收的一种流转税。应税劳务指提供的加工、修理、修配劳务。

从计税原理上说，增值税是对商品生产、流通、劳务服务中多个环节的新增价值或商品的附加值征收的一种流转税。增值税属于价外税，有增值才征税没增值不征税。

2. 纳税义务人

增值税的纳税义务人是在我国境内销售货物或进口货物、提供应税劳务及销售服务、无形资产、不动产的单位和个人。按经营规模及会计核算健全程度不同可划分为一般纳税人和小规模纳税人两类。

3. 增值税税率

一般纳税人增值税税率分为 17%、13%、11%、6%。小规模纳税人征收率为 3%。

（二）增值税计算

1. 一般纳税人

在实务当中，商品新增价值或附加值在生产和流通过程中是很难准确计算的。因此，我国也采用国际上普遍采用的税款抵扣的办法，以增值额为计税依据。

增值额 = 销售额 − 采购额

增值税额 = （销售额 − 采购额）×增值税率

= 销售额×增值税率 − 采购额×增值税率

= 销项税额 − 进项税额

所以，应纳增值税额 = 当期销项税额 − 进项税额

2. 小规模纳税人

应纳增值税额 = 不含税销售额×征收率

（三）一般纳税人增值税核算

1. 账户设置

增值税一般纳税人应当在“应交税费”科目下设置“应交增值税”“未交增值税”“预交增值税”“待抵扣进项税额”“待认证进项税额”“待转销项税额”“增值税留抵税额”“简易计税”“转让金融商品应交增值税”“代扣代缴增值税”等明细科目。

（1）“应交增值税”账户。

该明细账户的借方登记一般纳税人当期购进货物或接受应税劳务收取的增值税，实际已缴纳的增值税和应交未交的增值税等；贷方登记销售货物或提供劳务收取的增值税，出口货物退税额，转出多交的增值税等；期末余额在借方，表示尚未抵扣的进项税额，该账户无期末贷方余额。

增值税一般纳税人应在“应交增值税”明细账内设置“进项税额”“销项税额抵减”“已交税金”“转出未交增值税”“减免税款”“出口抵减内销产品应纳税额”“销项税额”“出口退税”“进项税额转出”“转出多交增值税”等共10个专栏。

①“进项税额”专栏记录一般纳税人购进货物、加工修理修配劳务、服务、无形资产或不动产而支付或负担的、准予从当期销项税额中抵扣的已经税务局认证的增值税额。企业购进货物、加工修理修配劳务、服务、无形资产或不动产而支付或负担的、准予从当期销项税额中抵扣的已认证的进项税额，用蓝字在借方登记，退回多缴的增值税额用红字登记。

②“销项税额抵减”专栏，记录一般纳税人按照现行增值税制度规定因扣减销售额而减少的销项税额；

③“已交税金”专栏，记录一般纳税人当月已缴纳的应交增值税额。企业已缴纳的增值税税额用蓝字登记，退回多交的增值税税额用红字登记。

④“转出未交增值税”和“转出多交增值税”专栏，分别记录一般纳税人月度终了转出当月应交未交或多交的增值税额；

⑤“减免税款”专栏，记录一般纳税人按现行增值税制度规定准予减免的增值税额；

⑥“出口抵减内销产品应纳税额”专栏，记录实行“免、抵、退”办法的一般纳税人按规定计算的出口货物的进项税抵减内销产品的应纳税额；

⑦“销项税额”专栏，记录一般纳税人销售货物、加工修理修配劳务、服务、无形资产或不动产应收取的增值税额；

⑧“出口退税”专栏，记录一般纳税人出口货物、加工修理修配劳务、服务、无形资产按规定退回的增值税额；

⑨“进项税额转出”专栏，记录一般纳税人购进货物、加工修理修配劳务、服务、无形资产或不动产等发生非正常损失以及其他原因而不应从销项税额中抵扣、按规定转出的进项税额。

（2）“应交增值税——未交增值税”明细科目，核算一般纳税人企业月度终了从“应交增值税”或“预交增值税”明细科目转入当月应交未交、多交或预缴的增值税额，以及当月缴纳以前期间未交的增值税额。该明细账户的借方登记一般纳税人上缴的上月应交未交的增值税额和月末转入的当月多交的增值税额，贷方登记月末转入的当月应交未交的增值税额，期末如果有借方余额，表示当月多交的增值税，如果有贷方余额，则表示当月尚未交纳或欠交的增值税额。

（3）“待抵扣进项税额”明细科目，主要核算一般纳税人自 2016 年 5 月 1 日后取得并按固定资产核算的不动产或者 2016 年 5 月 1 日后取得的不动产在建工程，按现行增值税制度规定准予以后期间从销项税额中抵扣的进项税额，在“固定资产”部分已作讲解，此处不赘述。

（4）“待认证进项税额”明细科目，核算一般纳税人由于未经税务机关认证而不得从当期销项税额中抵扣的进项税额。包括：一般纳税人已取得增值税扣税凭证、按照现行增值税制度规定准予从销项税额中抵扣，但尚未经税务机关认证的进项税额；一般纳税人已申请稽核但尚未取得稽核相符结果的海关缴款书进项税额。具体账务处理在“存货”部分已作讲解。

2. 账务处理

（1）销项税核算。

①销售货物或提供应税劳务。

企业发生销售货物或者提供应税劳务业务时，按照实际的经营收入和按规定收取的增值税额，借记“应收账款”“应收票据”“银行存款”等账户，按照规定收取的增值税额，贷记“应交税费——应交增值税（销项税额）”账户，按照实现的销售收入，贷记“主营业务收入”“其他业务收入”等账户。发生的销售退回，作相反账务处理。

②视同销售行为。

《增值税暂行条例实施细则》规定了八种视同销售行为，这八种行为都属于增值税的征税范围，由于在销售收入确认上的差异，可以将其分为应税销售类和会计销售类（见表 12－2）进行账务处理。应税销售类和会计销售类在计算增值税时的税基是一样的，即都按销售收入计税，在“应交税费—应交增值税”账户中的“销项税额”中予以反映。但应税销售类只按成本结转，不确认销售收入，而会计销售类要确认销售收入。

表 12－2 视同销售行为类型

类别	业务类型
应税销售类	企业将自产或委托加工的货物用于非应税项目
	将自产、委托加工或购买的货物作为投资，提供给其他单位或个体经营者
	将自产、委托加工或购买的货物无偿赠送他人

续表

类别	业务类型
会计销售类	将货物交付他人代销
	销售代销货物
	将自产、委托加工或购买的货物分配给股东或投资者
	将自产、委托加工的货物用于集体福利
	将自产、委托加工的货物用于个人消费

企业将自产、委托加工的货物用于非应税项目时，借记“在建工程”等账户，贷记“库存商品”“应交税费—应交增值税（销项税额）”账户；

企业将自产、委托加工或外购的货物用于捐赠时，借记“营业外支出”账户，贷记“库存商品”“应交税费—应交增值税（销项税额）”账户；

企业将自产、委托加工的货物用于集体福利和个人消费时，借记“应付职工薪酬——职工福利费”等账户，贷记“主营业务收入”“应交税费—应交增值税（销项税额）”账户；

企业将自产、委托加工或外购的货物分配给股东或投资者时，借记“应付利润”“长期股权投资”等账户，贷记“主营业务收入”“应交税费——应交增值税（销项税额）”账户。

（2）进项税核算。

①采购货物或接受应税劳务。

a. 采购等业务进项税额允许抵扣的账务处理规定为：一般纳税人购进货物、加工修理修配劳务、服务、无形资产或不动产，按发票等结算凭证记明的应计入相关成本费用或资产的金额，借记“在途物资”“原材料”“库存商品”“生产成本”“无形资产”“固定资产”“管理费用”等账户，按当月已认证的可抵扣增值税额，借记“应交税费——应交增值税（进项税额）”账户，按当月未认证的可抵扣增值税额，借记“应交税费——待认证进项税额”账户，按应付或实际支付的金额，贷记“应付账款”“应付票据”“银行存款”等账户。发生退货的，如原增值税专用发票已认证，应根据税务机关开具的红字增值税专用发票作相反的会计分录；如原增值税专用发票未认证，应将发票退回并作相反的会计分录。

【例 12－7】 甲企业 2017 年 1 月 5 日购买原材料，取得增值税专用发票注明价款 1 000 元，增值税 170 元，款项未付，货物已经入库。

（1）如当月发票尚未认证：

借：原材料	1 000	
应交税费——待认证进项税额	170	
贷：应付账款		1 700

（2）如发票当月已经认证：

借：原材料	1 000	
应交税费——应交增值税（进项税额）	170	
贷：应付账款		1 700

b. 采购业务的进项税额不得抵扣时的账务处理：一般纳税人购进货物、加工修理修配

劳务、服务、无形资产或不动产，用于简易计税方法计税项目、免征增值税项目、集体福利或个人消费等，其进项税额按照现行增值税制度规定不得从销项税额中抵扣的，取得增值税专用发票时，应借记相关成本费用或资产账户，借记“应交税费——待认证进项税额”账户，贷记“银行存款”“应付账款”等账户，经税务机关认证后，应借记相关成本费用或资产账户，贷记“应交税费——应交增值税（进项税额转出）”账户。

【例 12－8】某建筑企业为增值税一般纳税人，2017 年 1 月购买材料，取得增值税专用发票注明金额 100 000 元，进项税额 17 000 万元，款项已付，货物已入库。该批材料用于适用简易计税方法的老建筑项目，该笔进项税额不得抵扣。该发票于 2017 年 3 月认证。

会计处理如下：

（1）2017 年 1 月，购买材料：

借：原材料　　100 000
　　应交税费——待认证进项税额　　17 000
　　贷：银行存款　　117 000

（2）2017 年 3 月，经税务机关认证后：

借：原材料　　17 000
　　贷：应交税费——应交增值税（进项税额转出）　　17 000

②进项税额转出。

按照增值税会计处理规定，企业购进的货物、在产品或库存商品因发生非正常损失或改变用途（如用于非应税项目、集体福利或个人消费）等，原已计入进项税额、待抵扣进项税额或待认证进项税额，但按现行增值税制度规定不得从销项税额中抵扣的，应将原计入进项税额并已支付的增值税转入有关的承担者予以承担，同时将其进项税额转出时，借记“待处理财产损溢”“应付职工薪酬—职工福利费”等账户，贷记“应交税费—应交增值税（进项税额转出）”账户。

（3）缴纳增值税与结转增值税。

本期应交增值税＝本期销项税额－本期进项税额－上期未抵扣完的进项税额＋进项税额转出

企业当月缴纳当月的增值税，通过“应交税费——应交增值税额（已交税金）”账户核算；当月缴纳以前各月未交的增值税，通过“应交税费——未交增值税”账户核算。

月份终了，企业计算出当月应交未交的增值税，借记“应交税费——应交增值税（转出未交增值税）”账户，贷记“应交税费——未交增值税”账户；当月多交的增值税，借记“应交税费——未交增值税”账户，贷记“应交税费——应交增值税（转出多交增值税）”账户，经过结转后，月份终了，“应交税费——应交增值税”账户的余额，反映企业尚未抵扣的增值税。

（四）小规模纳税人增值税核算

小规模纳税人销售货物或提供应税劳务只能开具普通发票不能开具增值税专用发票，应纳增值税采用简易计征方法。小规模纳税人只需设置“应交增值税”明细账户，不需要在“应交增值税”明细账户中设置专栏。

企业实现销售收入时，均应按实现的销售收入（不含税）与按规定收取的增值税额合计，借记“应收账款”“银行存款”等账户，按实现的销售收入，贷记“主营业务收入”

“其他业务收入”等账户，同时按规定收取的增值税税额，贷记“应交税费——应交增值税”账户。发生销货退回时，作相反的会计分录；企业缴纳税金时，借记“应交税费——应交增值税”账户，贷记“银行存款”账户。

二、消费税

（一）消费税概述

消费税是对我国境内从事生产、委托加工和进口应税消费品的单位和个人，就其应税消费品的销售额或销售数量征收的一种流转税。消费税是对特定的消费品和消费行为征收的一种税。

（二）消费税计算

消费税有从价定率、从量定额和复合计征三种征收方法。

（1）从价定率征收方法应纳消费税额计算公式如下：

应纳税额 = 销售额（或组成计税价格）× 适用税率

组成计税价格 =（成本 + 利润）÷（1 − 消费税率）

或：组成计税价格 =（材料成本 + 加工费）÷（1 − 消费税率）

我国现行税法规定，目前对卷烟的批发环节、雪茄烟、烟丝、酒及酒精中的其他酒和酒精、化妆品、贵重首饰及珠宝玉石、鞭炮焰火、摩托车、小汽车、高尔夫球及球具、高档手表、游艇、木制一次性筷子、实木地板、铅蓄电池、涂料按从价定率办法计征消费税。

（2）从量定额征收方法下应纳消费税额计算公式如下：

应纳税额 = 销售数量 × 单位税额

我国现行税法规定，目前对成品油、啤酒实行从量定额计征办法。

（3）从价从量复合计征方法下，应纳消费税额计算公式如下：

应纳税额 = 销售额 × 比例税率 + 销售数量 × 定额税额

我国现行税法规定，目前只对零售的卷烟、粮食白酒和薯类白酒实行复合计征办法。

（三）消费税核算

1. 账户设置

（1）“应交税费——应交消费税”账户。企业应在“应交税费”下设置“应交消费税”明细账户，核算应交消费税的发生、缴纳情况。该账户贷方登记应交消费税，借方登记已缴纳消费税；期末贷方余额反映企业尚未缴纳的消费税，借方余额反映企业多交的消费税。

（2）“税金及附加”账户。由于消费税是价内税，其应纳的消费税已在应税消费品实现的销售收入中，因此必须通过“税金及附加”账户核算。该账户核算包括消费税、城市维护建设税、资源税、教育费附加及房产税、土地使用税、车船使用税、印花税等相关税费。该账户借方登记企业计算应纳的税金及附加，贷方登记企业期末转入“本年利润”账户的税金及附加。

2. 账务处理

（1）销售应税消费品。

企业销售产品时应交的消费税，应分别情况进行处理：企业将生产的产品直接对外销售的，按规定计算出应交的消费税，借记“税金及附加”账户，贷记“应交税费——应交消费税”账户。

【例 12－9】 某单位销售化妆品一批，不含税价格为 10 000 元，应纳消费税额 = 10 000 ×

30% =3 000 元，编制会计分录。（化妆品税率 30%）

借：税金及附加　　3 000

　　贷：应交税费——应交消费税　　3 000

（2）自产自用应税消费品。

企业将生产的应税消费品用于在建工程、职工集体福利等时，应借记“在建工程”“应付职工薪酬—职工福利费”等账户，贷记“应交税费——应交消费税”等账户。

（3）委托加工应税消费品。

委托加工收回的应税消费品，直接用于对外销售的，不再征收消费税，委托方将代收代缴的消费税计入委托加工应税消费品的成本，借记“委托加工物资”账户，贷记“应付账款”“银行存款”等账户；委托加工收回的应税消费品，用于连续生产应税消费品的，其已纳税款准予按照规定抵扣。委托方将代收代缴的消费税，借记“应交税费——应交消费税”账户，贷记“应付账款”“银行存款”等账户，待用委托加工的应税消费品生产出应纳消费税的产品并销售时，再计算缴纳消费税。前面第五章【例 5 - 13】【例 5 - 14】就是对委托加工物资相关消费税的处理，此处不赘述。

三、企业所得税

企业所得税是对我国内资企业和经营单位的生产经营所得和其他所得征收的一种税，实行按季预缴，年终汇算清缴的计征办法。企业应于会计期末，按税法规定计算应纳税所得额后计算缴纳所得税。所得税额的计算方法在后续《纳税实务》课程中详细讲解，这里主要讲解按月或按季计算应预缴所得税额和缴纳所得税对应的业务处理。

1. 按月或按季计算应预缴所得税额的账务处理

借：所得税费用

　　贷：应交税费——应交企业所得税

2. 申报期内缴纳所得税款时

借：应交税费——应交企业所得税

　　贷：银行存款

3. 期末业务处理

期末需将“所得税费用”借方余额结转至“本年利润”时，结转后“所得税费用”科目无余额。

借：本年利润

　　贷：所得税费用

四、其他税费核算

（一）城市维护建设税

城市维护建设税是指对从事生产经营活动的单位和个人以其实际缴纳的增值税和消费税税额为计税依据，按照规定税率计算征收的专项用于城市维护建设的一种税。主要是为了筹集城市公用事业和公共设施的维护、建设资金、加快城市开发建设步伐。税率分别为：市区 7%、县镇 5%、其他 1%。

应纳税额 =（增值税额 + 消费税额）× 适用税率

企业按规定计算出应交的城市维护建设税额，借记“税金及附加”账户，贷记“应交税费——应交城市维护建设税”账户；实际缴纳时借记“应交税费——应交城市维护建设税”账户，贷记“银行存款”账户。

（二）教育费附加

教育费附加是对缴纳增值税、消费税的单位和个人征收的一种专项附加税，是征税以外的政府行政收费，是为了多渠道筹集教育经费，改善中小学办学条件，促进地方教育事业的发展。教育费附加的计征比率为3%，地方教育费附加计征比率为2%。

$$应纳税额=(增值税额+消费税额)\times 适用税率$$

企业应交的教育费附加，借记“税金及附加”账户，贷记“应交税费——应交教育费附加”账户。实际缴纳时借记“应交税费——应交教育费附加”账户，贷记“银行存款”账户。

（三）资源税

资源税是指对我国境内开发和利用自然资源及生产盐的单位和个人征收的一种税，目的是调节因资源生产和开发条件差异而形成的极差收入。资源税按照应税产品的课税数量和规定的单位税额计算。其计算公式如下：

$$应纳税额=课税数量\times 单位税额$$

开采或生产应税产品对外销售的以销售数量为课税数量，开采或生产应税产品自用的以自用数量为课税数量。

对外销售应税产品应交纳的资源税应记入“税金及附加”账户，借记“税金及附加”账户，贷记“应交税费——应交资源税”账户；自产自用应税产品应交纳的资源税应记入“生产成本”“制造费用”等账户，借记“生产成本”“制造费用”等账户，贷记“应交税费——应交资源税”账户。实际缴纳时借记“应交税费——应交资源税”账户，贷记“银行存款”账户。

（四）土地增值税

土地增值税是指国家对转让国有土地使用权、地上建筑物及其附着物的单位和个人，就其土地增值额征收的一种税。土地增值额，是指转让收入减去规定扣除项目金额后的余额。转让收入包括货币收入、实物收入和其他收入。扣除项目主要包括取得土地使用权所支付的金额、开发土地的费用、新建及配套设施的成本、旧房及建筑物的评估价格等。

$$应纳的土地增值税=土地增值额\times 适用税率$$

企业应交的土地增值税视情况记入不同账户：企业转让的土地使用权连同地上建筑物及其附着物一并在“固定资产”等账户核算的，转让时应交的土地增值税，借记“固定资产清理”账户，贷记“应交税费——应交土地增值税”账户；土地使用权在“无形资产”账户核算的，按实际收到的金额，借记“银行存款”账户，按应交的土地增值税，贷记“应交税费——应交土地增值税”账户，同时冲销土地使用权的账面价值，贷记“无形资产”账户，如果无形资产账面有累计摊销余额的转出其余额，按其差额，借记“营业外支出”账户或贷记“营业外收入”账户。

（五）房产税、土地使用税、车船税、矿产资源补偿费

房产税是指国家对在城市、县城、建制镇和工矿区征收的由产权所有人缴纳的税，是以房产原值一次扣减10%～30%的余值或房屋租金为计税依据征收的一种财产税。

土地使用税是指国家为合理利用城镇土地，调节土地极差收入，提供土地使用收益，加

强土地管理开征的税种。其以城镇土地为征税对象，按实际占用土地面积向使用土地的单位和个人征收。

车船税是指拥有并使用车船的单位和个人缴纳的税种。车船税是对行驶于公共道路上的车辆和航行于国内河流、湖泊和领海口岸的船舶按其种类、吨位征收的一种行为税，按年计征分期缴纳。

矿产资源补偿费是指对在我国领域和管辖海域开采矿产资源而征收的费用。矿产资源补偿费按照矿产品销售收入的一定比例计征，由采矿人缴纳。

企业按规定计算应交的房产税、土地使用税、车船税、矿产资源补偿费，应在“应交税费”账户下设置“应交房产税”“应交土地使用税”“应交车船税”“应交矿产资源补偿费”等明细账户进行核算。

企业按规定计算应交的房产税、土地使用税、车船税、矿产资产补偿费，借记“税金及附加”账户，贷记“应交税费——应交房产税”“应交税费——应交土地使用税”“应交税费——应交车船税”“应交税费——应交矿产资源补偿费”账户；企业实际缴纳时，借记“应交税费——应交房产税”“应交税费——应交土地使用税”“应交税费——应交车船税”“应交税费——应交矿产资源补偿费”账户，贷记“银行存款”账户。

（六）印花税

企业发生设立账簿、收到投资、签订购销合同等业务时均需要计算缴纳印花税。企业购买印花税票或汇贴、汇缴纳税时，可以不通过计提，而是直接借记“税金及附加”账户，贷记“银行存款”或“库存现金”账户。

本章小结

业务内容		账务处理
主营业务成本	结转已销售产品成本	借：主营业务成本 贷：库存商品（劳务成本）
	期末转出成本余额	借：本年利润 贷：主营业务成本
其他业务成本	发生其他业务成本	借：其他业务成本 贷：原材料（累计折旧、累计摊销等）
	期末转出余额	借：本年利润 贷：其他业务成本
产品成本的归集与分配	发生直接费用	借：生产成本 贷：银行存款（原材料/应付职工薪酬）
	间接费用的归集和制造费用的分配	借：制造费用 贷：银行存款（原材料/应付职工薪酬/累计折旧）
		借：生产成本 贷：制造费用
完工产品成本结转		借：库存商品 贷：生产成本

续表

业务内容			账务处理
期间费用	管理费用	发生管理费用	借：管理费用 贷：应付职工薪酬（应交税费、银行存款等）
		期末转出余额	借：本年利润 贷：管理费用
	销售费用	发生销售费用	借：销售费用 贷：应付职工薪酬（银行存款等）
		期末转出余额	借：本年利润 贷：销售费用
	财务费用	发生财务费用	借：财务费用 贷：应付利息/银行存款等
		期末转出余额	借：本年利润 贷：财务费用

业务内容			账务处理
增值税	销项核算	一般销售：销售货物或提供应税劳务	借：银行存款（应收账款/应收票据/预收账款） 贷：主营业务收入 应交税费——应交增值税（销项税额）
		视同销售	借：在建工程（应付职工薪酬/营业外支出/应付股利） 贷：库存商品（主营业务收入） 应交税费——应交增值税（销项税额）
	进项核算	采购物资和接受劳务	借：原材料（生产成本/委托加工物资） 应交税费——应交增值税（进项税额）/应交税费——待认证进项税额 贷：银行存款（应付账款/应付票据）
		进项税额转出	借：待处理财产损溢（应付职工薪酬） 贷：原材料 应交税费——应交增值税（进项税额转出）
	缴纳	缴纳当月增值税	借：应交税费——应交增值税（已交税金） 贷：银行存款
		缴纳以前各月未交的增值税	借：应交税费——未交增值税 贷：银行存款
	结转	结转应交未交	借：应交税费——应交增值税（转出未交增值税） 贷：应交税费——未交增值税
		转出多交	借：应交税费——未交增值税 贷：应交税费——应交增值税（转出多交增值税）
消费税	销售应税消费品		借：税金及附加 贷：应交税费——应交消费税
	自产自用应税消费品		借：在建工程（应付职工薪酬） 贷：库存商品 应交税费——应交消费税
	实际缴纳消费税		借：应交税费——应交消费税 贷：银行存款

<table>
<tr><th colspan="2">业务内容</th><th>账务处理</th></tr>
<tr><td rowspan="6">其他税费</td><td>计提城市维护建设税、教育费附加、资源税</td><td>借：税金及附加
贷：应交税费——应交城市维护建设税
——应交教育费附加
——应交地方教育费附加
——应交资源税</td></tr>
<tr><td>计提土地增值税</td><td>借：固定资产清理
贷：应交税费——应交土地增值税</td></tr>
<tr><td>计提房产税、土地使用税、车船税、矿产资源补偿费</td><td>借：税金及附加
贷：应交税费——应交房产税
——应交土地使用税
——应交车船税
——应交矿产资源补偿费</td></tr>
<tr><td>计提企业所得税</td><td>借：所得税费用
贷：应交税费——应交企业所得税</td></tr>
<tr><td>缴纳城市维护建设税、教育费附加、资源税、土地增值税、房产税、土地使用税、车船税、矿产资源补偿费</td><td>借：应交税费——应交城市维护建设税
——应交教育费附加
——应交地方教育费附加
——应交资源税
——应交房产税
——应交土地使用税
——应交车船税
——应交矿产资源补偿费
贷：银行存款</td></tr>
<tr><td>印花税</td><td>借：税金及附加
贷：银行存款</td></tr>
<tr><td>期末转出各项税费</td><td colspan="2">借：本年利润
贷：税金及附加
所得税费用</td></tr>
</table>

第十二章教学目标、重点、难点 + 习题及答案

第十三章

利润核算

一、利润概述

（一）利润的含义

利润是指企业在一定会计期间的经营成果。作为独立核算的经济实体，企业经营的目的就是以自身的经营收入来抵补发生的成本费用，从而实现盈利。

利润包括收入减去费用后的净额、直接计入当期利润的利得和损失等。其中，收入减去费用后的净额是指营业利润，反映的是企业日常活动的业绩；直接计入当期利润的利得和损失，是指应当计入当期损益、会导致所有者权益发生增减变动的、与所有者投入资本或者向所有者分配利润无关的利得或损失，反映的是企业非日常活动的业绩。

（二）利润的构成

1. 营业利润

营业利润是指企业在一定会计期间日常活动取得的收入减去费用后的净额。用计算公式表示如下：

营业利润 = 营业收入 − 营业成本 − 税金及附加 − 销售费用 − 管理费用 − 财务费用 − 资产减值损失 ± 公允价值变动收益（或损失） ± 投资收益（或损失）

其中，营业收入是指企业经营业务所确定的收入总额，包括主营业务收入和其他业务收入。

营业成本是指企业经营业务所发生的实际成本总额，包括主营业务成本和其他业务成本。

资产减值损失是指企业计提各项资产减值准备所形成的损失。

公允价值变动收益（或损失）是指企业交易性金融资产以及其他以公允价值计量的资产和负债由于公允价值变动形成的应计入当期损益的利得（或损失）。

投资收益（或损失）是指企业以各种方式对外投资所取得的收益（或发生的损失）。

2. 利润总额

利润总额为税前会计利润，是企业营业利润加营业外收入减营业外支出后的金额。用计算公式表示如下：

利润总额 = 营业利润 + 营业外收入 − 营业外支出

其中，营业外收入是指企业发生的与日常活动无直接关系的各项利得，主要包括非流动资产处置利得、非货币性资产交换利得、债务重组利得、政府补助、盘盈利得、捐赠利得等。

营业外支出是指企业发生的与日常活动无直接关系的各项损失，主要包括非流动资产处置损失、非货币性资产交换损失、债务重组损失、公益性捐赠支出、非常损失、盘盈损失等。

3. 净利润

净利润是税后利润，它是利润总额减去所得税费用后的净额。用计算公式表示如下：

净利润 = 利润总额 − 所得税费用

其中，所得税费用是指企业确认的应从当期利润总额中扣除的所得税费用。

二、利润核算

（一）直接计入当期损益的利得和损失的核算

1. 营业外收入

营业外收入是指企业发生的与其日常活动无直接关系的各项利得。营业外收入并不是企业经营资金耗费所产生的，不需要企业付出代价，实际上是经济利益的净流入，不需要与有关的费用进行配比。营业外收入主要包括：非流动资产处置利得、债务重组利得、政府补助、盘盈利得、罚没利得、捐赠利得、非货币性资产交换利得、确实无法支付的应付款等。

其中：非流动资产处置利得包括固定资产处置利得和无形资产出售利得。固定资产处置利得指企业处置固定资产所取得的价款或报废固定资产的材料价值和变价收入等，扣除处置固定资产的账面价值、清理费用、处置相关税费后的净收益；无形资产出售利得指企业出售无形资产所取得的价款，扣除出售无形资产的账面价值及出售相关税费后的净收益。

债务重组利得是指重组债务的账面价值超过清偿债务的现金、非现金资产的公允价值、所转股份的公允价值或重组后债务账面价值之间的差额。

政府补助指企业从政府无偿取得的货币性资产或非货币性资产（不包括政府作为企业所有者投入的资本）。

盘盈利得主要指清查盘点中盘盈的现金，报经批准后计入营业外收入的金额。

罚没利得指企业取得的各项罚款、没收收入在弥补由于对违反合同或协议而造成的经济损失后的罚款净收益。

捐赠利得指企业接受捐赠产生的利得。

非货币性资产交换利得是指在非货币性资产交换中换出资产为固定资产、无形资产的，换入资产公允价值大于换出资产账面价值的差额，扣除相关费用后计入营业外收入的金额。

确实无法支付的应付款是指因债权人原因确实无法支付的款项，包括超过三年未支付的应付账款，转入营业外收入的金额。

企业应设置“营业外收入”账户，核算营业外收入的取得及结转情况。该账户的贷方登记企业确认的各项营业外收入，借方登记期末将营业外收入转入“本年利润”的金额，结转后该账户应无余额。该账户应按照营业外收入的项目进行明细核算。

企业确认营业外收入时，借记“固定资产清理”“银行存款”“待处理财产损溢”等账户，贷记“营业外收入”账户。期末，应将“营业外收入”账户余额转入“本年利润”账户，借记“营业外收入”账户，贷记“本年利润”账户。

【例 13－1】辽宁旭日有限责任公司 2017 年 3 月发生如下经济业务：

（1）按规定将固定资产清理收益 8 000 元予以转销。

（2）经批准转销盘盈现金 200 元；

（3）取得罚款收入 500 元，现金收讫。

旭日公司的账务处理如下：

（1）借：固定资产清理	8 000	
贷：营业外收入——非流动资产处置利得		8 000
（2）借：待处理财产损溢——待处理流动资产损溢	200	
贷：营业外收入——盘盈利得		200
（3）借：库存现金	500	
贷：营业外收入——罚没利得		500

2. 营业外支出

营业外支出是指企业发生的与其日常活动无直接关系的各种损失。主要包括：非流动资产处置损失、债务重组损失、非货币性资产交换损失、捐赠支出、非常损失、罚没支出、盘亏损失等。

其中：非流动资产处置损失包括固定资产处置损失和无形资产出售损失。固定资产处置损失指企业处置固定资产所取得的价款或报废固定资产的材料价值和变价收入不足以抵补处置固定资产的账面价值、清理费用、处置相关税费所发生的净损失；无形资产出售损失是指企业出售无形资产所取得的价款不足以抵补出售无形资产的账面价值及出售相关税费所发生的净损失。

债务重组损失是指重组后债权的账面价值小于重组前债权的账面价值的差额或者是债务人清偿债务支付的现金、非现金资产、股权等公允价值小于重组前债权的账面价值的差额。

非货币性资产交换损失是指在非货币性资产交换中换出资产为固定资产、无形资产的，换入资产公允价值小于换出资产账面价值的差额。

捐赠支出指企业对外捐赠产生的损失，包括公益救济性捐赠支出和非公益救济性捐赠支出。

非常损失指企业对于因客观因素（如自然灾害）等造成的损失，在扣除保险公司赔款后计入营业外支出的经济损失。

罚款支出指企业由于违反税收法律法规、经济合同等支付的各种滞纳金和罚款。

盘亏损失主要指对于固定资产清查中盘亏的固定资产，在按规定程序批准转销损失时计入营业外支出的金额。

企业应设置“营业外支出”账户，核算营业外支出的发生及结转情况。该账户的借方登记企业发生的各项营业外支出，贷方登记期末将营业外支出转入“本年利润”账户的金额，结转后该账户应无余额。该账户应按照营业外支出的项目进行明细核算。

企业发生营业外支出时，借记“营业外支出”账户，贷记“固定资产清理”“待处理财产损溢”“库存现金”“银行存款”等账户。期末，应将“营业外支出”账户余额结转入“本年利润”账户，借记“本年利润”账户，贷记“营业外支出”账户。

【例 13－2】辽宁旭日有限责任公司 2017 年 4 月发生下列经济业务：

（1）按规定将固定资产清理损失 9 000 元予以转销；

（2）经批准转销盘亏原材料 5 000 元；

（3）向公益组织捐款 20 000 元，以银行存款支付。

旭日公司的账务处理如下：

（1）借：营业外支出——非流动资产处置损失	9 000	
贷：固定资产清理		9 000
（2）借：营业外支出——盘亏损失	5 000	
贷：待处理财产损溢——待处理流动资产损溢		5 000
（3）借：营业外支出——捐赠支出	20 000	
贷：银行存款		20 000

（二）本年利润核算

1. 账户设置

为了反映当期实现净利润（或发生净亏损）情况，企业应设置“本年利润”账户，贷方登记各收益类账户的余额转入数，借方登记各成本费用或支出类账户的余额转入数。结转后“本年利润”账户如为贷方余额，反映企业累计实现的净利润；如果为借方余额，反映企业累计发生的净亏损。

2. 账务处理

会计期末结转本年利润的方法有表结法和账结法两种。

表结法是指通过利润表来结计企业的本年利润的方法。表结法下，每月月末只需结计出各损益类账户的本月发生额和月末累计余额，无须转入“本年利润”账户，而是将其本月发生额合计数填入利润表的本月数栏，将本月累计余额填入利润表的本年累计数栏，通过利润表计算各期的利润（或亏损）。年末再使用账结法将全年累计余额转入“本年利润”账户，结转整个年度的累计余额。表结法下，年中损益类账户无须转入“本年利润”账户，从而减少了转账环节和工作量，同时又不影响利润表的编制及有关损益指标的利用。

账结法是指通过账户结转来结计企业的本年利润的方法。账结法下，每月月末要将在账上结计出的各损益类账户的余额，转入“本年利润”账户。结转后“本年利润”账户的本月合计数反映当月实现的利润或发生的亏损，“本年利润”账户的本年累计数反映本年累计实现的利润或发生的亏损。账结法下，各月均可通过“本年利润”账户提供当月及本年累计的利润（或亏损额），但增加了转账环节和工作量。

会计期末，企业应将收入、利得类账户贷方余额转入“本年利润”账户的贷方；将费用、损失类账户借方余额转入“本年利润”账户的借方。结转后，“本年利润”账户如为贷方余额，反映年初到本期末累计实现的净利润；如为借方余额，反映企业年初到本期末累计发生的净亏损。

年度终了，应将本年收入和支出相抵后结出的本年实现的净利润，转入“利润分配”账户，借记“本年利润”账户，贷记“利润分配——未分配利润”账户；如果发生净亏损，借记“利润分配——未分配利润”账户，贷记“本年利润”账户。结转后，“本年利润”账户应无余额。

【例 13－3】辽宁旭日有限责任公司本年利润结转方法采用表结法，2016 年有关损益类账户的本年发生额如表 13－1 所示。

表 13－1 损益类账户发生额

2016 年　　　　单位：元

科目	借方金额	贷方金额
主营业务收入		28 700 000
其他业务收入		6 800 000
公允价值变动损益		4 400 000
投资收益		3 800 000
营业外收入		5 500 000
主营业务成本	15 600 000	
其他业务成本	2 300 000	
营业税金及附加	2 200 000	
销售费用	4 600 000	
管理费用	8 700 000	
财务费用	2 910 000	
资产减值损失	600 000	
营业外支出	3 200 000	
所得税费用	2 270 000	

旭日公司的账务处理如下：

(1) 2016 年 12 月 31 日结转各项收入和利得时：

借：主营业务收入　28 700 000
　　其他业务收入　6 800 000
　　公允价值变动损益　4 400 000
　　投资收益　3 800 000
　　营业外收入　5 500 000
　　贷：本年利润　49 200 000

(2) 2016 年 12 月 31 日结转各项费用和损失时：

借：本年利润　42 380 000
　　贷：主营业务成本　15 600 000
　　　　其他业务成本　2 300 000
　　　　营业税金及附加　2 200 000
　　　　销售费用　4 600 000
　　　　管理费用　8 700 000
　　　　财务费用　2 910 000
　　　　资产减值损失　600 000
　　　　营业外支出　3 200 000

所得税费用 2 270 000

（3）2016年12月31日结转“本年利润”账户时：

借：本年利润 6 820 000

贷：利润分配——未分配利润 6 820 000

三、利润分配核算

利润分配是指企业根据国家有关规定和企业章程、投资者协议等，对企业当年可供分配的利润进行的分配。可供分配的利润用计算公式表示如下：

可供分配的利润＝当年实现的净利润＋年初未分配利润（或－年初未弥补亏损）＋其他转入

如果可供分配的利润为负数（即亏损），则不能进行后续分配；如果可供分配利润为正数（即盈利），则可进行后续分配。

（一）利润分配的顺序

根据《中华人民共和国公司法》等有关法规的规定，企业当年实现的净利润，一般应按照下列内容、顺序和金额进行分配：

（1）弥补公司以前年度亏损。在依照规定提取法定盈余公积金之前，应当先用当年利润弥补亏损。

（2）提取法定盈余公积金。法定盈余公积金按照税后净利润（减弥补以前年度亏损）的10%提取，法定盈余公积金已达注册资本的50%时可不再提取。提取的法定盈余公积金用于弥补以前年度亏损或转增资本金的，转增资本金后留存的法定盈余公积金不得低于注册资本的25%。

（3）提取任意盈余公积金。企业可根据股东大会的决议提取任意盈余公积。法定盈余公积和任意盈余公积的区别在于其各自计提的依据不同，前者以国家的法律法规为依据，后者由企业的权利机构自行决定。

（4）向投资者分配利润或支付股利。公司弥补亏损和提取盈余公积金后所余税后利润，可根据股东大会或类似权利机构批准的年度利润分配方案，分配给投资者股利或利润。有限责任公司按照投资人实缴的出资比例分取红利，股份有限公司按照股东持有的股份比例分配。

经过上述利润分配程序，企业剩余的利润就形成了企业未分配利润滚存至下一年度，形成企业不规定用途的留存收益。相对于所有者权益的其他部分来说，企业对于未分配利润的使用有较大的自主权。

（二）利润分配业务核算

1. 账户设置

为了核算企业利润的分配（或亏损的弥补）和年终结转等业务，企业应设置“利润分配”账户。该账户属于所有者权益类账户，应当分别“提取法定盈余公积”“提取任意盈余公积”“应付现金股利或利润”“转作股本的股利”“盈余公积补亏”和“未分配利润”等进行明细核算。

为了核算盈余公积的形成及使用业务，企业应设置“盈余公积”账户。该账户属于所有者权益类账户，贷方登记按一定标准提取的盈余公积金额，借方登记按规定用途使用的盈余公积金额，期末贷方余额反映盈余公积的结余金额。该账户应当分别“法定盈余公积”

“任意盈余公积”进行明细核算。

为了核算应付现金股利或利润的形成和支付等业务，企业应设置“应付股利”账户。该账户属于负债类账户，贷方登记应支付的现金股利或利润金额，借方登记实际支付的现金股利或利润金额；期末贷方余额反映企业应付未付的现金股利或利润。该账户可按投资者进行明细核算。

2. 账务处理

利润分配的账务处理主要包括盈余公积补亏、提取盈余公积、分配股利和结转利润分配四个方面。

（1）盈余公积补亏。

企业弥补亏损的方法有三种：一是企业可用发生亏损后连续5年内实现的税前利润弥补；二是企业发生的亏损在连续5年内仍不足弥补的，需要用以后年度的税后利润弥补；三是经投资者审议后用盈余公积补亏。

企业无论是以税前利润还是以税后利润弥补亏损，其会计处理方法相同，不需要进行专门的账务处理。企业应将当年实现的利润自“本年利润”账户转入“利润分配——未分配利润”账户，其贷方发生额与“利润分配——未分配利润”账户的借方余额自然抵补。但是，两者在计算所得税时的处理是不同的。在以税前利润弥补亏损的情况下，其弥补的金额可以抵减当期企业应纳税所得额，而以税后利润弥补金额，则不能作为纳税所得扣除处理。

企业用盈余公积补亏时，借记“盈余公积——法定盈余公积”账户，贷记“利润分配——盈余公积补亏”账户。

【例13-4】 2016年12月31日，永安公司根据股东大会决议，以法定盈余公积弥补以前年度亏损150 000元。

永安公司的账务处理如下：

借：盈余公积——法定盈余公积　　150 000
　　贷：利润分配——盈余公积补亏　　150 000

（2）提取盈余公积。

企业按照规定从净利润中提取法定盈余公积和任意盈余公积时，借记“利润分配——提取法定盈余公积（或提取任意盈余公积）”账户，贷记“盈余公积——法定盈余公积（或任意盈余公积）”账户。

【例13-5】 辽宁旭日有限责任公司2016年实现税后利润6 820 000元，根据公司章程规定，分别按照10%和5%的比例提取法定盈余公积和任意盈余公积。

旭日公司的账务处理如下：

借：利润分配——提取法定盈余公积　　682 000
　　　　　　——提取任意盈余公积　　341 000
　　贷：盈余公积——法定盈余公积　　682 000
　　　　　　　　——任意盈余公积　　341 000

（3）分配股利。

企业应分配给投资者现金股利或利润时，借记“利润分配——应付现金股利”账户，贷记“应付股利”账户。企业经股东大会或类似机构决议分配给股东的股票股利，在办理增资手续后借记“利润分配——转作股本的股利”账户，贷记“股本”账户。

（4）结转利润分配。

年末，“利润分配”账户除了“未分配利润”明细项目外，其他明细项目的余额都结转到“利润分配——未分配利润”账户。

【例 13－6】2016 年度，宏达公司实现税后利润 9 600 000 元，根据股东大会决议，利润分配如下：分别按税后利润的 10%、5% 提取法定盈余公积、任意盈余公积，向股东分派现金股利 1 000 000 元，分派股票股利 3 000 000 元。

宏达公司的账务处理如下：

（1）2016 年 12 月 31 日提取盈余公积时：

借：利润分配——提取法定盈余公积　　960 000
　　　　　　——提取任意盈余公积　　480 000
　贷：盈余公积——法定盈余公积　　960 000
　　　　　　　——任意盈余公积　　480 000

（2）2016 年 12 月 31 日宣告发放现金股利时：

借：利润分配——应付现金股利　　1 000 000
　贷：应付股利　　1 000 000

（3）2016 年 12 月 31 日分派股票股利时：

借：利润分配——转作股本的股利　　3 000 000
　贷：股本　　3 000 000

（4）2016 年 12 月 31 日结转利润分配：

借：利润分配——未分配利润　　5 440 000
　贷：利润分配——提取法定盈余公积　　960 000
　　　　　　　——提取任意盈余公积　　480 000
　　　　　　　——应付现金股利　　1 000 000
　　　　　　　——转作股本的股利　　3 000 000

本章小结

业务内容		账务处理
营业外收支	发生利得	借：银行存款（固定资产清理、待处理财产损溢） 　贷：营业外收入
	发生损失	借：营业外支出 　贷：银行存款（库存现金、固定资产清理、待处理财产损溢）

续表

<table>
<tr><th colspan="3">业务内容</th><th>账务处理</th></tr>
<tr><td rowspan="3">本年利润</td><td rowspan="2">期末结转利润</td><td>结转收益</td><td>借：主营业务收入
其他业务收入
营业外收入
投资收益
贷：本年利润</td></tr>
<tr><td>结转费用</td><td>借：本年利润
贷：主营业务成本
其他业务成本
税金及附加
销售费用
管理费用
财务费用
资产减值损失
营业外支出
所得税费用</td></tr>
<tr><td colspan="2">净损益结转</td><td>借：本年利润
贷：利润分配——未分配利润</td></tr>
<tr><td rowspan="5">利润分配</td><td rowspan="4">分配利润</td><td>提取盈余公积</td><td>借：利润分配——提取法定盈余公积
——提取任意盈余公积
贷：盈余公积—法定盈余公积
——任意盈余公积</td></tr>
<tr><td>应付现金股利</td><td>借：利润分配——应付现金股利
贷：应付股利</td></tr>
<tr><td>分派股票股利</td><td>借：利润分配——转作股本的股利
贷：股本</td></tr>
<tr><td>盈余公积补亏</td><td>借：盈余公积
贷：利润分配——盈余公积补亏</td></tr>
<tr><td colspan="2" rowspan="2">结转利润分配</td><td>借：利润分配——盈余公积补亏
贷：利润分配——未分配利润</td></tr>
<tr><td></td><td>借：利润分配——未分配利润
贷：利润分配——提取法定盈余公积
——提取任意盈余公积
——应付现金股利
——转作股本的股利</td></tr>
</table>

第十三章教学目标、重点、难点 + 习题及答案

第三篇
会计主管岗位业务

会计主管是指单位会计机构的负责人或主管单位会计工作的技术负责人，是各单位会计工作的具体领导者和组织者。会计主管岗位的业务主要包括会计稽核和财务报告的编制等。

第十四章

财务报告编制

财务报告也称财务会计报告，是指企业对外提供的反映企业某一特定日期的财务状况和某一特定会计期间的经营成果、现金流量等会计信息的书面文件，是企业经济活动的定期总结。财务报告是企业会计工作的最终成果，是输出企业会计信息的主要形式，是企业与外部联系的桥梁。财务报告包括财务报表和其他应当在财务报告中披露的相关信息和资料。相关信息和资料包括企业可以在财务报告中披露其承担的社会责任、对社会的贡献、可持续发展能力等信息。

第一节　财务报表概述

一、财务报表的构成

财务报表是对企业财务状况、经营成果和现金流量的结构性表述。《企业会计准则》规定，财务报表至少应当包括下列组成部分：资产负债表、利润表、现金流量表、所有者权益（或股东权益）变动表以及附注。

二、财务报表的分类

1. 按编报期分类

财务报表按编制时间分为年度财务报表和中期财务报表。

年度财务报表是指企业以一个会计年度为基础编制的财务报表。年度财务报表至少应包括资产负债表、利润表、现金流量表、所有者权益变动表和附注。

中期财务报表是指企业以中期为基础编制的财务报表。这里的中期指短于一个完整的会计年度的报告期间，包括半年度、季度和月度。半年度中期财务报表是指企业在每个会计年度的前6个月结束后对外提供的财务报表。季度、月度财务报表是指季度、月度终了时对外提供的财务报表。中期财务报表至少应当包括资产负债表、利润表、现金流量表和附注。

2. 按编报主体分类

财务报表按编报主体分为个别财务报表和合并财务报表。

个别财务报表是指企业在自身会计核算的基础上，对账簿记录进行加工而编制的财务报表，它是反映本企业会计主体的财务状况、经营成果、现金流量等情况的财务报表。

合并财务报表是由母公司编制的，在母公司和各子公司个别财务报表的基础上，对企业集团的内部交易进行相互抵销后编制的财务报表，用以反映企业集团综合的财务状况、经营成果、现金流量等。

3. 按反映内容分类

财务报表按反映内容分为静态财务报表和动态财务报表。

静态财务报表是综合反映企业在某一特定时点资产、负债和所有者权益的财务报表，如资产负债表。

动态财务报表是综合反映企业在一定时期内经营成果或现金流量、所有者权益变动的报表。利润表、现金流量表、所有者权益变动表均是动态财务报表。

三、财务报表的编制要求

1. 真实可靠

企业编制财务报表应根据真实发生的交易和事项，按照国家统一的会计制度规定的编制基础、编制依据、编制原则和方法来进行确认和计量，完整地登记会计账簿和其他相关资料。

2. 相关可比

财务报表项目的列报应当在各个会计期间保持一致，不得随意变更。财务报表之间、财务报表各项目之间，凡是有对应关系的数字，应当相互一致，财务报表中本期与上期的有关数字，应当相互衔接。

3. 全面完整

企业应提供完整的会计信息资料，以全面反映企业的财务状况、经营成果和现金流量。各种财务报表之间以及财务报表的各项指标之间，是相互联系、互为补充的，因此，必须按照企业会计制度规定的种类、格式和内容填报。不应漏编、漏报报表，也不应漏填报表项目。

4. 编报及时

财务报表必须根据有关规定的期限及时编制和报送，以便报表使用者及时了解和分析企业在报告期内的财务状况、经营成果和现金流量，并保证会计资料的及时逐级汇总。

我国财务报告的报送时间要求，月度中期财务报告应当于月度终了后 6 天内对外提供，季度中期财务报告应当于季度终了后 15 天内对外提供，半年度中期财务报告应当于年度中期结束后 60 天内对外提供，年度财务报告应当于年度终了后 4 个月内对外提供。

第二节　资产负债表

一、资产负债表概述

（一）资产负债表的含义

资产负债表是反映企业在某一特定日期财务状况的财务报表。资产负债表是静态报表，反映企业在某一特定日期所拥有或控制的经济资源、所承担的现实义务和所有者对净资产的要求权。

通过资产负债表，可以了解企业拥有或控制的经济资源及其分布情况；可以了解企业未来需要偿付的债务金额以及债务结构；可以了解企业现有的投资者在企业资产总额中所占的份额，据以判断企业资本保值增值情况以及对负债的保障程度。同时，对资产负债表项目金额及其相关比率的分析，可以帮助报表使用者全面了解企业的财务状况，分析企业的债务偿还能力，从而为未来的经济决策提供信息。

（二）资产负债表的结构

资产负债表有账户式和报告式两种格式，我国资产负债表采用账户式格式。账户式资产负债表以“资产 = 负债 + 所有者权益”为平衡原理，采用左右结构，左边反映资产，右边反映负债和所有者权益，左右两边的总计数保持平衡。

资产负债表左方列示资产类项目，反映全部资产的分布及存在的形态；右方列示负债及所有者权益类项目，反映全部负债和所有者权益的内容及构成情况。资产和负债类项目按照流动性，分别流动资产和非流动资产、流动负债和非流动负债列示。所有者权益类项目以资本永久性高低为依据分别实收资本、资本公积、其他综合收益、盈余公积和未分配利润列报。此外，资产负债表还就各项目再分为“年初余额”和“期末余额”两栏分别填列，便于使用者通过比较不同时点资产负债表的数据，掌握企业财务状况的变动情况及发展趋势。

资产负债表一般包括表首、表体和表尾三部分。其中，表首部分列示报表名称、编制单位、编制日期、报表编号、货币名称、计量单位等内容。资产负债表的报表编号为“会企01 表”。表体是资产负债表的主体，列示了反映企业财务状况的资产、负债和所有者权益各个项目。表尾主要包括有关人员签章。

二、资产负债表的编制

（一）“年初余额”栏填列

资产负债表各项目“年初余额”栏内各项金额，应根据上年末资产负债表的“期末余额”栏内所列数字填列。如果本年度资产负债表规定的各个项目的名称和内容同上年度不相一致，应对上年年末资产负债表各项目的名称和金额按本年度的规定进行调整，按调整后的金额填入资产负债表“年初余额”栏内。

（二）“期末余额”栏填列

1. “期末余额”栏填列方法

资产负债表各项目“期末余额”栏为会计期末（即月末、季末、半年末或年末）的金额，应当根据有关总账和明细账户的期末余额填列。其填列方法主要有以下四种，如表 14 – 1 所示。

表14-1 资产负债表项目"期末余额"栏填列方法

填列方法	资产负债表项目
根据总账账户余额直接填列	"交易性金融资产""固定资产清理""递延所得税资产""短期借款""交易性金融负债""应付票据""应付职工薪酬""应交税费""应付利息""应付股利""其他应付款""递延所得税负债""实收资本（或股本）""资本公积""盈余公积"等项目
根据几个总账账户余额计算填列	"货币资金""存货""可供出售金融资产""长期股权投资""固定资产""在建工程""工程物资""无形资产""未分配利润"
根据有关明细账户余额计算填列	"应收账款""预付账款""应付账款""预收账款""一年内到期的非流动资产""一年内到期的非流动负债"
根据总账账户和明细账账户余额计算填列	"应收票据""其他应收款""应收利息""应收股利""持有至到期投资""长期待摊费用""长期应收款""长期借款""应付债券""长期应付款"

2. 各项目期末余额栏填列说明

（1）"货币资金"项目，反映在企业生产经营过程中处于货币形态的经营资金，包括现金、银行存款和其他货币资金，是企业资产中流动性较强的一种资产。本项目应根据"库存现金""银行存款""其他货币资金"三个总账账户期末余额的合计数填列。用计算公式表示如下：

"货币资金"项目 ="库存现金"账户期末余额 + "银行存款"账户期末余额 +
"其他货币资金"账户期末余额

（2）"交易性金融资产"项目，反映企业为交易目的而持有的债券投资、股票投资、基金投资等交易性金融资产的公允价值。本项目应根据"交易性金融资产"总账账户期末余额填列。

（3）"应收票据"项目，反映企业收到的尚未到期也未向银行贴现的商业汇票，包括商业承兑汇票和银行承兑汇票，已向银行贴现和已背书转让的应收票据不包括在本项目内。本项目应根据"应收票据"总账账户期末余额减去"坏账准备"账户中有关应收票据计提的坏账准备期末余额后的金额填列。

（4）"应收账款"项目，反映企业因销售商品、提供劳务等而应向购货单位和接受劳务单位收取的各种款项，减去已计提的坏账准备后的净额。本项目应根据"应收账款"和"预收账款"两个账户所属各明细账户的期末借方余额合计，减去"坏账准备"账户中有关应收账款计提的坏账准备期末余额后的金额填列。用计算公式表示如下：

"应收账款"项目 ="应收账款"明细账户的期末借方余额合计 +
"预收账款"明细账户的期末借方余额合计 -
"坏账准备"账户中有关应收账款计提的坏账准备期末余额

（5）"预付账款"项目，反映企业按照购货合同规定预付给供应单位的款项，减去已计提的坏账准备后的净额。本项目应根据"预付账款"和"应付账款"两个账户所属各明细账户的期末借方余额合计，减去"坏账准备"账户中有关预付账款计提的坏账准备期末余额后的金额填列。用计算公式表示如下：

“预付账款”项目 =“预付账款”明细账户期末借方余额合计 + “应付账款”所属明细账户期末借方余额合计 − “坏账准备”账户中有关预付账款计提的坏账准备期末余额

（6）“应收利息”项目，反映企业因持有交易性金融资产、持有至到期投资和可供出售金融资产等应收取的利息。本项目应根据“应收利息”总账账户期末余额，减去“坏账准备”账户中有关应收利息计提的坏账准备期末余额后的金额填列。

（7）“应收股利”项目，反映企业应收取的现金股利和应收取其他单位分配的利润。本项目应根据“应收股利”总账账户期末余额，减去“坏账准备”账户中有关应收股利计提的坏账准备期末余额后的金额填列。

（8）“其他应收款”项目，反映企业除应收票据、应收账款、预付账款、应收股利、应收利息等经营活动以外的其他各项应收、暂付款项的净额。本项目应根据“其他应收款”总账账户的期末余额，减去“坏账准备”账户中有关其他应收款计提的坏账准备期末余额后的金额填列。

（9）“存货”项目，反映企业期末在库、在途和在加工中的各项存货的可变现净值，包括各种原材料、库存商品、在产品、半成品、包装物、低值易耗品、分期收款发出商品、委托代销商品等。本项目应根据“材料采购（在途物资）”“原材料”“周转材料”“库存商品”“委托加工物资”“委托代销商品”“生产成本”和“劳务成本”等账户的期末余额合计，减去“代销商品款”“存货跌价准备”账户期末余额后的金额填列。材料采用计划成本核算，以及库存商品采用计划成本核算或售价核算的企业，还应按加或减材料成本差异、商品进销差价后的金额填列。用计算公式表示如下：

“存货”项目 =“原材料”账户期末余额 + “委托加工物资”账户期末余额 + “生产成本”账户期末余额 + “周转材料”账户期末余额 + “库存商品”账户期末余额 + “材料采购”账户期末余额 + “在途物资”账户期末余额 + “发出商品”账户期末余额 + “委托代销商品”账户期末余额 ± “材料成本差异”账户期末余额 − “存货跌价准备”账户期末余额

（10）“一年内到期的非流动资产”项目，反映企业将于一年内到期的非流动资产的金额。包括一年内到期的持有至到期投资、长期待摊费用和一年内可收回的长期应收款。本项目应根据上述账户分析计算填列。

（11）“其他流动资产”项目，反映企业除以上流动资产项目外的其他流动资产。本项目应根据有关账户的期末余额填列。

（12）“可供出售金融资产”项目，反映企业持有的可供出售金融资产的公允价值。本项目根据“可供出售金融资产”总账账户的期末余额减去“可供出售资产减值准备”账户的期末余额后的金额填列。

（13）“持有至到期投资”项目，反映企业持有至到期投资的摊余价值。本项目应根据“持有至到期投资”账户的期末余额减去一年内到期的投资部分和“持有至到期投资减值准备”账户的期末余额后的金额填列。

（14）“长期应收款”项目，反映企业持有的长期应收款的可收回金额。本项目应根据“长期应收款”账户的期末余额，减去“坏账准备”账户所属相关明细账户期末余额，再减去一年内可收回的部分、“未确认融资收益”账户期末余额后的金额分析计算填列。用计算公式表示如下：

“长期应收款”项目 =“长期应收款”账户期末余额 - “长期应收款”一年内到期部分 - “未确认融资收益”账户期末余额 - “坏账准备”账户中有关长期应收款计提的坏账准备期末余额

（15）“长期股权投资”项目，反映企业不准备在一年内（含一年）变现的各种股权性质投资的账面余额，减去减值准备后的净额。本项目应根据“长期股权投资”账户的期末余额，减去“长期股权投资减值准备”账户的期末余额后的金额填列。

（16）“投资性房地产”项目，反映企业以投资为目的而拥有的土地使用权及房屋建筑物以及房地产开发企业出租的开发产品的净值。成本计量模式下本项目应根据“投资性房地产”账户的期末余额，减去“投资性房地产累计折旧（摊销）”“投资性房地产减值准备”所属相关明细账户期末余额后的金额填列；公允价值计量模式下，本项目应根据“投资性房地产”账户的期末余额直接填列。

（17）“固定资产”项目，反映企业的固定资产的净值。本项目应根据“固定资产”账户的期末余额，减去“累计折旧”和“固定资产减值准备”账户期末余额后的金额填列。用计算公式表示如下：

“固定资产”项目 =“固定资产”账户期末余额 - “累计折旧”账户期末余额 - “固定资产减值准备”账户期末余额

（18）“在建工程”项目，反映企业尚未达到预定可使用状态的在建工程价值。本项目应根据“在建工程”账户的期末余额，减去“在建工程减值准备”账户期末余额后的金额填列。

（19）“工程物资”项目，反映企业各项工程尚未使用的工程物资的实际成本。本项目应根据“工程物资”账户的期末余额，减去“工程物资减值准备”账户期末余额后的金额填列。

（20）“固定资产清理”项目，反映企业因出售、毁损、报废等原因转入清理但尚未清理完毕的固定资产的账面价值，以及固定资产清理过程中所发生的清理费用和变价收入等各项金额的差额。本项目应根据“固定资产清理”账户的期末借方余额填列，如“固定资产清理”账户期末为贷方余额，以“ - ”号填列。

（21）“无形资产”项目，反映企业持有的各项无形资产的净值。本项目应根据“无形资产”账户的期末余额，减去“累计摊销”和“无形资产减值准备”等账户期末余额后的金额填列。用计算公式表示如下：

“无形资产”项目 =“无形资产”账户期末余额 - “累计摊销”账户期末余额 - “无形资产减值准备”账户期末余额

（22）“开发支出”项目，反映企业开发无形资产过程中发生的、尚未形成无形资产成本的支出。本项目应根据“研发支出”账户中所属的“资本化支出”明细账户的期末余额填列。

（23）“商誉”项目，反映企业商誉的价值。本项目根据“商誉”账户期末余额填列。

（24）“长期待摊费用”项目，反映企业尚未摊销的摊销期限在一年以上（不含一年）的各种费用，如租入固定资产改良支出、大修理支出以及摊销期限在一年以上（不含一年）的其他待摊费用。本项目应根据“长期待摊费用”账户的期末余额减去将于一年内（含一年）摊销的数额后的金额填列。

（25）“递延所得税资产”项目，反映企业因可抵扣暂时性差异形成的递延所得税资产。本项目应根据“递延所得税资产”账户期末余额填列。

（26）“其他非流动资产”项目，反映企业除以上资产以外的其他长期资产。本项目应根据有关账户的期末余额填列。

（27）“短期借款”项目，反映企业向银行或其他金融机构等借入尚未归还的一年期以下（含一年）的借款。本项目应根据“短期借款”总账账户期末余额填列。

（28）“交易性金融负债”项目，反映企业发行短期债券等所形成的交易性金融负债的公允价值。本项目应根据“交易性金融负债”账户的期末余额填列。

（29）“应付票据”项目，反映企业为了抵付货款等而开出、承兑的尚未到期付款的应付票据，包括银行承兑汇票和商业承兑汇票。本项目应根据“应付票据”账户的期末余额填列。

（30）“应付账款”项目，反映企业购买原材料、商品和接受劳务等而应付给供应单位的款项。本项目应根据“应付账款”和“预付账款”账户所属各有关明细账户的期末贷方余额合计填列。用计算公式表示如下：

“应付账款”项目 =“应付账款”所属明细账户期末贷方余额合计 + “预付账款”所属明细账户期末贷方余额合计

（31）“预收账款”项目，反映企业按合同规定预收的款项。本项目应根据“预收账款”和“应收账款”账户所属各有关明细账户的期末贷方余额合计填列。用计算公式表示如下：

“预收账款”项目 =“预收账款”所属明细账户期末贷方余额合计 + “应收账款”所属明细账户期末贷方余额合计

（32）“应付职工薪酬”项目，反映企业为获得职工提供的服务或解除劳动关系而给予的各种形式的报酬或补偿。本项目应根据“应付职工薪酬”账户期末贷方余额填列。如“应付职工薪酬”账户期末为借方余额，以“ - ”号填列。

（33）“应交税费”项目，反映企业期末未交、多交或未抵扣的各种税费，包括增值税、消费税、所得税、资源税、土地增值税、城市维护建设税、房产税、土地使用税、车船税、教育费附加、矿产资源补偿费等。企业代扣代缴的个人所得税，也通过本项目列示。企业所缴纳的税金不需要预计应交金额的，如印花税、耕地占用税等，不在本项目列示。本项目应根据“应交税费”账户的期末贷方余额合计填列。如“应交税费”账户期末为借方余额，以“ - ”号填列。

（34）“应付利息”项目，反映企业应付未付的各种利息，包括分期付息到期还本的长期借款应支付的利息、企业发行的企业债券应支付的利息等。本项目应根据“应付利息”账户的期末贷方余额填列。

（35）“应付股利”项目，反映企业尚未支付的现金股利或利润。本项目应根据“应付股利”账户的期末余额填列。

（36）“其他应付款”项目，反映企业所有应付和暂收其他单位和个人的款项。本项目应根据“其他应付款”账户的期末余额填列。

（37）“一年内到期的非流动负债”项目，反映企业承担的一年内到期的非流动负债，包括一年内到期的长期借款、长期应付款和应付债券。本项目应根据上述非流动负债账户的期末余额分析计算填列。

(38)“其他流动负债”项目，反映企业除以上流动负债以外的其他流动负债。本项目应根据有关账户的期末余额填列。

(39)“长期借款”项目，反映企业借入尚未归还的一年期以上（不含一年）的各期借款。本项目应根据“长期借款”账户的期末余额，减去一年内到期部分的金额填列。

(40)“应付债券”项目，反映企业发行的尚未偿还的各种长期债券摊余价值。本项目应根据“应付债券”账户的期末余额，减去“未确认融资费用”和一年内到期的应付债券部分后的金额填列。

(41)“长期应付款”项目，反映企业除长期借款和应付债券以外的其他各种长期应付款。本项目应根据“长期应付款”账户的期末余额，减去“未确认融资费用”账户期末余额和一年内到期的长期应付款部分后的金额填列。用计算公式表示如下：

“长期应付款”项目 =“长期应付款”账户期末余额 - “长期应付款”一年内到期的部分 - “未确认融资费用”账户期末余额

(42)“预计负债”项目，反映企业计提的各种预计负债的期末余额。本项目应根据“预计负债”账户的期末余额填列。

(43)“递延收益”项目，反映企业根据政府补助准则确认的应在以后期间计入当期损益的政府补助金额。本项目应根据“递延收益”账户期末余额填列。

(44)“递延所得税负债”项目，反映企业根据应纳税暂时性差异确认的递延所得税负债。本项目应根据“递延所得税负债”账户期末余额填列。

(45)“其他非流动负债”项目，反映企业除以上非流动负债项目以外的其他非流动负债。本项目应根据有关账户的期末余额填列。

(46)“实收资本（或股本）”项目，反映企业各投资者实际投入的资本（或股本）总额。本项目应根据“实收资本（或股本）”账户的期末余额填列。

(47)“资本公积”项目，反映企业资本公积的期末余额。本项目应根据“资本公积”账户的期末余额填列，其中“库存股”项目按“库存股”账户的期末余额填列。

(48)“其他综合收益”项目，反映企业其他综合收益的期末余额。本项目根据“其他综合收益”账户的期末余额填列。

(49)“盈余公积”项目，反映企业盈余公积的期末余额。本项目应根据“盈余公积”账户的期末余额填列。

(50)“未分配利润”项目，反映企业尚未分配的利润。本项目平时应根据“本年利润”账户和“利润分配”账户的期末余额计算填列；年终应根据“利润分配——未分配利润”账户期末余额填列。如为未弥补的亏损，在本项目内以“ - ”号填列。

【例 14 - 1】辽宁旭日有限责任公司 2017 年 2 月 28 日账户余额表如表 14 - 2 所示。

表 14 - 2 辽宁旭日有限责任公司 2017 年 2 月 28 日账户余额表　　单位：元

账户名称	借方余额	贷方余额	账户名称	借方余额	贷方余额
库存现金	70 251		短期借款		200 000
银行存款	7 294 000		应付票据		251 000

续表

账户名称	借方余额	贷方余额	账户名称	借方余额	贷方余额
其他货币资金	630 000		应付账款		501 000
交易性金融资产	150 000		预收账款		5 800
应收票据	117 000		其他应付款		60 000
应收账款	399 416		应付职工薪酬		174 313
预付账款	150 000		应交税费		60 370
其他应收款	6 217		长期借款		442 000
坏账准备		5 200	应付债券		380 000
材料采购	50 000		实收资本		2 820 000
原材料	200 000		资本公积		220 000
库存商品	100 000		盈余公积		819 451
生产成本	180 000		未分配利润		6 099 737
长期股权投资	1 510 000				
长期股权投资减值准备		100 000			
固定资产	1 508 000				
累计折旧		446 013			
在建工程	120 000				
无形资产	90 000				
长期待摊费用	10 000				
合　计	12 584 884	551 213	合　计		12 033 671

旭日公司2017年2月28日的明细账户资料如下：

(1)“应收账款”所属明细科目借方余额合计405 427元，贷方余额合计6 011元；

(2)“预收账款”所属明细科目贷方余额合计200 000元，借方余额合计194 200元；

(3)“应付账款”所属明细科目贷方余额合计508 000元，借方余额合计7 000元；

(4)“预付账款”所属明细科目借方余额合计190 000元，贷方余额合计40 000元；

(5)“坏账准备”余额中，有关应收账款的坏账准备余额为4 200元，有关其他应收款的坏账准备余额为1 000元；

(6)“长期待摊费用”科目的余额中，有2 000元将于一年内摊销；

(7)“长期借款”科目的余额中有100 000元将于一年内到期。

根据上述资料，编制旭日公司2017年2月28日的资产负债表如表14－3所示。

表14－3　资产负债表

编制单位：辽宁旭日有限责任公司　　2017年02月28日　　单位：元

资　产	期末余额	年初余额	负债和所有者权益	期末余额	年初余额
流动资产：			流动负债：		
货币资金	7 994 251	7 856 782	短期借款	200 000	345 600

续表

资　产	期末余额	年初余额	负债和所有者权益	期末余额	年初余额
以公允价值计量且其变动计入当期损益的金融资产	150 000	213 600	以公允价值计量且其变动计入当期损益的金融负债		
应收票据	117 000	105 300	应付票据	251 000	427 860
应收账款	595 427	534 687	应付账款	548 000	567 600
预付账款	197 000	248 932	预收账款	206 011	215 367
应收利息			应付职工薪酬	174 313	183 265
应收股利			应交税费	60 370	78 643
其他应收款	5 217	8 676	应付利息		
存货	530 000	584 732	应付股利		
一年内到期的非流动资产	2 000		其他应付款	60 000	67 000
其他流动资产			一年内到期的非流动负债	100 000	
流动资产合计	9 594 895	9 552 709	其他流动负债		
非流动资产：			流动负债合计	1 599 694	1 885 335
可供出售金融资产			非流动负债：		
持有至到期投资			长期借款	342 000	526 732
长期应收款			应付债券	380 000	580 000
长期股权投资	1 410 000	1 160 000	长期应付款		
投资性房地产			专项应付款		
固定资产	1 061 987	1 260 270	预计负债		
在建工程	120 000	226 870	递延收益		
工程物资			递延所得税负债		
固定资产清理			其他非流动负债		
生产性生物资产			非流动负债合计	722 000	1 106 732
油气资产			负债合计	2 321 694	2 992 067
无形资产	90 000	200 000	所有者权益（或股东权益）：		
开发支出			实收资本（或股本）	2 820 000	2 820 000
商誉			资本公积	220 000	210 000

续表

资　产	期末余额	年初余额	负债和所有者权益	期末余额	年初余额
长期待摊费用	8 000		减：库存股		
递延所得税资产			其他综合收益		
其他非流动资产			盈余公积	819 451	783 126
非流动资产合计	2 685 987	2 847 140	未分配利润	6 099 737	5 594 656
			所有者权益（或股东权益）合计	9 959 188	9 407 782
资产合计	12 280 882	12 399 849	负债和所有者权益（或股东权益）总计	12 280 882	12 399 849

单位负责人：　　　　　　　　　　财务负责人：　　　　　　　　　制表人：

第三节　利润表

一、利润表概述

（一）利润表的含义

利润表是反映企业在一定会计期间经营成果的财务报表。经营成果一般是指企业实现的净利润（或净亏损），也称财务成果。

利润表是动态报表，反映企业在一定会计期间的收入、费用、利润（或亏损）的数额、构成情况，是考核企业管理人员绩效的重要依据；可以帮助报表使用者全面了解企业的经营成果，分析企业的获利能力及盈利增长趋势，判断企业未来的发展趋势，从而为其经济决策提供依据。

（二）利润表的结构

利润表是根据“收入－费用＝利润”会计等式设计的，采用报告式的上下结构，有单步式利润表和多步式利润表两种格式。单步式利润表是将当期所有的收入列在一起，然后将所有的费用列在一起，两者相减得出当期净损益。多步式利润表是通过对当期的收入、费用、支出项目按性质加以归类，按利润形成的主要环节列示一些中间性利润指标，如营业利润、利润总额、净利润，分步计算当期净损益。我国企业的利润表采用多步式格式，以“综合收益＝（收入－费用）＋（利得－损失）”为基础，因此，利润表又称为综合收益表。

利润表一般包括表首、正表和表尾三部分。其中，表首概括说明报表名称、编制单位、编制日期、报表编号、货币名称、计量单位等内容，利润表的报表编号为“会企 02 表”。正表是利润表的主体，反映企业形成经营成果的各个项目和计算过程。普通股或潜在普通股已公开交易的企业，以及正处于公开发行普通股或潜在普通股过程中的企业，还应当在利润表中列示每股收益信息。表尾主要包括有关人员的签章。

二、利润表的编制

（一）“上期金额”栏填列

利润表中“上期金额”栏内各项金额，应根据各项目上年度同期利润表的“本期金额”

栏内所列金额填列，如果上期利润表与本期利润表规定的项目名称和内容不相一致，应对上期利润表各项目的名称和金额按本期的规定进行调整，填入利润表“上期金额”栏内。

（二）“本期金额”栏填列

利润表中“本期金额”栏反映各项目的本期实际发生金额，主要有直接填列和间接填列等方法。直接填列，根据各损益类账户的本期发生额填列；间接填列，根据相关项目计算分析填列，如“营业收入”“营业成本”“营业利润”“利润总额”和“净利润”等项目。利润表各主要项目的填列方法如下：

（1）“营业收入”项目，反映企业经营活动所确认的收入总额，主要包括主营业务收入和其他业务收入。本项目应根据“主营业务收入”和“其他业务收入”账户的发生额分析填列。

（2）“营业成本”项目，反映企业经营活动发生的实际成本总额，主要包括主营业务成本和其他业务成本。本项目应根据“主营业务成本”和“其他业务成本”账户的发生额分析填列。

（3）“税金及附加”项目，反映企业经营活动应负担的消费税、城市维护建设税、资源税、教育费附加、房产税、土地使用税、车船税、印花税等。本项目应根据“税金及附加”账户的发生额分析填列。

（4）“销售费用”项目，反映企业在销售商品过程中发生的包装费、广告费和为销售本企业商品而专设的销售机构的职工薪酬、业务费等经营费用。本项目应根据“销售费用”账户的发生额分析填列。

（5）“管理费用”项目，反映企业为组织和管理生产经营活动而发生的各项费用。本项目应根据“管理费用”账户的发生额分析填列。

（6）“财务费用”项目，反映企业为筹集生产经营所需资金而发生的各项费用。本项目应根据“财务费用”账户的发生额分析填列。

（7）“资产减值损失”项目，反映企业确认的各项资产发生的减值损失。本项目应根据“资产减值损失”账户的发生额分析填列。

（8）“公允价值变动收益”项目，反映企业确认的交易性金融资产、交易性金融负债以及采用公允价值模式计量的投资性房地产等公允价值变动形成的应计入当期损益的利得或损失。本项目应根据“公允价值变动收益”账户的发生额分析填列；如为变动损失，以“－”号填列。

（9）“投资收益”项目，反映企业以各种方式对外投资所取得的收益或发生的损失。本项目应根据“投资收益”账户的发生额分析填列；如为投资损失，以“－”号填列。

（10）“营业利润”项目，反映企业实现的营业利润。如为亏损，本项目以“－”号填列。本项目根据利润表中的营业收入减去营业成本、税金及附加、销售费用、管理费用、财务费用、资产减值损失，加上公允价值变动收益、投资收益得出。用计算公式表示如下：

“营业利润”项目＝“营业收入”－“营业成本”－“税金及附加”－“销售费用”－“管理费用”－“财务费用”－“资产减值损失”±“公允价值变动收益（损失）”±“投资收益（损失）”

（11）“营业外收入”项目，反映企业发生的与其生产经营无直接关系的各项收入。本项目根据“营业外收入”账户的发生额分析填列。

（12）“营业外支出”项目，反映企业发生的与其生产经营无直接关系的各项支出。本项目应根据“营业外支出”账户的发生额分析填列。

（13）“利润总额”项目，反映企业实现的利润。如为亏损，本项目以“－”号填列。本项目根据营业利润加上表中的营业外收入，减去营业外支出计算得来。用计算公式表示如下：

“利润总额”项目＝“营业利润”＋“营业外收入”－“营业外支出”

（14）“所得税费用”项目，反映企业根据所得税准则确认的应从当期利润总额中扣除的所得税。本项目应根据“所得税费用”账户的发生额分析填列。

（15）“净利润”项目，反映企业实现的净利润。如为亏损，本项目以“－”号填列。本项目根据利润总额减去所得税费用项目计算得出。用计算公式表示如下：

“净利润”项目＝“利润总额”－“所得税费用”

（16）“其他综合收益的税后净额”项目，反映企业其他综合收益各项目分别扣除所得税影响后的合计金额。

（17）“综合收益总额”项目，反映企业在某一期间除与所有者以其所有者身份进行的交易之外的其他交易或事项所引起的所有者权益变动。综合收益总额项目反映净利润和其他综合收益税后净额的合计金额。

（18）“每股收益”项目，反映普通股股东每持有一股享有的企业利润或需承担的企业亏损。本项目应当反映根据每股收益准则的规定计算的金额。用计算公式表示如下：

“基本每股收益”项目＝归属于普通股股东的当期净利润/发行在外普通股的加权平均数

“稀释每股收益”项目＝归属于普通股股东的当期净利润/假定稀释性潜在普通股转换为已发行普通股前提下普通股的加权平均数

【例 14－2】 辽宁旭日有限责任公司 2017 年 3 月份有关损益类账户的累计发生额如表 14－4 所示。

表 14－4　辽宁旭日有限责任公司 2017 年 3 月损益类账户发生额　　单位：元

会计科目	借方发生额	贷方发生额
主营业务收入		546 673
其他业务收入		250 000
公允价值变动收益		20 224
投资收益		187 074
营业外收入		10 567
主营业务成本	320 722	
其他业务成本	190 000	
税金及附加	23 569	
销售费用	85 695	
管理费用	136 759	
财务费用	－96 875	

续表

会计科目	借方发生额	贷方发生额
资产减值损失	9 687	
营业外支出	8 259	
所得税费用	84 181	
合　计	761 997	1 014 538

根据上述资料，编制辽宁旭日有限责任公司2017年3月的利润表如表14－5所示。

表14－5　利润表

编制单位：辽宁旭日有限责任公司　　2017年03月　　单位：元

项　　目	本期金额	上期金额
一、营业收入	796 673	
减：营业成本	510 722	
税金及附加	23 569	
销售费用	85 695	
管理费用	136 759	
财务费用	－96 875	
资产减值损失	9 687	
加：公允价值变动收益（损失以“－”号填列）	20 224	
投资收益（损失以“－”号填列）	187 074	
其中：对联营企业和合营企业的投资收益		
二、营业利润（亏损以“－”号填列）	334 414	
加：营业外收入	10 567	
其中：非流动资产处置利得		
减：营业外支出	8 259	
其中：非流动资产处置损失		
三、利润总额（亏损总额以“－”号填列）	336 722	
减：所得税	84 181	
四、净利润（净亏损以“－”号填列）	252 541	
五、其他综合收益的税后净额		
六、综合收益总额		
七、每股收益		
（一）基本每股收益		
（二）稀释每股收益		

单位负责人：　　财务负责人：　　制表人：

第四节 现金流量表

一、现金流量表概述

（一）现金流量表的含义

现金流量表是反映企业在一定会计期间现金和现金等价物的流入和流出的财务报表。现金流量表是以现金为基础编制的，属于动态会计报表。通过现金流量表，有助于了解企业一定期间现金流入和流出的情况，了解企业的偿债能力和现金支付能力，了解企业现金流量的影响因素，为分析和判断企业的财务前景提供信息。

该表所称“现金”是指广义上的现金，包含现金和现金等价物。现金是指企业库存现金以及可以随时用于支付的存款，包括库存现金、银行存款和其他货币资金等，但不包括不能随时支取的定期存款。现金等价物是指企业持有的期限短、流动性强、易于转换为已知金额现金、价值变动风险很小的投资。期限短，一般是指从购买日起三个月内到期。现金等价物通常包括三个月内到期的债券投资等。

（二）现金流量分类

现金流量按企业业务活动的性质可以分为三类：经营活动现金流量、投资活动现金流量和筹资活动现金流量。经营活动是指企业投资活动和筹资活动以外的所有交易和事项，包括销售商品或提供劳务、购买商品或接受劳务、收到的税费返还、支付职工薪酬、支付的各项税费、支付广告费等。投资活动是指企业长期资产的构建和不包括在现金等价物范围内的投资及其处置活动，包括取得和收回投资、购建和处置固定资产、购买和处置无形资产等。筹资活动是指导致企业资本及债务规模和构成发生变化的活动，包括发行股票或接受投入资本、分派现金股利、取得和偿还银行借款、发行和偿还公司债券等。

（三）现金流量表的结构

现金流量表采用报告式结构，以“现金流入 - 现金流出 = 现金流量净额”为基础，采取多步式格式，分别经营活动、投资活动和筹资活动，分项报告企业的现金流入量和流出量，最后汇总反映企业在某一期间现金及现金等价物的净增加额。

现金流量表一般包括表首、正表、补充资料和表尾四部分。其中，表首部分列示报表名称、编制单位、编制日期、报表编号、货币名称、计量单位等内容，现金流量表的报表编号为“会企 03”表；正表是现金流量表的基本部分，主要反映现金流量的分类和每一类现金流量的流入量和流出量；补充资料是对正表部分的补充，可以起到与主表进行核对，全面揭示企业的理财活动的作用；表尾主要包括有关人员签章。

（四）现金流量表的内容

1. 现金流量表正表

正表是现金流量表的主体，企业一定会计期间现金流量的信息主要由正表提供。正表主要包括六个部分：

（1）经营活动产生的现金流量。

经营活动产生的现金流量包括销售商品或提供劳务收到的现金、收到的税费返还、收到其他与经营活动有关的现金所产生的现金流入，购买商品或接受劳务支付的现金、支付给职工以及为职工支付的现金、支付的各项税费、支付其他与经营活动有关的现金所产生的现金流出。

（2）投资活动产生的现金流量。

投资活动产生的现金流量包括收回投资收到的现金、取得投资收益收到的现金、处置固定资产及无形资产和其他长期资产收回的现金净额、处置子公司及其他营业单位收到的现金净额、收到其他与投资活动有关的现金所产生的现金流入，购建固定资产及无形资产和其他长期资产支付的现金、投资支付的现金、取得子公司及其他营业单位支付的现金净额、支付其他与投资活动有关的现金所产生的现金流出。

（3）筹资活动产生的现金流量。

筹资活动产生的现金流量包括吸收投资收到的现金、取得借款收到的现金、收到其他与筹资活动有关的现金所产生的现金流入，偿还债务支付的现金、分配股利及利润或偿付利息支付的现金、支付其他与筹资活动有关的现金所产生的现金流出。

（4）汇率变动对现金及现金等价物的影响。

汇率变动对现金及现金等价物的影响是指由于将外币折合成本位币所使用的汇率不同对现金及现金等价物的影响额。编制现金流量表时，应当将企业外币现金流量以及境外子公司的现金流量折算成记账本位币。在将外币折合成记账本位币时，采用的是业务发生日的汇率或按照系统、合理的方法确定的汇率，而现金流量表中“现金及现金等价物净增加额”项目中净增加额是按照资产负债表日的汇率折算的，这就形成了差额。

（5）现金及现金等价物净增加额。

该项目反映企业某一期间所有活动产生的现金及现金等价物净增加额，即经营活动产生的现金流量净额、投资活动产生的现金流量净额、筹资活动产生的现金流量净额及汇率变动对现金及现金等价物的影响之和。

（6）期末现金及现金等价物余额。

该项目反映企业期末所拥有的现金及现金等价物余额，根据企业当期产生的现金及现金等价物金额加上期初现金及现金等价物余额计算而得出。

2. 现金流量表补充资料

现金流量表补充资料包括三部分：一是将净利润调节为经营活动的现金流量；二是不涉及现金收支的投资和筹资活动；三是现金及现金等价物净增加额。

二、现金流量表的编制

（一）现金流量表的编制方法

现金流量表的编制基础是收付实现制，填列内容是现金及现金等价物的流入量、流出量和净流量。现金流量表的编制方法主要有直接法和间接法。在直接法下，根据企业资产负债表、利润表、会计核算记录和业务发生情况进行分析，通过现金收入和现金支出的主要类别分别列示经营活动、投资活动和筹资活动的现金流量情况。在间接法下，以净利润为起算点，调整不涉及现金的收入、费用、营业外收支等项目，并剔除投资活动和筹资活动对现金流量的影响，实际上就是将权责发生制原则确定的净利润调整为经营活动现金流量。

1. 直接法

直接法主要用于编制现金流量表的正表，可以具体采用分析填列法、现金流量日记账法、工作底稿法和T形账户法。

(1) 分析填列法。

分析填列法是指期末根据资产负债表、利润表和有关账户的记录，经过分析计算现金流量表各项目的金额，并据以编制现金流量表的方法。

(2) 现金流量日记账法。

现金流量日记账法是根据当期现金及现金等价物收入和支出的相关记账凭证，按照现金流量表的具体项目逐笔登记，并据以编制现金流量表的方法。在实务中，可以在日常“库存现金”日记账、“银行存款”日记账外，增设“现金流量日记账”，采用多栏式，多栏式项目设置与现金流量表正表项目分类一致，包括经营活动、投资活动和筹资活动的现金流入和现金流出。期末，根据现金流量日记账各项目合计数填列现金流量表。

(3) 工作底稿法。

工作底稿法是指通过一个特定的表格，以利润表和资产负债表的数据为基础，对每一项进行分析并编制调整分录，从而编制现金流量表的方法。这个特定的表格称为工作底稿。采用工作底稿法的具体步骤如下：①将资产负债表和利润表的期初期末数过入工作底稿的期初和期末数栏；②对当期的业务进行分析并编制调整分录；③将调整分录过入工作底稿；④核对工作底稿中的调整分录；⑤最后根据工作底稿中的现金流量表项目部分编制正式的现金流量表。

(4) T形账户法。

T形账户法是通过开设一个大的“现金及现金等价物”T形账户，以利润表和资产负债表的数据为基础，对每一项进行分析并编制调整分录，从而编制现金流量表的方法。

2. 间接法

间接法主要用于现金流量表补充资料的编制。是以净利润为起算点，调整不涉及现金的收入、费用、营业外收支等有关项目，剔除投资活动、筹资活动对现金流量的影响，据此计算出经营活动产生的现金流量。

（二）现金流量表正表编制

1. 分析填列法

分析填列法下，现金流量表正表各项目的具体填列方法如表14－6所示。

表14－6　现金流量表正表填列说明（分析填列法）

项　　目	行号	本期金额
一、经营活动产生的现金流量	1	
销售商品、提供劳务收到的现金	2	营业收入＋增值税销项税额＋应收账款（期初余额－期末余额）＋应收票据（期初余额－期末余额）＋预收账款（期末余额－期初余额）－当期计提的坏账准备＋前期核销本期收回的坏账－应收票据贴现利息－收回非现金资产抵付的应收票据和应收账款
收到的税费返还	3	营业外收入中收到的增值税、消费税、关税、所得税、教育费附加等
收到其他与经营活动有关的现金	4	其他应收款（期初余额－期末余额）＋其他应付款（期末余额－期初余额）＋营业外收入中的现金收入（扣除税费返还）

续表

项目	行号	本期金额
经营活动现金流入小计	5	=2+3+4
购买商品、接受劳务支付的现金	6	营业成本+本期增值税进项税额+应付账款（期初余额－期末余额）+应付票据（期初余额－期末余额）+预付账款（期末余额－期初余额）+存货（期末余额－期初余额）－当期列入生产成本、制造费用的应付职工薪酬－当期列入生产成本、制造费用的折旧费－用非现金资产偿付的应付票据和应付账款
支付给职工以及为职工支付的现金	7	生产成本、销售费用、管理费用中职工薪酬+应付职工薪酬（期初余额－期末余额）－应付职工薪酬（在建工程）（期初余额－期末余额）
支付的各项税费	8	应交税费借方发生额－增值税进项税额+管理费用中未经计提直接缴纳的部分+其他业务成本中缴纳的税费
支付其他与经营活动有关的现金	9	销售费用+管理费用－支付给职工以及为职工支付的现金－非现金支出的折旧、无形资产摊销、长期待摊费用摊销+营业外支出中非处置固定资产的现金支出+其他应付款（期初余额－期末余额）+其他应收款（期末余额－期初余额）
经营活动现金流出小计	10	=6+7+8+9
经营活动产生的现金流量净额	11	=5－10
二、投资活动产生的现金流量	12	
收回投资收到的现金	13	短期投资贷方发生额+长期投资贷方发生额－用于抵偿投资的非现金资产
取得投资收益收到的现金	14	应收股利（期初余额－期末余额）+应收利息（期初余额－期末余额）+投资收益本期发生额－权益法调整增加的投资收益
处置固定资产、无形资产和其他长期资产收回的现金净额	15	处置收到的现金－相关处置费用支出
处置子公司及其他营业单位收到的现金净额	16	处置收到的现金－相关处置费用支出
收到其他与投资活动有关的现金	17	收到购买股票和债券时支付的已宣告但尚未领取的股利和已到付息期但尚未领取的债券利息及上述投资活动项目以外的其他与投资活动有关的现金流入
投资活动现金流入小计	18	=13+14+15+16+17
购建固定资产、无形资产和其他长期资产支付的现金	19	固定资产借方发生额+在建工程借方发生额+无形资产借方发生额－固定资产、在建工程、无形资产中未支付现金增加的部分+支付给在建工程人员的薪酬
投资支付的现金	20	短期投资借方发生额+长期投资借方发生额－权益法核算调整增加的投资收益－非现金投资部分

续表

项　　目	行号	本期金额
取得子公司和其他营业单位支付的现金净额	21	购买子公司和其他营业单位支付的现金 - 子公司和其他营业单位持有的现金和现金等价物金额
支付其他与投资活动有关的现金	22	长、短期投资时支付的已宣告但尚未领取的现金股利或债券利息 + 其他专项投资支出
投资活动现金流出小计	23	=19 +20 +21 +22
投资活动产生的现金流量净额	24	=18 -23
三、筹资活动产生的现金流量	25	
吸收投资收到的现金	26	实收资本(期末余额 - 期初余额) + 应付债券贷方发生额 - 吸收的非现金资产投资 - 资本公积、盈余公积和未分配利润本期转增实收资本金额 + 本期收到的资本溢价
取得借款收到的现金	27	短期借款贷方发生额 + 长期借款贷方发生额 - 长期借款应计利息发生额
收到其他与筹资活动有关的现金	28	专项应付款的贷方发生额
筹资活动现金流入小计	29	=26 +27 +28
偿还债务支付的现金	30	短期借款借方发生额 + 长期借款（本金）借方发生额 + 应付债券（面值）借方发生额 - 以非现金资产偿付的借款额
分配股利、利润或偿付利息支付的现金	31	财务费用中的现金利息支出 + 应付股利借方发生额 + 应付利息借方发生额 + 应付利润借方发生额
支付其他与筹资活动有关的现金	32	长期待摊费用中支付的股票、债券发行费用 + 对外现金捐赠支出 + 长期应付款中本期支付的融资租赁费
筹资活动现金流出小计	33	=30 +31 +32
筹资活动产生的现金流量净额	34	=29 -33
四、汇率变动对现金及现金等价物的影响	35	外币现金流量以及境外子公司的现金流量，应当采用现金流量发生日的即期汇率或即期汇率的近似汇率折算
五、现金及现金等价物净增加额	36	=11 +24 +34 +35
加：期初现金及现金等价物余额	37	资产负债表中货币资金的期初余额
六、期末现金及现金等价物余额	38	=36 +37

2. 现金流量日记账法

现金流量日记账应当根据发生现金及现金等价物经济业务的记账凭证，分别经营活动、投资活动和筹资活动逐日逐笔登记，月末根据各项目本月合计金额填入现金流量表中的对应项目。现金流量日记账格式如表 14 -7 所示。

表 14－7 现金流量日记账

年		凭证号	摘要	经营活动							投资活动									筹资活动					
				现金流入			现金流出				现金流入					现金流出				现金流入			现金流出		
月	日			销售商品、提供劳务收到的现金	收到的税费返还	收到其他与经营活动有关的现金	购买商品、接受劳务支付的现金	支付给职工以及为职工支付的现金	支付的各项税费	支付其他与经营活动有关的现金	收回投资收到的现金	取得投资收益收到的现金	处置固定资产、无形资产和其他长期资产收回的现金净额	处置子公司及其他营业单位收到的现金净额	收到其他与投资活动有关的现金	购建固定资产、无形资产和其他长期资产支付的现金	投资支付的现金	取得子公司和其他营业单位支付的现金净额	支付的其他与投资活动有关的现金	吸收投资收到的现金	取得借款收到的现金	收到其他与筹资活动有关的现金	偿还债务支付的现金	分配股利、利润或偿付利息支付的现金	支付其他与筹资活动有关的现金

（三）现金流量表补充资料编制

现金流量表补充资料采用间接法反映经营活动产生的现金流量情况，是对现金流量表正表中采用直接法反映的经营活动现金流量进行核对和补充说明。各项目填列方法如表 14 –8 所示。

表 14 –8　现金流量表补充资料填列说明

项　　目	行号	本期金额
1. 将净利润调节为经营活动现金流量：	1	
净利润	2	根据利润表中净利润金额填列
加：资产减值准备	3	本期计提的各项资产减值准备发生额累计数
固定资产折旧、油气资产折耗、生产性生物资产折旧	4	累计折旧（期末数 – 期初数）
无形资产摊销	5	累计摊销（期末数 – 期初数）
长期待摊费用摊销	6	长期待摊费用（期初数 – 期末数）
处置固定资产、无形资产和其他长期资产的损失（收益以“ –”号填列）	7	根据固定资产清理及营业外支出（或收入）明细账分析填列
固定资产报废损失（收益以“ –”填列）	8	根据固定资产清理及营业外支出（或收入）明细账分析填列
公允价值变动损失（收益以“ –”填列）	9	公允价值变动（借方余额正号填列，贷方余额负号填列）
财务费用（收益以“ –”填列）	10	利息支出 – 应收票据的贴现利息
投资损失（收益以“ –”填列）	11	投资收益（借方余额正号填列，贷方余额负号填列）
递延所得税资产减少（增加以“ –”填列）	12	递延所得税资产（期初数 – 期末数）
递延所得税负债增加（减少以“ –”填列）	13	递延所得税负债（期末数 – 期初数）
存货的减少	14	存货（期初数 – 期末数） – 存货跌价准备
经营性应收项目的减少（增加以“ –”填列）	15	应收账款、应收票据、其他应收款、预付账款（期初数 – 期末数） – 坏账准备期末余额
经营性应付项目的增加（减少以“ –”填列）	16	（应付账款 – 工程物资应付款）、应付票据、其他应付款、预收账款、（应付职工薪酬中对应在建工程人员的部分）、应交税费（期末数 – 期初数） + 购进固定资产进项税
其他	17	
经营活动产生的现金流量净额	18	= 2 + 3 + 4 + 5 + 6 + 7 + 8 + 9 + 10 + 11 + 12 + 13 + 14 + 15 + 16 + 17

续表

项　　目	行号	本期金额
2. 不涉及现金收支的重大投资和筹资活动	19	
债务转为资本	20	
一年内到期的可转换公司债券	21	
融资租入固定资产	22	
3. 现金及现金等价物净变动情况：	23	
现金的期末余额	24	资产负债表中货币资金的期末余额
减：现金的期初余额	25	资产负债表中货币资金的期初余额
加：现金等价物的期末余额	26	
减：现金等价物的期末余额	27	
现金及现金等价物净增加额	28	

【例 14－3】华威公司 2017 年 3 月份有关资料如下：

（1）资产负债表有关账户年初、年末余额和部分账户发生额如表 14－9（单位：万元）所示。

表 14－9　资产负债表有关账户余额及发生额

账户名称	年初余额	本年增加	本年减少	年末余额
应收账款	2 340			4 680
应收票据	585			351
交易性金融资产	300		100（出售）	200
应收股利	20	30		10
存货	2 500			2 400
长期股权投资	500	200（以固定资产投资）		700
应付账款	1 755			2 340
应交税费				
应交增值税	250		302（已交） 408（进项税额）	180
应交所得税	30	100		40
短期借款	600	400		700

（2）利润表有关账户本年发生额如表 14－10（单位：万元）所示。

表 14－10　利润表有关账户发生额

账户名称	借方发生额	贷方发生额
主营业务收入		4 000
主营业务成本	2 500	
投资收益		

续表

账户名称	借方发生额	贷方发生额
现金股利		10
出售交易性金融资产		20

（3）其他有关资料如下：

交易性金融资产均为非现金等价物；出售交易性金融资产已收到现金；应收、应付款项均以现金结算；应收账款变动数中含有本期计提的坏账准备100万元。不考虑公司本年度发生的其他交易和事项。

根据以上资料，计算华威公司2017年3月主要项目的现金流入量和流出量如下：

（1）销售商品、提供劳务收到的现金 =（4 000 +4 000×17%）+（2 340 −4 680）+（585 −351）−100 =2 474（万元）

（2）购买商品、接受劳务支付的现金 =（2 500 +408）+（2 400 −2 500）+（1 755 −2 340）=2 223（万元）

（3）支付的各项税费 =302 +90 =392（万元）

（4）收回投资收到的现金 =20 +100 =120（万元）

（5）分得股利或利润收到的现金 =20 +30 −10 =40（万元）

（6）借款收到的现金 =400（万元）

（7）偿还债务支付的现金 =600 +400 −700 =300（万元）

第五节　所有者权益变动表

一、所有者权益变动表概述

（一）所有者权益变动表的含义

所有者权益变动表是反映企业在一定会计期间所有者权益构成及增减变动情况的财务报表。所有者权益变动表是动态报表，通过所有者权益变动表，可以为报表使用者提供所有者权益总量增减变动的信息，提供所有者权益增减变动的结构性信息，特别是能够让报表使用者理解所有者权益增减变动的根源。

所有者权益变动表至少应当单独列示反映下列信息的项目：

（1）会计政策变更和前期差错更正的累计影响金额；

（2）综合收益总额；

（3）所有者投入资本和向所有者分配利润等；

（4）按照规定提取的盈余公积；

（5）所有者权益各组成部分的期初和期末余额及其调整情况。

（二）所有者权益变动表的结构

所有者权益变动表以矩阵的形式列示，纵向列示导致所有者权益变动的交易和事项，即所有者权益变动的来源，对一定时期所有者权益的变动情况进行全面反映；横向按照所有者权益各组成部分列示交易或事项对所有者权益各部分的影响。

所有者权益变动表一般包括表首、正表和表尾三部分。表首部分列示报表名称、编制单位、编制日期、报表编号、货币名称、计量单位等内容。所有者权益变动表的报表编号为"会企 04 表"。正表部分至少应当单独列示反映下列信息项目：(1) 上年年末余额；(2) 会计政策变更和前期差错更正；(3) 综合收益总额；(4) 所有者投入和减少资本；(5) 利润分配；(6) 所有者权益内部结转；(7) 本年年末余额。表尾主要包括有关人员的签章。

二、所有者权益变动表的编制

(一)"上年金额"栏填列

所有者权益变动表"上年金额"栏内各项金额，应根据上年度所有者权益变动表"本年金额"栏内所列金额填列。如果上年度所有者权益变动表规定的各个项目的名称和内容同本年度不相一致，应对上年度所有者权益变动表各项目的内容和金额按本年度的规定进行调整，填入所有者权益变动表"上年金额"栏内。

(二)"本年金额"栏填列

所有者权益变动表"本年金额"栏内各项金额一般应根据"实收资本（股本)""资本公积""库存股""其他综合收益""盈余公积""未分配利润""以前年度损益调整"等账户的发生额分析填列。

(三) 所有者权益变动表各项目填列说明

(1)"上年年末余额"项目，反映企业上年度资产负债表中实收资本（或股本)、资本公积、库存股、其他综合收益、盈余公积、未分配利润的上年年末余额。

(2)"会计政策变更"和"前期差错更正"项目，分别反映企业采用追溯调整法处理的会计政策变更的累计影响金额和采用追溯重述法处理的会计差错更正的累计影响数。企业应当在上期期末所有者权益余额的基础上进行调整得出本期期初所有者权益，根据"盈余公积""利润分配""以前年度损益调整"等账户的发生额分析填列。

(3)"本年增减变动额"项目分别反映如下内容：

①"综合收益总额"项目，反映企业在某一期间除与所有者以其所有者身份进行的交易之外的其他交易或事项所引起的所有者权益变动，其金额为净利润和其他综合收益扣除所得税影响后净额相加后的合计金额。

其中，净利润反映企业当年实现的净利润（或净亏损）金额；其他综合收益反映企业根据其他会计准则规定未在当期损益中确认的各项利得和损失。

②"所有者投入和减少资本"项目，反映企业当年所有者投入和减少的资本，其中："所有者投入资本"项目，对应列在"实收资本"和"资本公积"栏；"股份支付计入所有者权益的金额"项目，并对应列在"资本公积"栏。

③"利润分配"各项目，反映当年对所有者（或股东）分配的利润（或股利）金额和按照规定提取的盈余公积金额，对应列在"未分配利润"和"盈余公积"栏。

④"所有者权益内部结转"各项目，反映不影响当年所有者权益总额的所有者权益各组成部分之间当年的增减变动。其中："资本公积转增资本（或股本)"项目反映企业以资本公积转增资本（或股本）的金额；"盈余公积转增资本（或股本)"项目反映企业以盈余公积转增资本（或股本）的金额；"盈余公积弥补亏损"项目反映企业以盈余公积弥补亏损的金额。所有者权益变动表如表 14－11 所示。

表 14－11 所有者权益变动表

会企 04

编制单位： 年 月 日 金额单位：元

项目	本年金额							上年金额						
	实收资本（股本）	资本公积	减：库存股	其他综合收益	盈余公积	未分配利润	所有者权益合计	实收资本（股本）	资本公积	减：库存股	其他综合收益	盈余公积	未分配利润	所有者权益合计
一、上年年末余额														
加：会计政策变更														
前期差错更正														
二、本年年初余额														
三、本年增减变动金额（减少以“－”号填列）														
（一）综合收益总额														
（二）所有者投入和减少资本														
1. 所有者投入资本														
2. 股份支付计入所有者权益的金额														
3. 其他														
（三）利润分配														
1. 提取盈余公积														
2. 对所有者（或股东）的分配														
3. 其他														
（四）所有者权益内部结转														
1. 资本公积转增资本（或股本）														

续表

项目	本年金额							上年金额						
	实收资本（股本）	资本公积	减：库存股	其他综合收益	盈余公积	未分配利润	所有者权益合计	实收资本（股本）	资本公积	减：库存股	其他综合收益	盈余公积	未分配利润	所有者权益合计
2. 盈余公积转增资本（或股本）														
3. 盈余公积弥补亏损														
4. 其他														
四、本年年末余额														

单位负责人：　　　　财务负责人：　　　　制表人：

第六节 财务报表附注

一、财务报表附注概述

财务报表附注是指对在资产负债表、利润表、现金流量表和所有者权益变动表等报表中列示项目的文字描述或明细资料，以及对未能在这些报表中列示项目的说明等。

附注是财务报告的重要组成部分，是对财务报表的补充说明，有助于企业财务报表使用者理解和使用会计信息。首先，附注拓展了企业财务信息的内容，打破了财务报表内容所受限制，例如，提供报表数据的形成来源及结构的分析性信息等；其次，附注突破了揭示项目必须用货币加以计量的局限性；再次，附注充分满足了企业财务会计报告使用者的要求，增进了会计信息的可理解性；最后，附注提高了会计信息的可比性，可以使不同行业或同一行业不同企业的会计信息的差异更具可比性，从而便于进行对比分析。

二、财务报表附注主要内容

财务报表附注应当披露财务报表的编制基础，相关信息应当与资产负债表、利润表、现金流量表和所有者权益变动表等报表中列示的项目相互参照。通常情况下，附注应当按照下列顺序至少披露：

（1）企业的基本情况。包括企业注册地、组织形式和总部地址，企业的业务性质和主要经营活动，母公司以及集团最终母公司的名称，财务报告的批准报出者和财务报告批准报出日，营业期限有限的企业，还应当披露有关其营业期限的信息。

（2）财务报表的编制基础。包括会计年度、记账本位币、会计计量所运用的计量基础、现金和现金等价物的构成等。

（3）遵循企业会计准则的声明。企业应当声明编制的财务报表符合企业会计准则体系的要求，真实、完整地反映了企业财务状况、经营成果和现金流量等有关信息。

（4）重要会计政策和会计估计。重要会计政策的说明，包括财务报表项目的计量基础和在运用会计政策过程中所做的重要判断等。重要会计估计的说明，包括可能导致下一个会计期间内资产、负债账面价值重大调整的会计估计的确定依据等。企业应当披露采用的重要会计政策和会计估计，并结合企业的具体实际披露其重要会计政策的确定依据和财务报表项目的计量基础，及其会计估计所采用的关键假设和不确定因素。

（5）会计政策和会计估计变更以及差错更正的说明。企业应当按照《企业会计准则第28号——会计政策、会计估计变更和差错更正》的规定，披露会计政策和会计估计变更以及差错更正的有关情况。

（6）报表重要项目的说明。企业对报表重要项目的说明，应当按照资产负债表、利润表、现金流量表、所有者权益变动表及其项目列示的顺序，对报表重要项目的说明采用文字和数字描述相结合的方式进行披露。报表重要项目的明细金额合计，应当与报表项目金额相衔接。

（7）或有和承诺事项、资产负债表日后非调整事项、关联方关系及其交易等需要说明的事项。

（8）有助于财务报表使用者评价企业管理资本的目标、政策及程序的信息。

此外，企业应当在附注中披露关于其他综合收益各项目的相关信息。应当披露终止经营的收入、费用、利润总额、所得税费用和净利润，以及归属于母公司所有者的终止经营利润的信息。应当在附注中披露在资产负债表日后、财务报告批准报出日前提议或宣告发放的股利总额和每股股利金额（或向投资者分配的利润总额）。

本章小结

财务报表包括资产负债表、利润表、现金流量表、所有者权益变动表和附注。资产负债表采用账户式格式，各项目“年初余额”栏内各项金额，应根据上年末资产负债表的“期末余额”栏内所列金额直接填列或调整后的金额填列，“期末余额”栏填列方法有四种，分别是根据总账账户的期末余额直接填列、根据几个总账账户的期末余额计算填列、根据有关明细账账户余额计算填列、根据总账账户和明细账账户余额分析计算填列。利润表采用多步式格式，各项目的“上期金额”栏内各项金额，根据上年利润表的“本期金额”栏所列数据直接填列或调整后填列。“本期金额”栏填列方法有两种，分别是根据有关损益类账户的本期发生额直接或加计填列、根据表内数字计算填列。现金流量表包括正表和补充资料两部分，正表采用直接法填列，包括分析填列法、现金流量日记账法、工作底稿法和 T 形账户法，补充资料采用间接法填列。所有者权益变动表采用矩阵格式，“上年金额”栏内各项金额，应根据上年度所有者权益变动表“本年金额”栏内所列金额直接填列或调整后填列，“本年金额”栏分别按综合收益总额、所有者投入和减少资本、利润分配、所有者权益内部结转业务发生额填入对应的“实收资本（或股本）”“资本公积”“库存股”“其他综合收益”“盈余公积”和“未分配利润”栏内，然后计算出所有者权益各账户的本年年末余额。财务报表附注是对财务报表的编制基础、编制依据、编制原则和方法及主要项目等所作的解释，一般包括企业基本情况、财务报表的编制基础、遵循企业会计准则的声明、重要会计政策和会计估计等八个内容。

第十四章教学目标、重点、难点 + 习题及答案

参考文献

[1]《企业会计准则》，财政部制定，2006 年发布，自 2007 年 1 月 1 日起施行 .

[2]《企业会计准则——基本准则》，财政部，2014 年修订 .

[3]《企业会计准则第 14 号——收入》，财政部 2017 年制定，2018 年 1 月 1 日起施行 .

[4] 财会〔2016〕22 号文，《财政部关于印发〈增值税会计处理规定〉的通知》.

[5]《企业会计准则第 1 号——存货》应用指南，财政部，2006 年 10 月 .

[6]《企业会计准则第 30 号——财务报表列报》，财政部，2014 年修订 .

[7]《企业会计准则第 9 号——职工薪酬》，财政部，2014 年修订 .

[8]《企业会计准则解释第 3 号》，财政部，财会〔2009〕8 号文，2009 年 6 月 .

[9] 中国注册会计师协会 . 注册会计师考试教材：会计 [M]. 北京：中国财政经济出版社，2017.

[10] 会计职称考试教材：中级会计实务 [M]. 北京：经济科学出版社，2017.

[11] 戴德明，林钢，赵西卜 . 财务会计学 [M]. 第 9 版 . 北京：中国人民大学出版社，2017.

[12] 刘永泽，陈立军 . 中级财务会计 [M]. 第 5 版 . 大连：东北财经大学出版社，2016.

教学计划

课程标准

教学资源